U0449437

易界名家 独门首传

李计忠解《周易》系列

周易相学入门

李计忠 著

团结出版社

© 团结出版社，2011 年

图书在版编目（CIP）数据

　周易相学入门 / 李计忠著 . 一北京：团结出版社，
2012.1（2024.9 重印）
　ISBN 978-7-80214-708-9

Ⅰ . ①周… Ⅱ . ①李… Ⅲ . ①周易－占卜－基本知识
Ⅳ . ① B221 ② B992.2

中国版本图书馆 CIP 数据核字（2011）第 253058 号

责任编辑：孟丹婷
封面设计：阳洪燕

出　版：团结出版社
　　　　（北京市东城区东皇城根南街 84 号 邮编：100006）
电　话：（010）65228880　65244790（出版社）
　　　　（010）65238766　85113874　65133603（发行部）
　　　　（010）65133603（邮购）
网　址：http://www.tjpress.com
E-mail：zb65244790@vip.163.com
　　　　tjcbsfxb@163.com（发行部邮购）
经　销：全国新华书店
印　装：三河市腾飞印务有限公司

开　本：170mm×240mm　16 开
印　张：20.75　　　　　　　　　字　数：275 千字
版　次：2012 年 1 月 第 1 版　　印　次：2024 年 9 月 第 5 次印刷
书　号：978-7-80214-708-9
定　价：49.00 元
　　　　（版权所属，盗版必究）

前言

相学是一种通过观察分析人的形体、外貌、精神、气质、举止、情态等方面的特征，测定、评判人的禀性和命运的学问。换言之，相学是一门关于人的学问。研究相学关键要看它对人具有怎样的积极影响，对人的生活能够起到什么样的作用。

在中华民族几千年的历史长河中，相学作为一种历史文化现象，源远流长。在相学的发展历程中，出现了许多重要人物，他们为相学的形成和完善作出了显著的贡献。相学在中国有着悠久的历史，最早可追溯到公元前七世纪的春秋时期。

《史记》中有吴市吏等早期相者活动情况的记载。至战国时，看相之术虽已流行，但主要作为一种参政手段被人注意，职业相士和严格意义上的相学理论尚未出现。两汉时期，相学得到迅速的发展，刘邦一家看相的事迹，《史记》里就有种种详细的记载。两汉以后，看相成为重要的社会职业，相书多达三十余种，一百三十多卷。宋、明两朝，看相风气发展到巅峰，许多相士成为显贵，不少知识分子、上层名流也以浓厚的兴趣开始研究相学理论。明代以后，相学逐渐流向民间。至此，无论相学理论还是看相技艺都少有新的发展。古代相学名流群芳灿烂，如春秋时期的姑布子卿、战国晚期的唐举、汉代的许负、唐代的袁天罡和李淳风、宋代初期的麻衣道者陈传、明代的袁忠彻、清代的陈钊等，皆负盛名。古代相学著作不胜数，但大多数是相互转抄的，自成体系且较为实用的主要有《麻衣神相》《柳庄相法》《神相全编》《水镜集》《相理衡真》《神相铁关刀》等。其中《麻衣神相》流传最广，《神相全编》体系最完备。

运用相学的原理评断人的禀性和命运的方法，俗称为"相学"。"相"包括两方面的含义：一指命相，一指看相。按存在方式而言，命相可分为骨相、面相、色相等；按所示命禄的属性，命相可分为福相、寿相、贫相、夭相等。看相就是给人解读命运的吉凶信息。要给人看相，就要懂得相学理论中的一般相法和特殊相法。一般相法是以被相者的形貌、气色、情态、举止等外在特征为观察对象，据此推测个人的命运休咎，其中又可分为相面、相骨、相手、相痣、相卧、相行、相气色等多种。由于相学流派众多，各派的理论不同，因此对人的面部结构和面部器官的命相形成了多种说法，即五星六曜说、五官五行说、三停六府说、五官十二宫说、十三部位说等。特殊相法主要有结穴相法、太素脉相法、三世相法、听声嗅物相法及相心相德法等诸种。结穴相法取看风水的原理看相；太素脉相法以中医的切脉之道来阐释人的命相；三世相法以人的现世生活情景来推测前世，预言后世；听声嗅物相法以人说话的声音或所用的器物来判断贵贱吉凶；相心相德法以通过考察人的心术善恶、品性优劣来断其祸福。依据门户学派的区别，相法又分为麻衣相法、柳庄相法、水镜相法等多种。

相学以《易经》为基础，在发展过程中渗透了阴阳五行、天干、地支、八卦、佛道思想等内容，还包含中医学知识和中国古代朴素辩证唯物主义哲学的内容，可谓博大精深，并且逐渐形成一套完善的、独特的理论体系。

五行即指：一曰水，二曰火，三曰木，四曰金，五曰土。古人认为，天地万物皆由金、木、水、火、土五种基本物质组成，它们之间又存在着相生与相克的关系。相生是指一种物质对另一种物质有着生发促进的作用，即木生火、火生土、土生金、金生水、水生木；相克是指一种物质对另一种物质有着克制约束的作用，即木克土、土克水、水克火、火克金、金克木。正因为有了五行相生、相克的相互作用，天地万物才有进化、发展，同时又保持着平衡和协调。命理学家认为，既然天地万物的发展、变化和五行的生克制化有着密不可分的联系，那么也可以运用五行生克之理来测算人一生的凶吉祸福。基于这种认识，便从五行运动的规律中演化出金、木、水、火、土五行形相的相命方法，后来又将阴阳五行与天干、地支、四时五方相配。人的五官与阴阳五行性情相符，故将两者相配，赋予特定的命理意义。眼为甲乙木，主精华茂秀，定人贵贱；眉为丙丁火，主威势勇烈，定人刚柔；鼻为庚辛金，主刑诛危难，定人寿夭；口为戊己土，主载育万物，定人贫富；耳为壬癸水，主聪明敏达，定人贤愚。这样，便可以直接从一个人的五官形象推断比较复杂的命理内涵了。

又如五官与五行相生的关系：耳为轮珠鼻为梁，金水相生主大昌；眼明耳好多神气，若不为官富更强；口方鼻直人虽贵，金土相生紫绶郎；唇红眼黑木生火，为人志气足财粮；舌长唇正火生土，此人有神中年聚；眼长眉秀足风流，身挂金章朝省位。五官与五行相克的关系：耳大唇薄土克水，衣食贫寒空有智；唇大耳薄亦如前，此相之人终不贵；鼻大眼小金克木，一世贫寒主孤独；眼大耳小学难成，虽有资财寿命促；舌小口大水克火，急性孤单足人我；舌大鼻小火克金，钱帛方盛祸来侵；耳小鼻蠢亦不佳，悭贪心恶多灾祸；鼻大舌小招贫苦，寿长无子送郊林；眼大唇小木克土，此相之人终不富；唇大眼小贵难求，到老贫寒死无墓。

再如五形相：金形人，《相五德配五行》云："金之位于乾兑，含西方肃杀之气，禀坚刚之体，在人为义，得其形并得其性，是为真君也。"金形人的肤色以白中带黄为最佳。木形人，《相五德配五行》云："木居东方仁发生，木之枝干发于甲，木位天地长生之府，配于五德居其首，在人为仁，得其形并得其性，是为真木。"水形人，《麻衣相法》曰："眉粗并眼大，城廓要团圆，此相名真水，平生福自然。"火形人，《神相铁关刀》曰："头尖肉红性又急，发黑须黄鼻露骨，颧尖骨露眼睛红，眉上欠毛胸又突。掌尖大薄又露筋，行路身摇耳尖拂，声焦声破额孤高，唇超露齿火形实。"土形人，《麻衣相法》曰："肥大，敦厚而重实，背高皮厚，气魄宏大，声响如雷，项短头圆，骨肉全实。"土形人，《神相全编》曰："似土得土厚柜库。"即是说，土眉，宽广清长者衣禄丰足，眉头纹破或两眉相连者坎坷多难、骨肉难全。

但是，相学作为一门传统文化，确有其封建迷信的色彩，不能把它神秘化，更不能用来骗人或牟利。只有抱着对生命负责任的态度，认真研究，科学观察，合理判断，剔除其封建迷信的时代烙印，才能够得出较为正确的结论，并对症下药来解决人生中的实际问题。

本人青年时期就开始拜师学习周易象数和术数，不仅风水上得到名师的点拨，而且手面相上得到易学大师曹宝件的亲传，又得到手面相大师陈鼎龙的点拨。长期的实践证明，从面相是可以分析人的富贵、夭寿、善恶、忠奸、贤愚，以及家庭、婚姻是否幸福等方面信息的。我希望把自己几十年学习传统文化积累的宝贵相学经验公之于众，献给社会，并发扬光大。因此，在出版一系列风水著作之后，又整理撰写《周易相学入门》《周易相学点窍》《周易相学通解》《周易相学精粹》《周易相学释疑》五本著作，以供读者学习和参考。

李计忠
辛卯年辛卯月撰于海口

绪　论

　　《周易》是我国最古老、最有权威的一部经典哲学著作，是百经之首，是中华民族先贤的聪明智慧凝集而成的精品，是一部光辉而灿烂的传统文化瑰宝。《周易》作为中华民族的优秀文化遗产，其易道博大精深、源远流长，对于中华文化的各个领域，都有着深远的影响。

　　《周易》是讲一分为二的客观规律，是讲对立与统一的辩证关系，揭示宇宙一般的变化规律。易道讲究阴阳互应、刚柔相济，提倡自强不息、厚德载物。它是中国古代智者仰视天文、俯视地理、融通万物之情及探索宇宙法则、人生奥秘的哲学著作。《周易》是术数之学，主要体现于八卦定位及阴阳五行的属性。八卦是《周易》的重要理论，具体是乾、坤、震、巽、坎、离、艮、兑。乾为天，卦象是上乾下乾，纯阳卦；坤为地，卦象是上坤下坤，纯阴卦。乾坤二卦作为中华民族的重要语汇，指代了最广阔的天空与大地，与其他六卦构成了八卦，成为中国古代先贤们探究宇宙万物万象的密码。八卦本身有五行，即乾为金、坤为土、震为木、巽为木、坎为水、离为火、艮为土、兑为金。八卦中藏有地支，具体是乾藏戌亥支、坤藏未申支、震藏卯支、巽藏辰巳支、坎藏子支、离藏午支、艮藏丑寅支、兑藏酉支。地支又分属于五行，具体是寅卯属木、巳午属火、申酉属金、亥子属水、辰戌丑未属土。古人用它来预测未来、决策重大事项、反映当前现象，上测天，下测地，中间测人事。

　　周易乃帝王之学，素称"群经之首，百科之源"，是历代人们修身、齐家、治国、平天下的哲学经典。在中国五千年的文明史上，中华民族能历众劫而不覆，逢万难而不倾，遇衰而又能复振，而且能够不断地发展壮大，与我们中华民族对易道精神的把握是息息相关的。我们的祖先在日常生活中遇到了疑难之事，习惯于运用周易八卦预测的科学方法，预测自然和人事方面的吉凶信息，对相关事物和现象做到心中有数，有备无患。

　　虽然《周易》最初只是一本用于占卜的书，但是它不仅对中国主流文化有着深远而广泛的影响，而且对中国传统文化的影响几乎渗透到了每个角落，特别是对哲学、伦理、宗教、环境、建筑、医学、天文、数学、物理、文学、音乐、艺术、军事和武术等，具有非常重要的指导和规范意义。各门科学文化也能从《周易》哲学原理中得到显示。《周易》指导着各门科学文化的研究，而且其逻辑推理也在数学、几何学、八卦预测学、人居环境学、四柱预测学、人体面相学等学科上得到广泛应用。我们学习和研究《周易》的最终目的，就是要把《周易》中的逻辑推理法则运用到实际生活当中，加以考察，力图对我们的学习、工作、处世等日常行为有所借鉴。

相学作为周易演化出来的一支门类学科，有着悠久的历史。从历史的渊源来看，面相术是预测一个人的流年运气、富贵贫贱、祸福寿夭等的一种学术，它与中国的易术、道术、医术和养生学都有着紧密而不可分割的关系。早在春秋战国时期，相术和相士就已经出现，著名学者、儒学大师荀子曰："相人者，古之者无有也。……古者有姑布子卿，相从之形状颜色而知其吉凶。"姑布子卿就是春秋著名的相士，《左传》《周书》中都有关于相士相术的记载。这些文献资料证明春秋时期我国相术已经开始发展，并且最基本的理论是以八卦、五行、地支为基础初步确立的。三国时期，医学大大发展，出现了张仲景、华佗等名医，同时相术也有了大的飞跃，从原先的观形发展为观气色，相士通过观察人的气色来判断吉凶，这与中国古老的医术紧密地结合了起来，只不过所观察的角度不同而已。隋唐时期是我国相术发展的一个重要时期。这一阶段的相书数量繁多，种类多样，并且广为流传。如《新唐书·艺文志》中的《袁天罡相书》七卷，在敦煌发现的唐人所撰写的相书残本，等等。此时的相术已将八卦配以人的面部，从察看人的面相扩展到了身体的各个部位，剖析得详尽透彻。宋元时期是我国相术发展的鼎盛时期。在北宋画师张择端的《清明上河图》风俗长卷中，就有看相批命的职业形成，反映了当时相术的风起之盛，而且出现了总结性的著作。在这些著作中，首推《麻衣神相》。《麻衣神相》是相书史上一部具有划时代意义的著作。它集前代相书之大成，无论是理论上还是实践上都有了较为系统的阐述和发挥，并最终奠定了相术学的根本体系。《麻衣神相》总结了千余年的相术理论和实战精华，摒弃了一些繁琐的无稽之谈，使相术的理论水平达到了前人后者都难以企及的高度。尤其是附着大量的插图，八卦、五行、地支都配于人的面部、翔实具体、通俗直观，使它成为迄今为止影响最大的一本相书。明清时期的面相理论是宋元时期的理论延续。此时相书版本很多，最重要的当属袁忠撒的《袁柳庄神相》，此书虽然有自己独到的见解和理论，但是与《麻衣神相》也有许多共通之处。

本人四十多年来，深研古贤相典及各种门类相书，加之青年时期就开始拜师学习周易八卦象数和术数，同时面相上得到易学大师曹宝件的亲传，又得到手面相大师陈鼎龙的点拨。本人在长期的实践与应用中，将古著经典记载的观相之法在实践中印证，总结归纳，去伪存真，做了大量的手稿笔记。手稿笔记内容涉及广泛，有手面相、骨相、痣相、气色的吉凶，以及富贵贫贱、夭寿、善恶、忠奸、贤愚、六亲刑克、伤病灾、家庭、婚姻是否幸福等的精确看法，特别是在观相实践中总结出来的八卦断面相的方法更加神验。我希望把自己几十年来在学习和探索中积累的宝贵经验公之于众，奉献给社会，并将之发扬光大。

这五本相学著作，以《周易》八卦为基础，渗透了阴阳、五行、地支、佛道思想、中医学知识等。正如周易八卦九宫，即天心为中宫，五行为土；南方离卦，五行为火；北方坎卦，五行为水；东方震卦，五行为木；西方兑卦，五行为金；西南方坤卦，五行为土；东南方巽卦，五行为木；西北方乾卦，五行为金；东北方艮卦，五行为土。在给人看相论命时，将八卦九宫套入面部，即鼻子位居面部中央，为土星，准头代表中宫；额顶为火星，以离卦代之；下巴为水星，坎卦占位；右颧骨上为震卦；左颧骨上为兑卦；左眼尾下为坤卦；右眼尾上为巽卦；左笑靥下为乾卦；右笑靥下为艮卦。例如，鼻大丰满右颧削，为木克土，财薄而无权势；额头方圆下巴尖，为水克火，早年吉祥晚景差；右颧丰满左颧低平，为金克木，中年蹉跎无权势；左颧圆满额头尖，为火克金，早年贫穷中年颠，等等。又如，耳为金木星，主聪明敏达，定人贤愚及寿夭；眼为木星，主精华茂秀，定人贵贱；眉为火，主威势勇烈，定人刚柔；口为水星，主食禄，又主刑诛危难，定人疾病与灾厄；鼻为土星，主载育万物，定人贫富。如此，就可以直接从一个人的五官形相推断比较复杂的命理内涵了。

八卦中藏有地支，各有五行属性，八卦断面相吉凶之法可依八卦和地支五行辨别。五行即金、木、水、火、土五种物质元素。天地万物皆由金、木、水、火、土五种基本物质组成，它们之间相生相克的关系，推动了事物的运动、变化和发展。五行相生是指一种物质对另一种物质有着生发促进的作用，即木生火、火生土、土生金、金生水、水生木；五行相克是指一种物质对另一种物质有着克制约束的作用，即木克土、土克水、水克火、火克金、金克木。基于五行的生克制化的运动规律，演化出五行金木水火土形相命理方法及赋予特定的相理意义，并运用五行生克制化原理来测算人一生的凶吉祸福。八卦断面相吉凶之法是本书最突出的、最准验的相理吉凶信息的推断方法，也是其他书中所没有的。在给人看相论命时，将地支套入面部，论人老年之吉凶，具体方法是：将地支子丑寅卯辰巳午未申酉戌亥分布在被观者面部的边缘，从地阁起子位，女命按顺时针方向运行，每二岁行一部，周而复始，至一百岁归还子位；男命按逆时针方向运行，每二岁行一部，周而复始，至一百岁归还子位。

人的身体五部可冠于五行之别，主要根据人的周身骨骼所形成的头、面、身、手、脚五部的外形及周身肤色，判定个人的五行形相法。

金形人，周身五部都方正，眉清目秀，骨肉坚实且白皙银亮，肤色白中带黄润，额、鼻、颚三停均有方正之象，头圆、耳色白润，唇红齿白，发须疏，腹部圆垂，背部宽厚，颧部骨起，胸平有肉，手掌方厚，声音明朗而铿锵有力。金形人的周身五部及面部均具金五行的特性。

木形人，周身五部都长大，腰瘦而圆，眉目清秀，人中有须而无困口，颈有喉结，鼻略露节，头部隆起，额耸，手掌瘦长，肤色青中带黄润，额、鼻、颚、三停均有修长之象，头长，耳赤，唇红纹细，腹部瘦直，颧部骨平，胸部骨露，声音明朗合节拍。木形人的周身五部及面部均具木五行的特性。

水形人，周身五部都圆肥，特别是上下眼胞及腹臀更圆肥，面短，眉粗眼大，肤色黑，额、鼻、颌、三停均有圆肥之感，耳色赤，唇褐齿白，发须密，腹部圆垂，背部圆厚，颧骨稳起，胸厚有肉，手掌圆厚，声音浊。水形人的周身五部及面部均具水五行的特性。

火形人，周身五部上尖下宽，上锐下丰，性格急躁，眉发焦黄，鼻梁起节，颧尖骨露，筋骨俱露，眉骨露，口齿露，手指瘦且指尖，声音刚烈且紧急。火形人的周身五部及面部均具火五行的特性。

土形人，周身五部都方正，头圆项短，背耸皮厚，身段腰圆，腮颐宽厚，耳大，唇厚，地阁方厚，五岳相朝，步稳语迟，敦厚重实，厚发浓眉，鼻准丰隆，手掌指节均方厚，声音沉而迟缓，耳色黄润，肤色黄润带赤气，额、鼻、颚、三停均有方正之象。土形人的周身五部及面部均具土五行的特性。

人的面部气色千差万别，主要气色变化通常有黄、红、青、白、黑五种，黄色为土、红色为火、青色为木、白色为金、黑色为水，这是大自然的本色。但由于人体内部的五脏各具五行，人的面部气色变化跟五脏的五行生克制化相关联，同时也受到四时季节交替变化的影响。在人体内部，心为火，肝为木，脾胃为土，肺为金，肾为水，春季木旺而发青色，夏季火旺而发红色，秋季金旺而发白色，冬季水旺而发黑色，并且一年都伴有黄色。春季木旺，右颧发青色大吉；秋季金旺，左颧发白色大吉；夏季火旺，额头发红紫色大吉；冬季水旺，地阁（下巴）发黑色大吉；一年四季，面部都伴有黄色，鼻子准头发润黄色为大吉。

气是隐藏于皮肤下面的一种轻细柔滑的东西，色是呈现于皮肤表面的五行色彩。一般地说，观察人的气色，木形人以青色略带红紫色为大吉，火形人以红色略带青色为大吉，水形人以黑色略带白色为大吉，金形人以白色略带黄色为大吉，土形人以黄色略带红色为大吉。青色是木的本色，主惊忧，发于一、二、三月间；红色是火的本色，主口舌是非、破财，发于四、五、六月间；白色是金的本色，主悲伤，发于七、八、九月间；黑色是水的本色，主疾病、灾厄，发于十、十一、十二月间。还有十二宫、三十六宫及七十五部位气色的吉凶断法。

这五本相学著作，以《易经》八卦为基础，渗透了阴阳、五行、地支、佛道思想、中医学知识等，内容较为丰富。书中用通俗易懂的文字及图片，试图对人进行全面的观察而做出较为合理、正确的判断，并从不同的角度向读者展现了古代相学的发展渊源以及与相学有关的故事与传说，为广大读者全面了解我国这一古老的文化现象有一定的帮助。当然，作为传统文化的一部分，中国古代相学也夹杂一些封建思想的糟粕和迷信的色彩，作者亦作了剖析，相信今天的读者自有辨别。编著该书就是为了对古代相学的社会功效进行解密，帮助读者更好地了解相学的内涵，打破相学的迷信色彩。这对研究相学的专业人士和爱好者具有一定的参考意义。

目 录

前　言 ··· 1

绪　论 ··· 1

第一章　面相结构分解 ··· 1

第一节　面部三停三才六府 ·· 1

第二节　五岳四渎定位及相理意义 ······································ 7

第三节　五星六曜定位及相理意义 ····································· 12

第四节　四学堂、八学堂定位及相理意义 ······························· 21

第五节　九州八卦定位及相理意义 ····································· 23

第六节　五行与人的形相 ··· 24

第二章　面部十二宫 ·· 30

第三章　面相十三部位 ·· 42

第一节　十三部位总图歌 ··· 42

第二节　十三部位正侧面图解 ··· 45

第三节　十三部位相理分析 ··· 46

第四章　面相部位流年吉凶断法 ······································ 50

第一节　面相部位与年龄 ··· 50

第二节　流年段区间划分 ··· 52

第三节　流年吉凶大局 ··· 55

第四节　流年运气部位图解 ··· 58

| 第五节 | 面相七十五部位流年法 | 62 |
| 第六节 | 面相其他部位流年法 | 64 |

第五章　五　官　70

第一节	五官与五行	70
第二节	五官形状及吉凶断法	74
第三节	五官分类详论	99

第六章　相术中的阴阳五行辩证　132

第一节	相术中的阴阳与五行观念	133
第二节	五行相法与疾病	136
第三节	气色与五行	138
第四节	六府三才三停与五行	142
第五节	五行面相吉凶杂论	142
第六节	论三停气色	152

第七章　面痣断法　163

第一节	痣的分类	163
第二节	男性面痣吉凶图解	164
第三节	女性面痣吉凶图解	169

第八章　身体相法　172

第一节	六府三才三停	172
第二节	气色蕴藏的命运玄机	180
第三节	面相各部与人生运势	186

第九章　相术解析　199

第一节	七种面相类型解析	199
第二节	面相十二宫解析	201
第三节	五官与三停解析	204
第四节	五岳与四渎解析	205

第五节　眼睛解析···································206

第六节　鼻子解析···································208

第七节　口（嘴）相解析·····························210

第八节　印堂解析···································214

第九节　人中解析···································215

第十节　眉毛解析···································216

第十一节　耳朵解析·································219

第十二节　颧骨解析·································220

第十三节　额头解析·································221

第十四节　下巴解析·································223

第十五节　山根解析·································224

第十六节　鱼尾（奸门）解析·························225

第十七节　法令解析·································226

第十八节　田宅解析·································226

第十九节　头发解析·································227

第二十节　声音解析·································228

第二十一节　毫毛吉凶解析···························228

第二十二节　不同地域人士相法解析···················229

第十章　古代相术内涵································231

第十一章　面相吉凶审辨图解··························247

第十二章　面相断命运精义····························254

第十三章　面相精断秘传······························275

第一节　观人八相法·································275

第二节　面部十二宫及五官相法·······················277

第三节　论面痕纹及黑子（痣）·······················287

第四节　相骨法·····································294

第五节　辨气色·····································297

第一章　面相结构分解

第一节　面部三停三才六府

古籍记载：六府者，两辅骨，两颧骨，两颐骨。欲其充实相辅，不欲支离低露。灵台秘诀云："上二府自辅角至天仓，中二府自命门至虎耳，下二府自颐骨至地阁。六府丰满，无缺陷瘢痕者，主财旺。天仓峻起，多财禄。地阁方圆，万顷田。缺者不合。"三才者，额为天，欲阔而圆，名曰有天者贵；鼻为人，欲正而齐，名曰有人者寿；颏为地，欲方而阔，名曰有地者富。三停者，自发际至印堂为上停初主，自山根至准头为中停中主，自人中至地阁为下停末主。诀曰："上停长，少吉昌；中停长，近君王；下停长，老吉昌。三停平等，富贵荣显。"

一、三停划分及相理意义

面部三停，即指将人的面部划分为三个部分，即上停、中停、下停，从不同的时间、空间去评判和鉴定一个人一生的富贵贫贱、妻财子禄、吉凶祸福、寿夭灾疾以及人的个性、智慧等情况。

1. 三停划分

上停：

自头发边沿起，下至两眉及印堂上沿，包括额头的全部。上停象征天位，主管人的早年运。上停管一个人十五至三十岁青少年时期人生际遇的顺逆情况。此处看父母和家庭环境的影响，反映了早年命运。上停为天，天主禄，掌管人的薪禄，若上停丰满，则少年有福享，早年发贵。

中停：

自两眉、印堂的上沿开始，下至鼻头下端的鼻中隔止，包括双眉、双目、鼻、颧、耳等部位。中停象征人位，主人的中年运。中停管一个人三十一至五十岁中年时期的婚姻、金钱、社会地位等人生际遇的顺逆情况。此处看兄弟和妻子，反映中年婚姻、事业的运势。中停为人，人主寿，掌管寿命，若中停高耸而丰隆，则中年发贵，有成就。

下停：

自鼻中隔开始，下至地阁止，包括人中、法令、口、地阁、腮颐等部位。下停象征地位，主管人的晚年运。下停管一个人五十岁以后人生际遇的顺逆情况及寿年的长短、子女的成就等。此处看财物、子女，反映晚年的运势。下停为地，地主富，掌管富贵。若下停生得好，则晚年可享清福；若下停有缺陷，则晚年破败。

三停划分如下图所示：

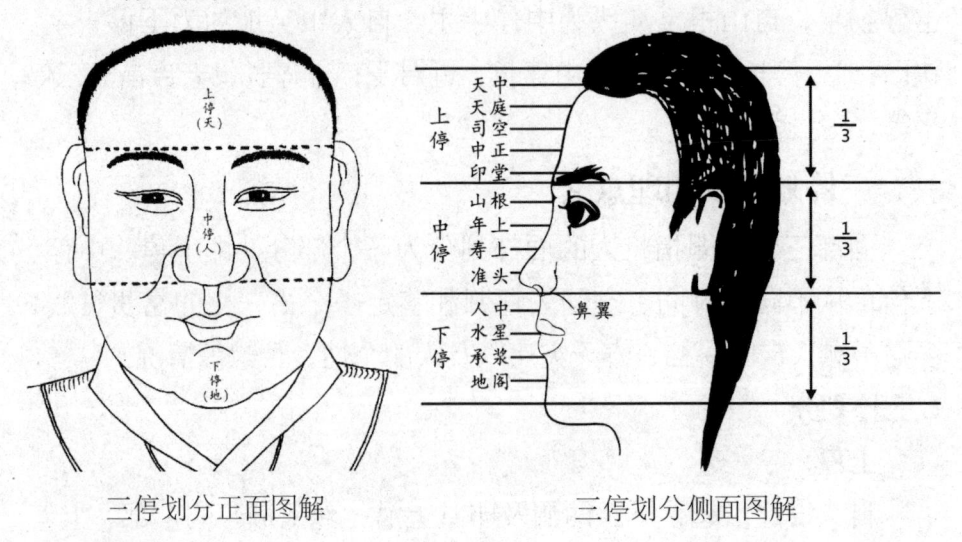

三停划分正面图解　　　　　三停划分侧面图解

2. 相理意义

一般来说，从上停可以看出一个人早年的运势，从中停可以看出一个人中年的运势，从下停可以看出一个人晚年的运势。上停生得宽广有光泽，说明此人年少时家庭幸福，享受父母宠爱，童年无忧无虑；中停长得长且有光泽，说明此人才智过人，是陪伴君王的幕僚人才；下停长得长且有光泽，说明此人老时有福。总之，三停平均，长短相等，宽广丰隆，一生平安吉利，享受福禄。三停长得匀称，是富贵相，将来能够显达；相反，就是孤苦无依、少年夭折、贫困无助或天生贱命的凶相。

上停：

上停长而丰隆，方而广阔，说明此人有聪明才智，少年运程通达，主贵。也说明祖上及父母积德，本人从小受到双亲保护，生长环境良好。上停尖小狭窄或有破陷，说明初年运差，为贫贱之相，难免刑克父母，一生多灾难。男命左边恶刑父，右边恶刑母，女命则与之相反。

不论额头有无奇骨，额部必须丰隆宽广，形如覆肝，没有伤疤、痣斑、凹陷，皱纹少而整齐，发际整齐不冲印堂，日月角不偏高不偏低，整个额部色泽光润，两耳金木不克土而又三星拱照，才为良好的相理标准。主此人青少年时期，诸事顺利，头脑聪明，健康幸福，父母健在，可享亲情祖荫。同时，主此人个性明朗，胸襟开阔，富有推理和创造能力，有分辨是非善恶的判断力，青少年时期收获多，成就大。再将额头分上、中、下三个等分，额的上部无瑕疵，象征人的脑功能及神经运作功能均佳，具有天生的求知欲和思索理解能力，求学过程必很顺利；额的中部无瑕疵，象征人具有天生的强大记忆力，知识丰富，常有贵人赏识提拔；额的下部无瑕疵，象征人具有天生的直觉力和实行力，在三十岁前事业即可获得成就。

额部高低不平倾侧，上下左右狭窄，或有凹陷、伤疤、痣斑，发际不整齐且低削冲印，印堂有恶纹或恶痣，额纹多又杂乱，日月角偏高或偏低，或发际遮盖日月角，整个额部毫无光润色泽，金木两星（两耳）不照火星（额头），这是坏的相理标准。主此人先天遗传及后天培育均差，智力低下，个性表现不良，人生观不正确；家境贫寒，双亲不和睦，求学过程不顺利，青少年时期的人生际遇逆多顺少，孤苦奔波，多灾多难，身心均受折磨，耳相再差者，刑克父母，不享亲情祖荫。凡上停相理欠佳者，必须忍耐，屈就保守，不可莽撞好强，不可贪多急进，以等待中停好运的到来，否则必债事后悔。

中停：

中停丰满，鼻隆而直，无伤痕及污点，说明中年运气好，事业发达，大有作为。中停短促偏斜、塌陷，说明中年运势不顺，劳而无功，不仁不义，难得兄弟、妻子之助力。

眉弯长过目，且昂扬秀润，两眉开展，不锁印堂，不压眼睛；两眼黑白分明，秀长藏神；鼻丰隆不露孔，势如悬胆；两颊丰圆有势，有颧有面（面即禾仓），鼻颧相配，耳鼻颧贯气，此为标准相理。若此人上停相理亦合标准，则主三十岁过后，定然锦上添花；如上停相理不好，亦必在步入三十一岁后才可否极泰来，得贵人朋友的帮助，社会人际关系良好，家庭及婚姻生活美满，金钱物质生活充裕。

眉形恶劣无彩，或眉低压眼锁印，眼形恶劣无神，鼻塌无势或独耸，双颧无势或露骨横张，耳、鼻、颧气势不贯，此为坏的相理标准。人上停相理虽好，待步入中年后，亦必慢慢步入逆境；如上停相理不佳，则必然运程坎坷，纵然偶有所得亦终必破败，家庭及婚姻生活欠美满，社会关系亦不佳，常遭小人为害。凡中停相理不佳之人，在三十一至五十岁之间，最好从事有固定收入的职业为佳，切忌贪多急进、投资创业，否则必然挫败。

下停：

下停平满、端正而厚实，说明晚年运吉，富且子孙贤孝。下停短小、尖薄或狭长、歪斜不正，说明晚年艰辛、贫苦，体弱多病，子孙不肖。

人中深长且上窄下宽，法令明朗圆而深正；眉间长毫，胡须黑亮或白亮；口形良好且开大合小，有棱有势，口角不下垂，色泽鲜艳；地阁宽厚有朝，腮颐丰隆饱满；耳珠又朝口，此为符合相理之标准，主此人大器晚成，五十岁后好运来临，必能把握人生最后一段旅程，大有收获，同时妻贤子孝，在社会上必有名誉与地位。

面部三停以均等为吉相，切忌下停特长特短。下停特长或特短，人中浅歪短细或有恶纹恶痣，上唇无须或胡须困口，法令短而不见或螣蛇锁口，口形恶劣或小如一撮或口角下垂，地阁尖削凹陷或天地不朝，腮颐削陷枯瘦，耳色暗黑耳珠不朝口，此为坏的相理标准。主此人虽然中少运良好，老年亦不免破败或疾病缠身，妻子儿女少缘或有子不肖；如中少运劣，则老年更为孤苦凄凉，贫病交迫，寿年亦不高。凡老年运不好之人，唯有正确认识自己相理的缺点，才能乐享天年。

上停过宽，人虽聪明，却不切实际。尤其女性额头太过高广光亮，必克夫刑子；上停过小，智商低，小气，少年困苦；中停过于发达，性格倔强、刚烈，宜从事军职或冒险行业；中停短小，精神不振，无所作为，唯唯诺诺。下停过宽，性机能发达，色欲之徒；下停过小，性机能早衰，晚年孤苦。

二、六府定位及相理意义

1. 定位

六府有上二府、中二府、下二府之分。

上二府是指两个辅骨，位于额头。自辅角至天仓，包括日月角、边城等部位。

中二府是指两个颧骨，位于眼眶的外下方。自命门至虎耳。

下二府是指两个颐骨，位于下巴。自腮骨至地阁，包括地库等部位。

如下图所示：

2. 相理意义

人面部的六府部位，是观察一个人生命旅途中外力辅助条件的重要部位。天仓峻起多财禄，颧骨丰圆手握权势，地阁方圆有万顷

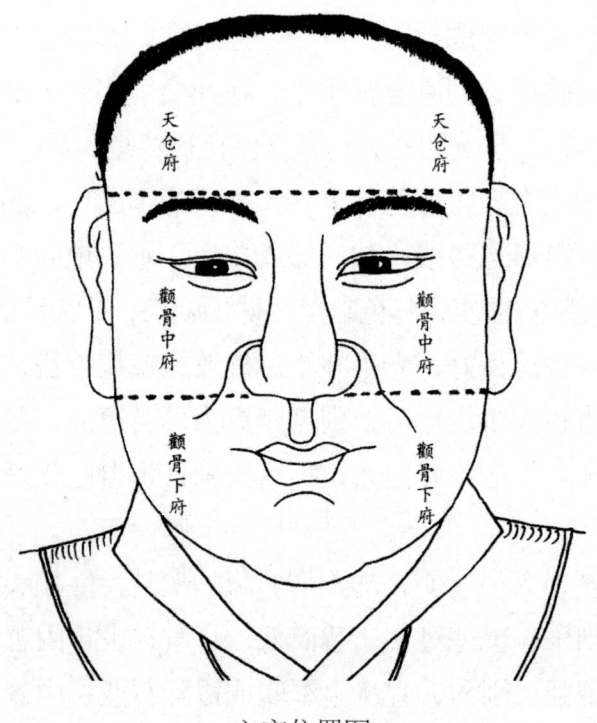

六府位置图

田。

　　如果人的六府部位饱满充实，没有缺陷或疤痕，并且六府之间相辅相成，那么其在人生旅途中必得贵人提携，社会人际关系良好，财运很旺，家庭助力大，受别人尊重。如果六府长相不匀称，或有凹陷、露骨，或有斑痕、恶痣、纹路，或其中有一府破格，均为六府不成，主此人的财运不旺，难得贵人提携，事业落空。即使一生奋发努力，也必收获极少。

　　若上二府相理好，则青少年时期必得父母、祖辈的庇荫，且有贵人提携。

　　若中二府相理好，则中年时期必得家庭助力，社会人际关系良好，事业有成就。

　　若下二府相理好，则老年时期运气很好，生活环境安定，并且深受晚辈尊敬。

三、三才定位及相理意义

1. 定位

　　三才是指天、人、地，分别对应人面部的额头、鼻子和下巴。三才之间要相辅相成，方可言吉。额头居于脸的上部，为天，长得圆润，称为有天者，贵；鼻子居于脸的中间，为人，长得高大挺直，称为有人者，寿；下巴居于脸的下方，为地，长得方阔，称为有地者，富。

2. 相理意义

　　天（额头）高而且开阔，是贵气的表现，并主少年得志。

　　人（鼻子）丰圆、高阔且挺直，是健康长寿的象征，并主中年财气旺，事业发达。

　　地（下巴）方圆丰厚，有肉不见骨，是财富丰厚的象征，并主晚年享受清福。

　　三停、六府、三才之间，讲求比例均匀和谐、相辅相成，不能单独论断。只有将各部位相理结合起来，才可以看出一个人一生的命运。

第二节　五岳四渎定位及相理意义

　　五岳、四渎原为名山大川之名，相学借以与人的面相部位相配，并据此测断人的福寿休咎。五岳即指：额为衡山，颏为恒山，鼻为嵩山，右颧为泰山，左颧为华山。四渎即指：耳为长江，目为黄河，口为淮水，鼻为济水。

　　面部五岳相互朝拱成势，四渎清朗端直、明净流畅，可增加财富。但是，如果五岳四渎浑浊、短浅，那么万物不长。人的聪明、愚钝、贵贱、福寿、贫夭，都可以从五岳四渎的形相特征判断。

一、定位

1. 五岳与面相部位

南岳——衡山，指额部；北岳——恒山，指颏部；中岳——嵩山，指鼻梁；东岳——泰山，指右颧（男左女右）；西岳——华山，指左颧（男左女右）。

2. 四渎与面相部位

江渎——指耳；河渎——指目；淮渎——指口；济渎——指鼻。

如下图所示：

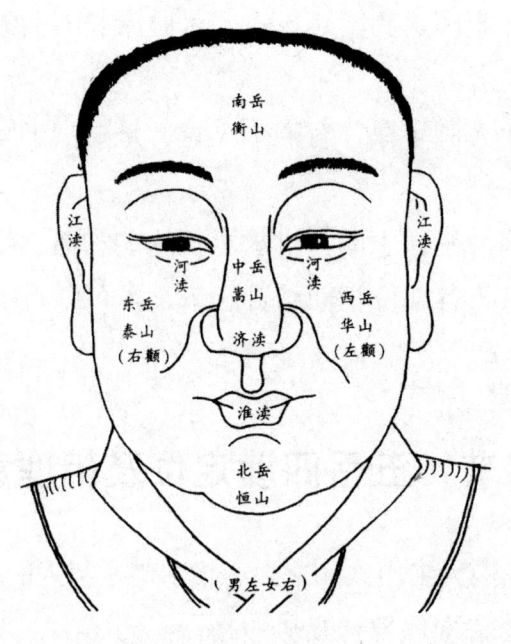

五岳四渎图

二、相理意义

1. 中岳

五岳须要相朝，方为吉相。

中岳要高隆，东西二岳亦须高耸，互相照应，可得财富和权势。若东西二岳不隆不峻，或倾侧无势，朝应无力，则心地恶毒，无慈爱心，无财无势，易犯小人，亦无高寿可言。

中岳要高隆，南北二岳亦须高隆丰满，互相照应，可得财富和权势。若南岳倾倒，则主破败，早年运不佳，终亦不贵；若北岳尖陷，则末运无成，终亦不富。

中岳尖薄而无势，则四岳无主。纵有好处，也难至大贵，无权势无威严，寿命也不长。中岳长但不丰隆，只中寿；如中岳尖薄，一生不得意，晚年见破。

2. 四渎

四渎即江渎、河渎、淮渎、济渎。

江渎为耳朵：耳窍要阔而深，轮廓如重城，紧贴头部，主聪明伶俐，富贵且高寿，家业兴旺。

河渎为眼目：眼眶深，有寿；眼小且长，显贵、聪明；眼眶浅，则短命；眼神昏浊多滞且圆，则多夭折；眼睛不大不小，主贵。

淮渎为口嘴：口方阔且上下唇相覆载，主有寿有福；上薄则不覆，下薄则不载，不覆不载者无寿，无晚福。

济渎为鼻子：鼻子丰隆、圆肥、光润，不破不露，则家必富。

如果四渎生得端正、清净、明快流畅，轮廓分明，就能神气相应，才能财谷丰盛，财物不耗，多积蓄，聪慧富贵。

三、五岳的贵相与破相

古籍曰：额为衡山，颏为恒山，鼻为嵩山，右颧为泰山，左颧为华山。

中岳得高隆，东岳须耸，而朝应不隆不峻，则无势，为小人，亦无高寿。中岳薄而无势，则四岳无主，纵别有好处，不至大贵，无威严重权，寿不甚远。中岳不及且长者，止中寿。如尖薄，晚年见破，到老少称意。南岳倾侧，则主见破，不宜掌家。北岳尖陷，末主无成，终亦不贵。东西倾侧无势，则心恶毒无慈爱。五岳须要相朝。

五岳指额头、下巴、鼻子和左右颧骨，相术上认为："五岳不正，终始贫寒"，这句话的意思是说，这五岳应生得以鼻子为主，匀称互应，说明一生会大富大贵；反之，如果有一个不相应，则都是破败之相。

鼻子生得高耸挺拔，左颧骨生得平平，也没有向右耸起，无法与鼻子形成互应之势，说明此人一生没有权势，只是个普通的市民，寿命也不长。如果鼻子生得瘦小扁平，由于其位于面部的正中间，所以就像其他四岳没有了依靠，其他四个部位生得再好也无法弥补其群龙无首的缺憾，所以一生也不会发达，寿命也不会很长。如果鼻子生得丰隆且过长，也不是吉相，同样不会长寿。如果鼻子生得比较尖，而且瘦小，说明晚年不得意，有家业破败的可能。额头长得不对称，有倾斜，说明一生不能发达。下巴长得凹陷，有向里收的趋势，说明此人一生不会有什么成就，只能碌碌无为。左右颧骨长得不对称，不方正，说明此人不得势，而且人品也不好，心狠手辣，没有一点仁慈心。

四、四渎是关系福源的部位

古籍曰：耳为江，目为河，口为淮，鼻为济。

四渎要深远成就，而涯岸不走，则财谷有成，财物不耗多蓄积。

耳为江渎，窍要阔而深，有重城之副，紧则聪明，家业不破。

目为河渎，深为寿，小长则贵，光则聪明，浅则短命，昏浊则多滞，圆则多夭，不大不小则贵。

口为淮渎，要方阔，而唇吻相覆载。上薄则不覆，下薄则不载，不覆不载则无寿，无晚福，不覆则家业破。

鼻为济渎，要丰隆光圆，不破不露，则家必富。

四渎指的是耳朵、眼睛、嘴巴和鼻子。从这四个部位的长相可以知道一个人是否一生大富大贵。"渎"是"水"的意思，江河之水要源远流长才好，这四个部位也要长得匀称和谐，财源才能如同东流之水一样滚滚而来，一生富贵安康。

耳朵，相术上把耳朵比喻为长江，所以耳孔要长得深而宽阔，出口处要紧缩，才是聪明灵慧的耳相，有这种耳朵的人，家运昌隆，并能守住财富。

眼睛，相术上把眼睛比喻为黄河，所以眼窝向内陷并且眼睛长得很长的人，会长寿并富贵；眼睛有神说明人聪明；眼睛长得短浅说明不会长寿；眼睛浑浊无光并有些呆滞，说明生活会穷困潦倒；眼睛长得圆并且不是很大，说明会一生富贵。

嘴巴，相术上把嘴巴比喻为淮水，口的吉相是长得方大平阔，上下唇相吻合；嘴唇长得薄不是吉相，如果上唇太薄而盖不住下唇，或下唇太薄而托不住上唇，上下唇不相吻合，说明不会长寿，老来无福；上唇盖不住下唇说明家业必有变故，这是破败之相。

鼻子，相术上把鼻子比喻为济水。鼻子要长得笔挺光滑，鼻孔不朝天，并没有破损，则是福相。

五、五岳四渎相理分析

1. 五岳

五岳是观相引喻词，鼻为中岳，意思是人的鼻子要像中岳嵩山一样高耸矗立；其他额、颏、双颧须分别象南岳衡山、北岳恒山、东岳泰山、西岳华山一样高耸丰隆，形成面有重城之势。五岳相理优良，象征人的主要骨骼结构均衡，发育良好；若五岳气势不起，相理恶劣，则象征人的整体骨骼结构不均衡，发育不良。六府凹陷、露骨或有斑痕痣纹，一生事业落空，也少收获；五岳有缺陷，则人生运逆寿促。五岳是观察人在旅途上的奋斗条件，而六府是观察人生旅途上外力辅助的条件，二者相辅相成，不可分离，观相时应综合论断。

五岳最怕无主，须以中岳（鼻子）最为重要。中岳丰隆高耸，象征人的脊椎骨骼系统强壮，但又忌中岳"孤峰独耸"。中岳"孤峰独耸"者，一生难免有孤独之感，因此中岳丰隆高耸，必有充实饱满的其他各岳相朝拱方为吉相。若其他各岳肉少露骨，搭配不佳，必是一生劳碌，事业难成，并寿促。

2.四渎

渎是指水沟、河流。四渎是面相学中的比喻词，即把人面部的耳、目、鼻、口分别比喻为长江、黄河、济水、淮河四条长而宽的江河，同时又把"人中"部位比喻为沟通四水的运河。在人的面相上，耳、目、鼻就像三条源远流长的大江河，经过"人中"这条运河汇总流入口（即大海），它们的整体组合，显示了人的一生中的福寿、富足与贫贱、夭亡的信息，也显示人的五脏六腑内分泌系统的构造和运转情况。眼窝深者主寿，长者主贵，光明者主聪明，浅露者主短寿，昏浊者主蹇滞。耳窝阔且深，轮廓分明，主少年聪明，家境富裕；相反者，主家业破败，生性愚笨。鼻窝光圆，不破不露，主一生富裕；相反者，主一生难聚钱财。口窝方而阔，上下唇有覆有载，主有晚福；相反者，主无晚福，且无寿。虽然四渎相理符合标准，但是人中相理欠佳，也主老年事业破败或健康不佳。

五岳像山峰，四渎像河流，山明水秀是吉相的大格局。若只有山峰高大而四水不秀，则人生失意，事业破败，必成为贩夫走卒之人。五岳丰隆朝拱，四渎清明秀丽，非贵即富。

第三节　五星六曜定位及相理意义

一、定位

1.五星

五星指火星、土星、木星、金星、水星。

火星，指额头，要求方正，方者有官位。

土星，指鼻子，要求厚实，厚者得长寿。

木星，指右耳，要求朝应，朝者五福临门。

金星，指左耳，要求白净，白者能获官位。

水星，指嘴巴，要求红润，红者能做高官。

2. 六曜

六曜也称六星，即指太阳星、太阴星、月孛星、罗喉星、计都星、紫气星。

紫气星，指印堂，要求圆满，圆者有高官。

罗喉星，指左眉，要求长，长者衣食足。

计都星，指右眉，要求齐，齐者有妻儿。

月孛星，指山根，要求直，直者得衣食。

太阴星，指左眼，要求黑，黑者有官职。

太阳星，指右眼，要求光，光者福禄强。

如下图所示：

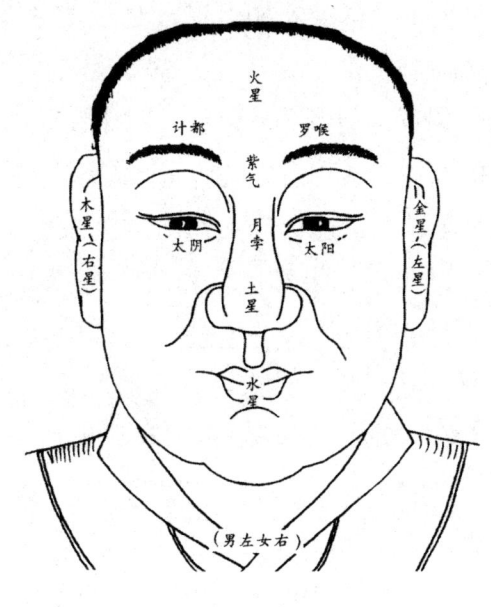

五星六曜图

二、相理意义

1. 五星六曜贵在饱满匀称

五星：金、木、水、火、土。

六曜：太阳、太阴、月孛、罗喉、计都、紫气。

火星须得方，方者有金章。（额）

紫气须得圆，圆者有高官。（印堂）
土星须要厚，厚者得长寿。（鼻）
木星须要朝，五福并相饶。（右耳）
金星须要白，官位终须获。（左耳）
罗喉须要长，长者食天仓。（左眉）
计都须要齐，齐者有妻儿。（右眉）
月孛须要直，直者得衣食。（山根）
太阴须要黑，黑者有官职。（右眼）
太阳须要光，光者福禄强。（左眼）
水星须要红，红者作三公。（口）

五星指的是金、木、水、火和土星，左耳是金星，右耳是木星，嘴是水星，两眉之间偏上部位是火星，鼻头是土星。六曜指的是太阳、太阴、月孛、罗喉、计都和紫气。太阳指左眼，太阴指右眼，月孛指鼻子的山根部位，罗喉指左眉，计都指右眉，紫气指两眼之间的印堂部位。下面详细论述其与人运气的关系。

火星在额头上，即指如果额头生得方正饱满，这是官相，说明此人会做官。紫气饱满有光泽，这也是一种官相，说明此人有官做。土星部位厚实有肉，说明此人长寿。木星长得向外凸出，而不是向内紧缩，说明此人有五福。金星长得白净，也是一种官相，说明此人一定会有官做。罗喉如果长得长，说明此人不会受生计之苦，衣食无忧。计都长得整齐，说明此人家庭幸福，有儿有女，可以尽享天伦。月孛部位长得笔挺，说明此人也是衣食无忧。太阳有神，有灵气，说明此人会有福禄。太阴眼珠发黑，漆黑如豆，且有灵光，说明此人必有官职。水星长得开阔，唇色红润，说明此人会官至三公。

金木星是耳，贵在轮廓分明，其位红白色均匀，大小如门阔，生得端正不反，不尖不小，一般更是高过眉眼。白色如银样大好，其人当生，得金木二星照命，发禄定早。若反侧窄，或大或小，为陷了金木二星，其人损田宅，破财帛，无学识也。

耳朵轮廓分明，大小匀称，像门一样宽阔，端庄高耸，分别朝向眉毛，不尖，皮肤红润，白皙如银，并且耳朵的上端高过眉毛，这是贵相，主此人大富大贵。如果耳朵长得反侧、不端正且过窄，或大小不一，就是凶相，说明此人不仅没有什么学识，而且财富也会受损。

如果耳朵的命门部位能容下一个小手指，说明此人一定很聪明。如果耳朵长得反侧，则说明此人一生艰辛，即使有做官的机会，也只能是芝麻大的小官。

2. 五星吉凶

五星，即为金、木、水、火、土，分别代表左耳、右耳、嘴、额、鼻等五官部位。五星宜隆起，饱满并有光泽，各部位所主福患有所差别。

金星——左耳

吉：轮廓分明，匀称宽阔，端庄高耸，高耸过眉，主大福大贵。

凶：侧反且过窄，或大小不一，主没有学识，财富受损。

木星——右耳

吉：右耳与左耳吉凶相同，同上所述。

凶：右耳与左耳吉凶相同，同上所述。

水星——嘴巴

吉：端正方阔，唇红润如朱砂，牙白而整齐，人中明显，主聪明，可官至三公。

凶：不方正，唇薄、发尖、口角下垂，主贫贱、奸诈。

火星——额头

吉：广阔平滑，充满光泽，主父母显贵，自己聪明，福禄双收。

凶：发尖有皱纹，主平庸，额头有赤脉，人丁不旺，甚至有牢狱之灾。

土星——鼻头

吉：笔挺丰厚，鼻孔大且不外露，主有官运、财运和寿运。

凶：朝天鼻，主贫贱；鼻头尖薄，主老时无依；鹰钩鼻，主奸诈。

（1）水星贵在方阔红润

水星是口，名为内学堂。须要唇红润四角，人中深，口齿端正，有文章，为官食禄。若唇齿粗，口角垂，黄色，主贫贱。

诗曰：

口含四字似朱红，两角生棱向上宫。
定是文章聪俊士，少年及第作三公。
水星略绰两头垂，尖薄无棱是乞儿。
若是偏斜居左右，是非奸诈爱便宜。（口也）

口长得方阔端正，像四字形，并且唇红润如朱砂，嘴角微微上翘，牙齿洁白整齐，人中明显，这样的人聪明，能做大学问，并可官至三公。反之，口唇长得不方正，唇薄且尖，没有棱角，口角向下垂，这是一种贫贱相，主此人是乞丐；如果口再生得有点歪，这样的人好搬弄是非，奸诈，将会有口舌之祸。

（2）火星贵在广阔平滑

火星是额，凡额广阔，发际深者，有禄位衣食，及子息四五人，其人有艺学，父母尊贵。当生命宫，得火星之力，入命有田宅，寿九十九。如尖陋有多纹理者，是陷了火星，乃不贵，无子息一二人，至老不得力，衣食平常，又不得兄弟力，主贫，无大寿，损妻破财。

诗曰：

火星宫分阔方平，润泽无纹气色新；
骨耸三条川字样，少年及第作公卿。
火星尖狭是常流，纹乱纵横主配囚；
赤脉两条侵日月，刀兵赴法死他州。（额也）

如果一个人的额头生得广阔平滑,充满光泽,此人不仅父母显贵,而且自己也是聪明,才艺双全,会有官禄,衣食无忧,儿女成行,一生财富双全。如果火星再生得好,则此人更会吉上加吉,寿命可高达一百岁。如果额头长得像一个川字形,这是一种官相,说明此人会英年及第,年纪轻轻就会当大官。反之,一个人的额头发尖又有皱纹,说明此人能力平平,不会有什么大的作为,只能做个普通百姓,兄弟也没有权势,家中就没有能撑家的人,当然不会富贵了,人丁也不旺。如果额头上皱纹很多,则说明此人犯罪因子很多,最后只能锒铛入狱。如果额上再有两条赤色的脉直侵左右眼,这也是一种凶相,说明此人会在他乡作恶多端。

(3) 土星贵在丰满笔挺

土星是鼻,须要准头丰厚,两孔不露,年上寿上平满直,端耸不偏,其人当不陷了土星,入命并满三分,主有福禄寿。如中岳土星不正,准头尖露且高,其人陷了中岳土星,主贫贱,少家业,心性不直。

诗曰:

  土宿端圆似截筒,灶门孔大即三公。

  兰台延尉来相应,必主声名达圣聪。

  土宿歪斜受苦辛,准头尖薄主孤贫。

  旁观勾曲如鹰咀,心里奸谋必害人。(鼻也)

鼻子生得笔挺端正,鼻孔大且不外露,鼻头丰满有肉,没有缺陷,说明此人有官运、财运和寿运。反之,如果鼻子生得不方正,鼻孔外露,这就是朝天鼻,鼻头尖并且隆起,则说明其不仅祖上没有留下什么家业,而且此人的品性也不好,一生都会艰辛劳累,受尽奔波之苦,是一种贫贱相。如果鼻头又尖又薄,则说明此人家庭不会很幸福,也没有子息继承香火,可能会成为鳏夫寡妇,到老时孤苦无依。如果鼻子生得像老鹰的嘴巴一样,这就是鹰钩鼻,说明此人阴谋诡计很多,总是想办法害人,应该加以防备。

3. 六曜吉凶

六曜，指的是太阳、太阴、月孛、罗喉、计都和紫气。太阳、太阴指左右眼，月孛指山根，罗喉、计都指左右眉，紫气指印堂。

紫气——印堂

吉：圆润隆起，无杂纹，呈银色，主做官并有财禄。

凶：发黄，主平庸；尖窄有纹，主不学无术，破败祖业。

太阴太阳——眼睛

吉：细长黑亮，神采奕奕，主亲戚显达，有贵人助官运。

凶：发黄、赤色，主克家；斜视无神，发赤色，主灾难。

月孛——山根

吉：高隆，充满光泽，主贤良，平安幸福。

凶：塌陷，主学业、事业一无所获，多灾难；尖窄，主困顿倒霉。

罗喉计都——眉毛

吉：清秀细长，主威望名誉；粗黑，长过鬓角，主官禄。

凶：眉距短，呈赤色，主家人死于非命；眉骨高耸，主强恶。

（1）紫气贵在圆润隆起

紫气星是印堂。印堂分明，无直纹，圆如珠，此人必贵。白色如银样，主大富贵。黄者有衣食。如窄不平均，有隐纹者，不吉，子息二三人，不得力，无厚禄，损田宅。

诗曰：

　　紫气宫中阔又圆，拱朝帝主是英贤。

　　兰台廷尉来相应，末主官荣盛有钱。

　　紫气宫中窄又尖，小短无腮更少男。

　　自小为人无实学，衣食萧条更没添。（印堂）

印堂部位圆润分明，没有皱纹或小的纹路，并有隆起像珍珠状，呈银色，这是一种大吉相，说明此人会在国家部门任要职。再加上兰台、廷尉又丰满明净，人中深广，地阁方圆，说明此人不光有国家的俸禄，自己也有极强的理财能力，能挣大钱，财富无边。如果印堂部位呈黄色，这只是一种平民相，说明此人衣食无忧，但不会有很大的出息。如果印堂很窄，而且不匀称，还有小的细纹，说明此人不会有什么作为，所继承祖上的家业也会有败损，孩子也没有什么出息，不能帮助其重振家业。如果印堂部位又窄又尖，而且下巴也没有胡子，说明此人不学无术，只能勉强糊口，终了一生。

（2）太阴、太阳贵在细长亮彩

太阴、太阳，是眼。黑白分明，黑睛多，白睛少，长细双分入鬓者，其人得阴阳二星照命，做事俱顺，骨肉俱贵。如果黑少白多，黄赤色，那么其人陷了二星，损父母、害妻子、破田宅、多灾短命。

诗曰：

　　　　日月分明似太阳，精神光彩一般强。
　　　　为官不拜当朝相，也合高升作侍郎。
　　　　日月斜窥赤贯瞳，更嫌孤露又无神。
　　　　阴阳枯暗因刀死，莫待长年主恶终。

眼睛长得细长入鬓，黑白分明，黑眼珠多，神采奕奕，说明家中亲戚都很显达，不会拉其后腿，反能助其一臂之力，所以此人做什么事都会很顺利；而且有官运，能在国家重要部门任职，能步步高升。反之，如果眼白多，再加上眼睛发黄赤色，那么此人会克父母、妻子和孩子，不光父母多灾，而且妻子也会受其刑克而处处不顺，孩子也多灾多难。家产也会被败尽，多灾多难必然使其心情极度压抑，最后在抑郁中夭折。如果眼睛看人时有斜视现象，眼睛茫然无神，并且瞳仁呈赤色，这也是一种灾相，这种人一辈子都多灾多难，最后会死于别人的刀枪下。

（3）月孛贵在隆起光润

月孛星是山根，从印堂直下分破者，其人当遭月孛照命。陷了山根，主子孙绝，定多灾厄，修读无成，破产，刑妻害子息。

诗曰：

> 月孛宜高不宜低，莹然光彩似琉璃。
> 为官必定忠臣相，末主高官有好妻。
> 月孛宫中狭又尖，家财早破事相煎。
> 为官岂得荣高禄，孛位当生困岁年。

山根部位宜高隆忌低陷，要充满光泽，就像琉璃一样充满质感，说明此人忠厚贤良，做官也会为民请命，是个好官。当然家中也会有贤妻相帮，使其一生平安幸福。如果山根部位塌陷，没有把上下部位连起来，给人一种从中断开的感觉，说明此人子孙少福，多灾多难，学业无成，家产破败，克妻害子，百无一顺。如果山根又窄又尖的话，说明此人一生困顿，家产被早早地败尽，处理不完的各种琐事。可能还有官司缠身，倒霉透顶。

（4）罗睺、计都贵在顺长相宜

罗计星是眉，二星粗黑，过目入鬓际者，此乃衣禄之相，子息父母皆贵，亲眷亦贵。此二星入命，如眉相连横赤色更短，主骨肉子息多犯恶死。

诗曰：

> 罗计星君秀且长，分明贴肉应三阳。
> 不惟此貌居官职，恩义彰名播远方。
> 罗睺稀疏骨耸高，为人性急爱凶豪。
> 奸邪状似垂杨柳，兄弟同胞有旋毛。

眉毛生得清秀、细长、整齐的人，重情重义，尊老爱幼，有好的名声和威望，得到众人的仰慕。如果眉毛粗黑，又长过鬓角，就是做官之相，他的亲戚朋友富贵显达，父母也位高家富，子女也都会承其富贵而有所作为，享尽荣华。

如果两眉很短，里侧靠得很近或连在一起，眉色又是赤色，这个人的父母双亲、子女都会有灾难，甚至会死于非命。如果眉毛生得稀疏，眉骨高耸，便是一种凶相，说明此人性子急躁，刚强好斗，欺小凌弱。如果眉毛长得比较温顺，像柳叶的形状，虽然不张扬，但也不是吉相，这种人一般比较奸猾，会为了达到个人目的而用尽心机，甚至装出一副可怜相来博得别人的同情。如果眉毛上有旋涡，说明家里会有双胞胎的兄弟或姐妹。

第四节　四学堂、八学堂定位及相理意义

一、定位

1. 四学堂

　　官学堂：指眼。眼长而清，主官职之位。

　　禄学堂：指额。额阔而长，主官职和寿元。

　　内学堂：指当门两齿。当门两齿要周正而密，主忠信孝敬。疏缺而小，主狂妄。

　　外学堂：指耳门之前的部位。耳前要丰满光润，主聪明；若昏沉，则为愚鲁之人。

2. 八学堂

　　第一高明部学堂：头圆或有异骨昂。

　　第二高广部学堂：额角明润骨起方。

　　第三光大部学堂：印堂平明无痕伤。

　　第四明秀部学堂：眼光黑多入隐藏。

　　第五聪明部学堂：耳有轮廓红白黄。

　　第六忠信部学堂：齿齐周密白如霜。

　　第七广德部学堂：舌长至准红纹长。

　　第八班笋部学堂：横起天中细秀长。

二、相理意义

1. 四学堂

　　四学堂是指面相中四个可断人的贤、愚、福、祸的部位，即眼为官学堂，额为禄学堂，当门两齿为内学堂，耳门之前为外学堂。

四学堂关系到人生命运的四个不同方面，各学堂形相佳者富贵双全，福寿兼得，且学有所成，声名远播；若四学堂部位形相残缺，则难免艰辛劳碌，命途蹇滞。四学堂之中，眼睛要生得长而清秀，主官职之位；额宜阔而长，主官禄和寿命；两颗门牙为内学堂，如生得周正而密，主其人忠信孝敬，如疏缺而小，主其人多狂妄；耳门之前部位为外学堂，如丰满光润，主其人聪明，但如色泽昏暗，则主其人愚鲁。

2. 八学堂

八学堂指的是相学据以测断人之吉凶贵贱的头面八个部位。

八学堂分别为高明学堂，指头；高广学堂，指额；光大学堂，指印堂；明秀学堂，指目；聪明学堂，指耳；忠信学堂，指牙；广德学堂，指舌；班笋学堂，指眉。相术对各部位的相形要求是头宜圆或有异骨昂起；额眉圆润骨方；印堂宜平明，无伤痕；眼睛宜眼珠漆黑，眼神含藏不露；舌头宜至准头，红纹长；眉上宜横纹，中节停合双。如果八学堂有以上形相，主此人富贵吉祥，反之则不佳。

如下图所示：

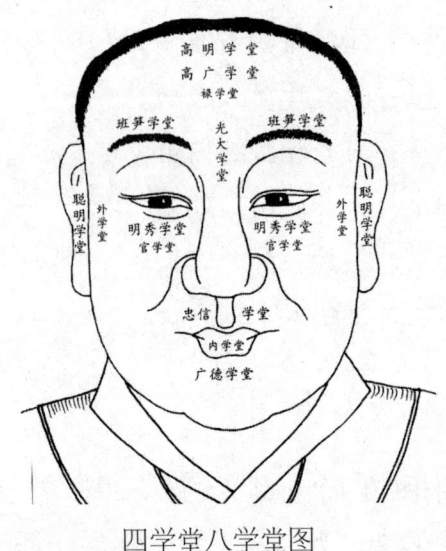

四学堂八学堂图

第五节 九州八卦定位及相理意义

一、九州八卦定位

九州和八卦是指面部的几个部位，根据这几个部位的丰瘠、气色的不同情况，可以推断人的吉凶休咎。九州是指冀、豫、扬、兖、徐、梁、青、荆、雍；八卦包括乾、坤、震、巽、离、坎、艮、兑。

九州八卦定位图如下：

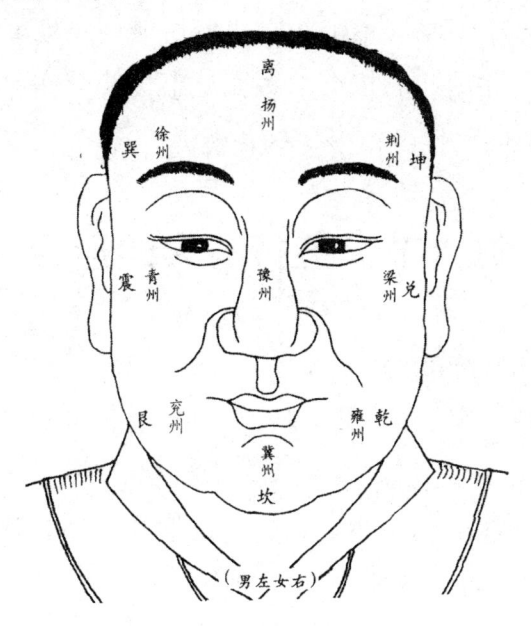

九州八卦图

雍州在乾位：气色黄，宜求官，得横财；气色白，主远游。

荆州在坤位：气色黄，有喜庆之事；气色白，必遭挫折屈辱。

冀州在坎位：气色黄，主家宅不安，宜修禳；气色白，有丧葬之事。

扬州在离位：气色黄，吉庆；气色黑，有灾患发生。

青州在震位：气色黄，会有丧事；气色白，必得财。

徐州在巽位：气色黄，不称心；气色黑，会生病。

兖州在艮位：气色白，有官者升官；气色黑，为盗贼。

梁州在兑位：气色黄，可得横财；气色白，子孙有贤德。

二、相理意义

九州八卦各部位丰隆饱满，主遗传优良，祖德祖荫深厚。不论在家乡发展还是出外（含外国）发展，也不论做官或是经商，均有贵人提携并顺利发展。做官者迁调的吉利方位及时机，应以九州八卦当时呈现的气色为准。若气色未开，则迁调的时机未到。九州八卦各部位尖削、凸露、凹陷，或有伤痕、恶纹、恶痣，主其先天遗传不良，祖德祖荫不厚。不论在家乡发展或出外发展，均难有贵人提携，少有为官和创业的机会，多属从事技艺劳作之人。一生事业劳多获少，常有凶险伴随，多疾病，寿促。

第六节　五行与人的形相

一、五行人形态特征

木瘦金方水主肥，土形敦厚背如龟。上尖下阔名为火，五样人形仔细推。

人面可以用金、木、水、火、土五形来概括。木主仁慈，金主义气，土主信用，水主聪明，火主谦礼。

二、五行人颜色

木色青兮火色红，土黄水黑是真容。只有金形是带白，五般颜色不相同。

五行有五种颜色，木是青色，火是红色，土是黄色，水是黑色，金是白色。

三、相格的五行属性

夫人之受精于水，禀气于火而为人。精合而后神生，神生而后形全，是知全于外者，有金木水火土之相，有飞禽走兽之相。金不嫌方，木不嫌瘦，水不嫌肥，火不嫌尖，土不嫌浊。似金得金刚毅深，似木得木资财足，似水得水文学贵，似火得火见机果，似土得土厚匮库。故丰厚严谨者，不富则贵；浅薄轻躁者，不贫则夭。如子女之气，欲其和媚，形貌欲其严整，若此者，不富则贵也。

诗曰：

部位要中正，三停又带方。

金形人入格，自是有名扬。

木形昂藏而瘦，挺而直长，露节，头隆而额耸，或骨重而肥，腰背扁薄，非木之善。

诗曰：

木质形瘦骨，凛凛更修长。

秀气兼眉眼，须知晚景光。

水形起而肥，阔而厚，短而浮，形俯而朝下，其形真也。

诗曰：

眉粗并眼大，城廓要团圆。

此相名真水，平生福自然。

火形上尖下阔，上锐下丰，其性躁急，面上色赤，火形之真也。

诗曰：

欲识火形貌，下阔上头尖。

举止全无定，颐边更少髯。

土形肥大，敦厚而重实，背隆而腰厚，其形如龟，项短颈圆，骨全肉实。

诗曰：

端厚仍深重，安详若泰山。

心谋难测度，信义重人间。

男女交合，女人怀孕，怀胎十月后分娩，一个新的生命就降生了。生于春天的人叫做木命人，生于夏天的人叫做火命人，生于秋天的人叫做金命人，生于冬天的人叫做水命人，生于四季末月的是土命人。

从相术上来说，一个人一出生就已经具备了五行相貌及飞禽走兽的相貌，命运的大致趋势也形成了，这是后天不能更改的。

金命的人性格刚强，有毅力，生得方正为好；木命的人家财万贯，财运亨通，生得瘦削为好；水命的人富有文采，风流潇洒，生得肥胖为好；土命的人城府很深，为人谨慎，生得敦实厚重为好；火命的人灵活善变，能见机行事，生得上身小下身阔为好。如果一个人的相貌长得符合他的五行，则是吉相，会一生富贵显达；反之则为贫苦相，此人一生会受尽贫困及世事侵扰之苦，短命而死。

金主义，长相方正，皮肤白皙，眉骨高，眼窝深陷，鼻子挺拔，耳朵发红，说话清晰响亮；性格仗义，做事果断。

木主仁，长相清秀，皮肤细腻，嘴巴周正，声音洪亮；性格温良，学识超群，深谋远虑。

水主智，长相圆润，面短色黑，四肢百骸俱圆肥，气量个性极宽大，为人睿智，处事聪明圆满。

火主礼，长相上尖下宽，眉毛浓密，鼻孔外露，小耳朵，说话快，性子急，讲礼貌，敦厚大方，威武刚强。

土主信，长相敦厚，身材魁伟，方嘴大鼻；性情敦厚，言行一致，忠诚孝顺，并且做事很有计谋。

金型人要方；水型人要圆润；土型人要厚重；火型人要尖；木型人要瘦。

金主义气，具有能柔能刚、延展、变革、萧条的特性。水主聪明，具有滋润向下、钻研、性善的特性。火主谦礼，具有发奋向上、性急的特性。木主仁慈，具有生发向上的柔和、仁慈之特性。土主信用，有长养化育、情厚的特性。

四、人体对应宇宙万物

人秉阴阳之气，肖天地之形，受五行之资，为万物之灵者也。故头象天，足象地，眼象日月，声音象雷霆，血脉象江河，骨节象金石，鼻额象山岳，毫发象草木。天欲高远，地欲方厚，日月欲光明，雷霆欲震响，江河欲润，金石欲坚，山岳欲峻，草木欲秀，此皆大概也。

五行秉承阴阳二气，形成了天地间的万事万物，同样，人也在其中。人的头象天，脚象地，双眼象太阳和月亮，声音象雷声，血液象江河，骨头象金石，额头鼻子象五岳，毛发象草木。大自然的天性是：天越高远越好，地越厚越好，太阳月亮越光亮越好，雷声越响亮越好，江河越长越畅通无阻越好，金石越坚硬越好，所以人的这些部位类似自然现象，就说明其命运越好。

人承受阴阳之气，受五行的禀性，是万物之灵。因此，人体应似天地万物之形，才是完美的相格。

人体的每一个部位，都能在宇宙中找到与其相对应的事物。人体的面相，应与宇宙事物相吻合，才为贵，如眼象日月，明亮则为吉。

人体与宇宙对应表：

人体	象物	宜	人体	象物	宜
头部	天	高远广阔	血液	江河	畅通无阻
脚部	地	厚实柔软	骨头	金石	坚硬结实
眼睛	日月	明亮有神	额鼻	五岳	高隆挺拔
声音	雷声	洪亮清润	毛发	草木	柔顺润泽

五、五形人相理特征
1. 木形

木形人，周身五部皆长大，神藏而瘦，身长挺直，腰瘦而圆，唇红纹细，颈有喉结，鼻略露节，头部隆起而额耸，眉眼清秀，人中有须，精神充足，手掌瘦长而多纹。

2. 火形

火形人，周身五部上尖下阔，上锐下丰，性格急躁，眉发焦黄，鼻梁起节，白睛色红，颧尖骨露，筋骨俱露，眉骨口齿亦露，手掌瘦而指尖，声音刚烈且紧急。

木形人 　　　　　　　　火形人

3. 土形

土形人，头圆项短，背高皮厚，身短腰圆，腮颐宽厚，耳大唇厚，地阁方厚，五岳相朝，步稳语迟，敦实厚重，厚发浓眉，鼻准丰隆，手掌指节亦方厚，声音沉厚且迟缓。

4. 金形

金形人，周身五部皆方正，眉清目秀，声韵清朗，骨肉坚实而又白皙银亮，额部、鼻、下颚三停均有方正之感，整个头部圆形，耳色白润，唇红齿白，体形匀称，发须疏而不密，腹部圆垂，背部宽厚，颧部骨起，胸平有肉，行动时身体不轻浮，手掌方厚，声音清朗铿锵。

土形人 　　　　　　　　金形人

5. 水形

水形人，面短色黑，五部均圆肥，甚至上下眼胞及腹臀亦圆肥，声音圆润中显余韵。如口形方阔，眉粗眼大，腰圆腹垂，主个性宽大，能随遇而安，又胸怀磊落，不善与人争强斗狠，圆通多智，一生福泽深厚，乃大富贵又厚福之格。

水形人

第二章　面部十二宫

横向观看人的面部，古人将它分成十二宫，即命宫、财帛宫、兄弟宫、田宅宫、男女宫、奴仆宫、妻妾宫、疾厄宫、迁移宫、官禄宫、福德宫、父母宫。还附有相貌宫。

十二宫相法，主要是从十二种角度（或十二种因素）来分析和探讨人生际遇的顺逆及收获的多少，其立论以中医学、生理学和遗传学作为出发点，这与以星象学为理论基础的命理学十二宫的提法是完全不同的。

十二宫观相法则除了论述面相主体的人生际遇休咎外，还论述其父母、兄弟、夫妻、子女、部属及社会人际关系、周边环境的休咎。

一、十二宫的名称及范围位置

1. 命宫：居于两眉之间，山根之上。

2. 财帛宫：位居土宿，指整个鼻部，包括天仓、地库、甲匮、井灶等部位。

3. 兄弟宫：位居两眉，属罗喉、计都。

4. 田宅宫：位居两眼与眉之间。看田宅宫相理时，要参看土星、地阁两部。

5. 男女宫：位居两眼下（即泪堂）。

6. 奴仆宫：位于地阁与水星之间。

7. 妻妾宫：位于鱼尾，即眉尾奸门处。

8. 疾厄宫：位居山根（印堂之下）。

9. 迁移宫：位居眉角（即天仓）。

10. 官禄宫：位居中正、上合离宫。

11. 福德宫：位居天仓，牵连地阁。

12. 父母宫：位居日角、月角两位。

如下图所示：

十二宫面相图

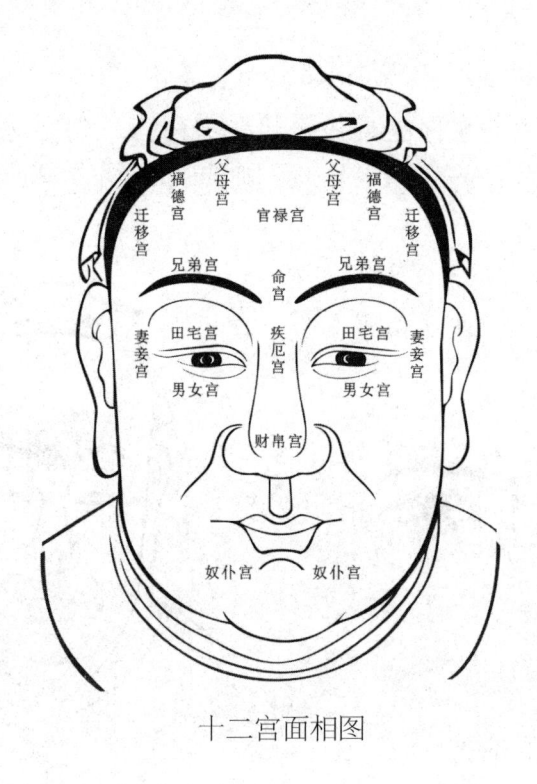

二、十二宫相理分析

1. 命宫

命宫即印堂，是观看人生际遇顺逆及收获多寡的重要部位。命宫是人思维系统的总开关，人的智慧、个性、精神意识、七情六欲等，都可以从命宫观察出来。

命宫宽阔平满、无恶纹恶痣者，其父祖辈遗传优良，其脑组织及呼吸系统先天发育良好，功能正常，身体健康，智慧高，气量大，意志力及体力均坚强，事业有成就，六亲关系和社会人际关系良好。

命宫低陷、狭窄（两眉之间距离小于自己二指的宽度）或有恶纹恶痣者，主其父祖辈先天遗传不良，其健康、智慧、个性亦不良，尤其是个性忧郁、性急、偏执、暴躁、倔强、易怒、神经质等。痣大、纹深、两眉交接者，情况更加严重。

命宫有悬针纹者，一生易遭凶险，事业少成多败；命宫旁边有牢狱痣者，一生必坐牢一次；命宫气色暗滞者，说明目前运气低沉，身体亦欠佳，应注意保健；如黑气袭击命宫，则要注意外出车马安全及意外灾厄；若赤气袭击命宫，则要注意口舌是非、官非、牢狱之灾。

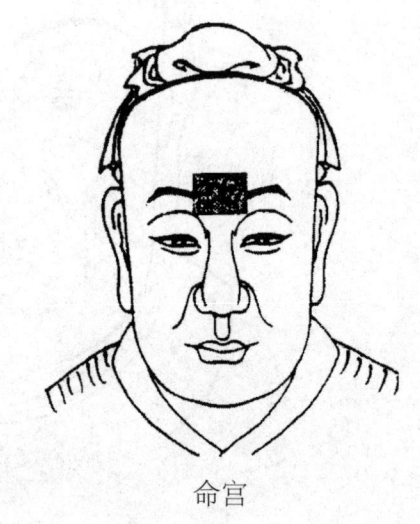

命宫标准宽度　　　　　　命宫

2. 财帛宫

鼻为土星，与人的财运关联，土厚财也厚。鼻子的准头、鼻翼合称为财帛宫。若鼻子丰满，则表示土地肥沃，能生出大财。鼻子的准头及左右鼻翼，与人的消化系统、生殖系统均有密切关系。

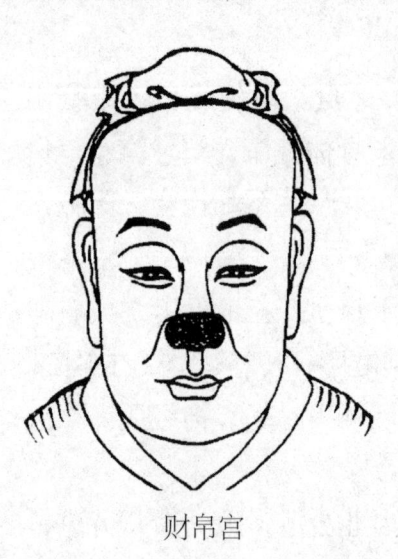

若人的鼻子准头及左右鼻翼，有先天性瑕疵或后天遭受损伤，那么其消化系统、生殖系统必定先天发育不良或有后天功能性的障碍，其理财观念与守财方法也会形成恶性循环，人的个性、工作、事业及金钱的投资使用上都会造成致命的创伤。总之，一个人的准头与鼻翼相理不好，必不能聚财，这就是将鼻准、鼻翼定为财帛宫的道理所在。

鼻子如截筒悬胆，耸直丰隆，中

财帛宫

正不偏，准头圆满不坠，鼻孔不仰有收，兰台、廷尉及两颧相辅相成且有势，主其人善于理财、守财，财产越聚越多，其消化系统、生殖系统必定先天发育良好。若再眼睛细长、清秀、有神，则必达大富大贵之境界。

鼻子扁平、短小、瘦削、露骨、起节或孤峰独耸，两鼻翼狭小，鼻孔仰露或鼻梁、鼻准、鼻翼部位均有痣斑伤疵，再加两颧低平无势，主其人一生运程不如意，缺乏理财观念和守财妙方，终生财来财去。其消化系统、生殖系统必定先天发育不良。

3. 兄弟宫

两眉毛为兄弟宫。兄弟宫是观看兄弟多寡和兄弟感情的主要部位。若父系精髓强壮，气血旺，则眉随骨起，眉长过目，兄弟姐妹必多。此外，兄弟宫还可以观看家族亲戚、交友状况和社会人际关系，故兄弟宫亦称为交友宫。

眉毛的后半部为眉尾，象征妻子财帛的缘分，称为"妻子财帛宫"。若眉尾结聚整齐，则象征与妻子财帛的缘分浓厚，可得妻子助力和妻家之财；若眉尾散乱，甚至分叉，则象征与妻子财帛的缘分薄弱。

眉头与肺脏有关系，与一个人的气量大小有关；眉尾与肝脏有关系，与一个人的脾气急缓有关。如人的眉形好，

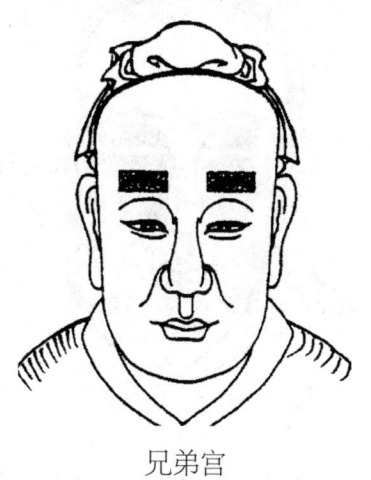

兄弟宫

则象征其人不但气量大、脾气好，而且兄弟姐妹间的感情也好，社会上结交朋友亦好，夫妻相处和睦，贵人多，小人少，事业有成，财帛收获多。

双眉清秀，长弯过目，光亮有彩，毛顺尾聚，覆盖雅致，主兄弟姐妹多，朋友多，社会人际关系良好无刑克，能得到兄弟、姐妹、朋友的帮助。

眉毛黄薄、粗浓、竖起、逆生、倒生、散乱、不聚，或眉头锁印、眉低压眼、短不过目、眉身间断、左高右低、左长右短、眉棱骨不起，或眉有恶痣恶纹等，主其兄弟姐妹少，或兄弟纷争或分离，难得兄弟帮助，坏朋友多而好朋友少；不善处理人际关系，性情急躁、怪癖，难立足于社会，家庭生活不幸福，婚姻生活不美满。

4. 田宅宫

眉与眼之间的上眼睑处为田宅宫。田宅宫与父祖辈的遗产有密切关系，是观看个人田宅、财产及家族生活状况的主要部位；也可观看家运、名望及个人的心性、品德和异性相处的关系等。从生理学上来讲，田宅宫是人的消化系统机能的反射区，与父母的消化系统遗传有关。

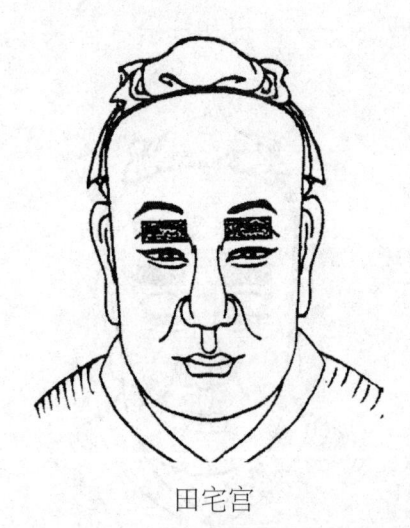

田宅宫饱满丰腴，高广清朗，无伤疵痣斑，主其人可继承祖辈遗产，即使无祖辈遗产，亦能自行置业。重视精神生活，公正仁厚，待人处事正规正矩；可获得异性好感，婚姻生活美满，家庭生活安定、快乐；精力旺盛，人缘佳，可得长辈和上司的提携，若影艺人员有此相，则易获得观众的捧场。

田宅宫

两眼深陷，田宅宫狭窄，甚至眉眼间距不足一指宽，或有伤疤痣斑者，主其身体有遗传性消化系统疾病；性情急躁，人缘不佳，心性或品德不良；无祖业继承，家族关系不亲密，或在青年时期将祖业破败；社会上创业艰难，难于置产购房，而且容易吃亏上当，或居无定所，常常搬家。

田宅宫气色污浊，个性贪婪，背信，德行差，与异性相处不睦。眉眼间距离有二指宽度是富贵之相，主其心性宽广、仁慈，愉快长寿，并有远见。眉眼间距离超过二指宽度者，主其没有进取心，没有理财观念和方法，好空想，没有主见，为人处事不能收放自如。女人田宅宫忌过宽（超过二指宽度），主个性嚣张。女人田宅宫宽度恰好容二指，早婚可得良缘。

5. 男女宫

　　眼睛的下面为男女宫，也称子女宫，即从眼的下弦起约二厘米宽隐隐高起的部位。又名泪堂、阴骘宫等。男女宫为心肾交会之所，小脑的内分泌系统、心脏的血液循环系统和神经系统都在此交会感应。

　　若人的男女宫平满光润色黄，年满四十岁后的人有阴骘纹或阴骘色出现者，主人的身心两健、仁厚公正，夫妻感情恩爱，子女贤能且事业如意。若男女宫有恶纹恶痣或皮肉干枯者，主其小脑内分泌系统有过病变或内分泌失调，可能终身不育或生育不健康的儿女；若男女宫有斑痣和伤疤，则主一生为子女忧虑，或刑克子女（男左女右）。

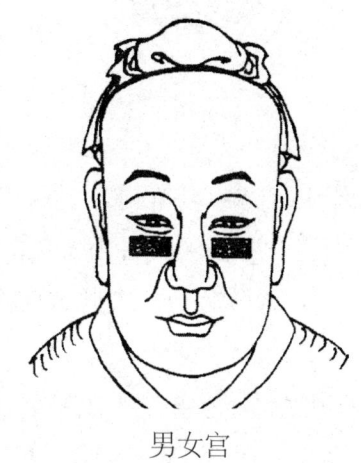

男女宫

　　无论男女，年未过四十岁，男女宫有蠹肉堆集或枯陷无肉，主其人因沉溺色欲耗损过度，或心性品德欠佳，常做不道德之事，导致影响血液循环系统和内分泌系统的正常功能。主无子女或子女不肖，事业不顺，婚姻不美满，严重者永久失去生殖能力；如蠹肉下垂呈袋状者，则小脑已失去性爱发动功能，已经无性能力了。若眼睛四周均色暗污浊，则表示人的心性不正，小脑的性神经乱动之象，容易发生桃色纠纷，引发家庭不和。若男女宫有直纹或罗网纹，损伤阴骘纹，则表示此人心性、品德不良，常做亏心事，或曾做了严重损阴德的事情。若泪堂出现青筋或红脉，则是心地有不良意念的表现，应修心养性。无论男女，老年人泪堂下下垂成袋状，主其性机能尚正常。若泪堂色暗污浊，则表示夫妻感情不睦，或子女事业运差，或子女健康欠佳。

6. 奴仆宫

地阁、地库及腮颐等部位，称为奴仆宫。奴仆宫是观看人的一生与部属、子女关系及其晚年运势的部位。

地阁与地库有势，腮颐丰满端正，整个下颚部位无缺陷，主人的意志坚强，智慧超群，处理事物英明果决，对部属、子女公正又奖惩严明；用人得力，统御有方，德能服众，部属乐于追随，子女贤能孝顺，晚年身体健康，事业运佳，衣食财帛有余，小脑功能正常，家庭及婚姻生活美满。

奴仆宫

地阁尖削或向内收缩，或向前突出，过长或过短，地库及腮颐部位陷斜伤疵，主此人的意志薄弱，决断力不足，智力不高，个性不良，小脑功能不正常，爱情及家庭生活不美满，晚年健康欠佳，生活条件差而劳苦。下巴特别突出像戽斗状者，个性固执，自信心太强，晚年贫困潦倒，多病，易患高血压、心脏病等症。

奴仆宫有恶纹恶痣，或腮骨尖而突出，主其欠缺君子风度，老年孤苦贫寒，六亲少缘。

7. 妻妾宫

眉尾眼尾延伸而靠近鬓发部位的一片区间，称为妻妾宫，又名奸门。妻妾宫也称为夫妻宫或婚姻宫。妻妾宫肌肉丰隆厚实，皮肤润泽，无恶纹恶痣，鱼尾不凹陷且鱼尾纹不多不少并井然有序者，象征人的小脑及肝脏功能发育正常，其性格优良，情绪稳定，不乱发脾气。同时，性欲正常且容易满足，夫妻恩爱和睦，家庭生活快乐美满。

奸门是小脑与肝脏神经交会的反射区，小脑为性欲的发动中枢，主宰人的性生活，肝脏为脾气的发动中枢，主宰人的精神生活。

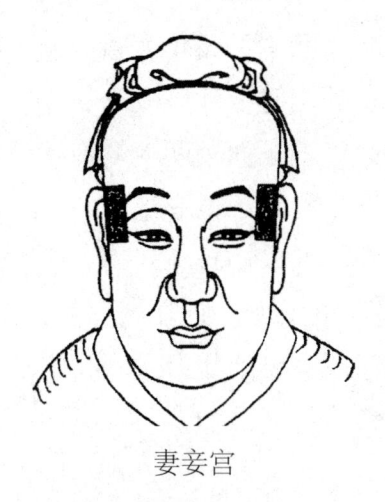

小脑及肝脏功能发育正常，夫妻宫相理必美好，男必娶得贤淑貌美之妻，女必嫁得有成就的好丈夫；反之，奸门露骨不丰，或奸门深陷，鱼尾（即眼尾）凹陷，或奸门有灰黑色痣及交叉纹路者，主其小脑及肝脏的内分泌不优良，影响身心健康，事业容易失败，或配偶遭遇凶险，或导致配偶色痨亡身。如双方肝脑发育均不良，双方个性均偏执急躁，夫妻之间常生口舌，感情不睦，最后导致夫妻分居离异，或导致对方向外发展，寻花问柳等。男性奸门有纹，其人肝与小脑必曾有病变，内分泌必不正常，脾气必乖张，性欲不是过强就是过弱；女方奸门有纹，不能得到丈夫肉欲方面的满足。

妻妾宫

8. 疾厄宫

鼻子的山根、年上、寿上三个部位，称为疾厄宫。疾厄宫是观看一个人健康状况和寿命的重要部位，也能观看人病前的免疫力和病后的抵抗力。将山根、年上、寿上三位定为疾厄宫的根本原因是：山根与心脏血液循环系统相关联，年寿与肝胆代谢系统相关联，山根年寿是肠胃消化系统神经的反射区，鼻梁骨与脊椎系统相关联。

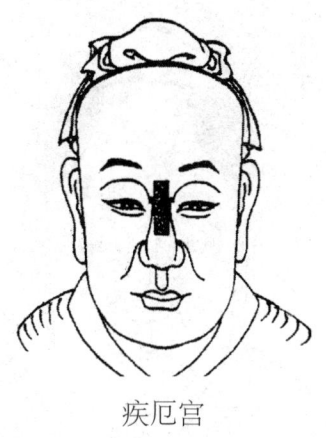

疾厄宫

整个鼻柱丰隆端正，气色明润，无恶纹痣斑，无歪斜曲折凹凸，山根无断折低陷者，主其一生健康良好，无病无痛。

山根低陷，鼻柱平塌无势，人的意志不坚强，性格怪异，缺乏忍耐力，常常变换事业目标或工作岗位，一生健康欠佳，事业没有成就。山根与年上交界处有痣，或山根折断、凹陷，或年寿骨架上有裂痕者，主对灾害的应变能力不强，开车外出时要注意安全，勿开快车。山根两侧有痣斑，主有肠胃痼疾；年寿正面及两侧均有痣斑，主有肝胆痼疾；印堂与山根交界处靠近上眼睑部位有痣斑，主心脏血液循环系统有毛病；印堂有悬针纹向下冲破山根、年寿，主一生大灾大祸难免，如面部无阴骘纹或阴骘色出现，必难逃一死；山根有横纹，主事业或婚姻失败；年寿凸起或有结节状，主一生定有一次大失败，个性偏执倔强。

9. 迁移宫

迁移宫即天仓、福堂、驿马、山林等部位的合称，迁移宫也称为变动宫。迁移宫是观看居家迁徙、远行旅游、投资创业及工作职位变动的情况。将额头左右的天仓、福堂、驿马、山林等部位定为迁移宫的主要原因是：这些部位与人的侧脑系统有关联，而侧脑系统是主管声音、方位、时间和光觉的，人的一切变动顺利与否，都与声音、方位、时间、光觉息息相关。

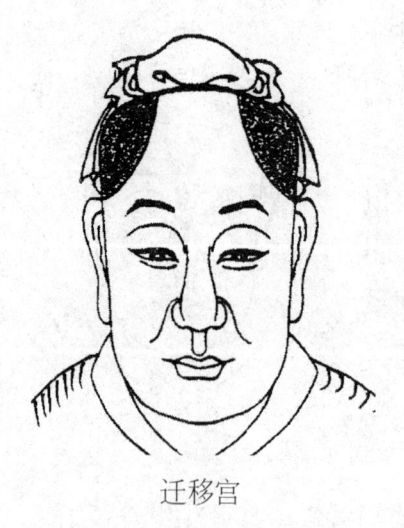

天仓、福堂、驿马、山林各部位饱满明润，又无缺陷痣伤者，有出外或出国旅游、发展的机会。

天仓、福堂、驿马、山林各部位偏高或偏低、缺陷痣伤、气色灰暗，主家中风水不吉利，或工作环境不理想，或出外经商周边环境不协调。迁移宫有恶痣伤疤的人，缺乏协调周边环境的能力，出门在外难得贵人提携，还易招小人坑害。凡迁移宫相理不好的人，不宜从事外交、公关、旅游、贸易等具有动态性且接触面广的工作。迁移宫气色不好之人，外出时要特别注意车马安全；迁移宫出现红黄气色，是即将有良好变动的预兆。

迁移宫

10. 官禄宫

天中以下、印堂以上的额头中央部位，称为官禄宫。官禄宫是反映人脑组织是否优良的最佳部位。从人的正面看，整个额部四平八稳、高广丰满，再从侧面看，中央部位丰隆稍高，又无痣斑杂纹冲破者，主人的脑组织功能优良，学习能力、思考能力、记忆能力、创新能力、鉴识能力、判断能力、处事能力、反应能力均强，有自尊心、仁慈心及奋斗精神，又善于处理人际关系，因此一生易得贵人或上司的赏识及提拔，官运亨通，名利高显，不犯官非。

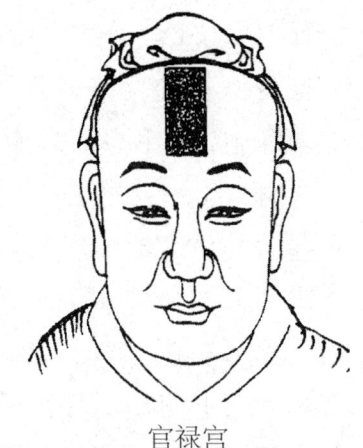

官禄宫

人的额头中央部位凹凸不平，左右两侧歪斜或有伤疤斑痣，主其一生与名、利、禄均无份，或名利如过眼烟云，可望而不可及；虽有才华，但怀才不遇，职业屡变，波折重重，劳多获少，一生坎坷。

女性额头过高过宽，主其性格男性化，待人处事太过精明，自尊心及事业心均强，除非三十岁后结婚或配额头更高更宽的男士，也主婚姻难得美满，非生离即死别。

11. 福德宫

古籍将福堂、天仓、地库、五岳、四渎，合称为福德宫。现代相书以眉上福堂部位（福堂位于眉上一公分处）为福德宫，福堂部位与父祖辈的德行及自身修持均有连带关系，是阴骘出入的神路。如果一个人的父祖辈或自己积有阴德，那么眉上福堂部位相理必丰满明润。把古人认定的福德宫和现代人认定的福德宫交替观看，就能判断人的一生中福禄的厚薄。福德宫又名为贵人宫，福德宫丰满明润者，是福厚之人，必有贵人相助；福德宫肉薄昏暗者，是福薄之人，一生必有小人为害。

福堂、天仓、地库、五岳、四渎部位，肉厚骨实、丰隆饱满，相互朝揖扶拱，气色明润者，其父祖及自身德行均良好，为人心地善良，乐善好施，喜积阴德。此人平生必有禄有财，坐享富贵，无凶无险，福泽深远，子孙满堂，善始善终，享五福之庆。若福堂、天仓、地库、五岳、四渎部位尖削缺陷，或有恶痣恶纹，主其人祖上德行不好，无祖业可承或祖业破败，一生福薄。若福德宫的每一部位均有缺陷，则此人一生贫苦劳碌到老，多灾多难，诸事不利；若福德宫各部位相理都好，但气色不佳，则要提高警觉，预防灾祸。

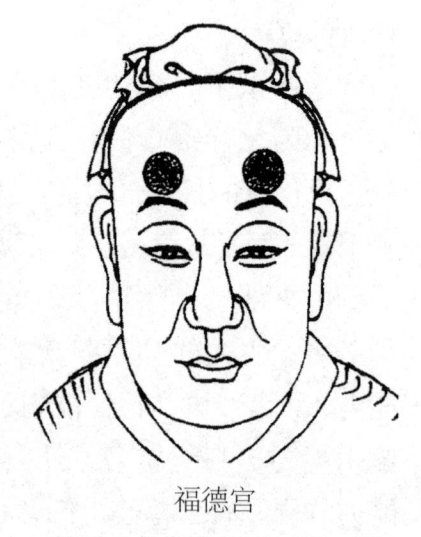

福德宫

12. 父母宫

额头的日角、月角两个部位，称为父母宫。父母宫是观看父母遗传基因的最佳部位，以骨与神代表父，以肉与血代表母。假如这两个部位的额骨隐隐圆起，面相其他各部位也没有缺陷，说明父母遗传良好，而且其父母身体健康或事业也有成就。

父母宫隐隐圆起，骨开肉润，不偏高偏低且左右相称，主其父母双全、健康高寿，事业有成，父母遗传优良，得到父母良好的栽培，深受父母的庇护。若再得额头两边的辅骨相衬，主中富中贵。

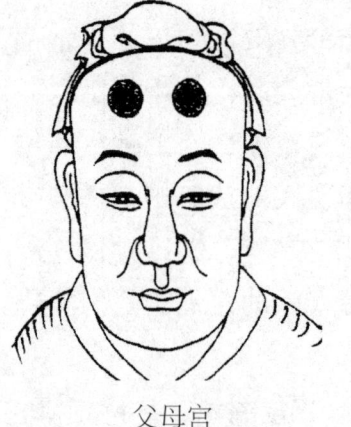

父母宫圆起插入顶脑，而且边地隆起、六曜齐明，主其有大富大贵。但是，如果仅有日月角圆起插入顶脑，那么此人一生仅有小成就（即小富小贵）或贵在浮沉之间。

《相理衡真》云："日月角生低，主幼失双亲；日角有偏者，主父亲健康寿命

父母宫

有差；月角有偏者，主母亲健康寿命有差，或同父异母或随母嫁父。额左偏高者损父，额右偏高者损母。鼻偏左先损父，鼻偏右先损母。左颧高先损父，右颧高先损母。左耳短小先损父，右耳短小先损母。重罗叠计者，主重拜父母或父乱母淫。左眉低，右眉高，父死母再嫁。头侧额窄多是庶出或外室所生。发浓发际低或发角冲眉，早别双亲。"

以上所列的各部位相理，象征父母身体健康有所差异，或先损父或先损母。既然父母健康有差异，子女承受的遗传当然亦有差异，这都会在子女面相各部位（按照男左女右的阴阳原理）显现出来。子女承受父母两人的遗传同样优良，不但日月角两部位相理符合标准，而且其他各部位的相理亦符合标准，因此子女的健康、智慧、个性亦必然优良，事业也必有成就，这就是遗传学、优生学的道理。

女性有日月角，在家不利父母，婚后不利丈夫。因为女性有日月角，主其男性化，事业心重，独立性强，不愿依赖父母和丈夫。女性有日月角，主克父刑夫，颇为应验。

第三章 面相十三部位

第一节 十三部位总图歌

一、十三部位总图名称表

十三部位是人的面部中心线上的十三个大点，每一个大点都包含若干个小点。可以说：这十三个大点相当于十三位组长，每位组长又带领一批组员，其组员都站在组长的左右两边，横向排列。下表名称以《神相全编》为准。

十三部位总图名称表：

右厢	天中	天左内高尺武军辅边 岳厢府广阳库门角地
虎角 月角	天庭	日龙天房父上四战驿吊 角角府心墓墓杀堂马庭
奏书	司空	额上少交道交重山圣 角卿府友中额眉林贤
繁霞	中正	额虎牛辅元斧华福彩郊 角眉角骨角铖盖堂霞外
右目 刑狱	印堂	交左蚕林酒精嫔劫巷青 锁目室中樽舍门路路路
少阴 中阴 太阴	山根	太中少外鱼奸神天天天元 阳阳阳阳尾门光仓井门武
甲匮 少女 中女 长女 妻座	年上	夫长中少金禁盗游书玉 座男男男匮房贼军上堂

处	寿上	甲归堂正姑姊兄外学命 匮来上面姨妹弟甥堂门
廷尉	准头	兰法灶宫曲囷后守兵印 台令上室御仓阁门卒绶
	人中	井帐细内小仆妓婴博悬 部下厨阁使从堂门士壁
	水星	闺比委通客兵家商生山 门邻巷衢舍兰库旅门头
	承浆	祖孙外林下庄酒郊荒道 宅宅院苑墓田池廊丘路
	地阁	下奴礁坑地陂鹅大舟 舍仆磨堑库池鸭海车

二、十三部位总图歌诀

第一天中对天岳，左厢内府相随续；
高广尺阳武库同，军门辅角边地足。
第二天庭连日角，龙角天府房心墓；
上墓四煞战堂连，驿马吊庭分善恶。
第三司空额角前，上卿少府更相连；
交友道中交额好，重眉山林看圣贤。
第四中正额角头，虎角牛角辅骨游；
悬角斧戟及华盖，福堂彩霞郊外求。
第五印堂交锁里，左目蚕室林中起；
酒樽精舍对嫔门，劫路巷路青路尾。
第六山根对太阳，中阴少阳及外阳；

鱼尾奸门神光接，仓井天门玄武藏。
第七年上夫座参，长男中男及少男；
金匮禁房并贼盗，游军书上玉堂庵。
第八寿上甲匮依，归来堂上正面时；
姑姨姐妹好兄弟，外甥命门学堂墓。
第九准头兰台正，法令灶上宫室盛；
典御园仓后阁连，守门兵卒记印绶。
第十人中对井部，帐下细厨内阁附；
小使仆从妓堂前，婴门博士悬壁路。
十一水星阁门对，比邻委巷通衢至；
客舍兵兰及家库，商旅生门山头寄。
十二承浆祖宅安，孙宅外院林苑看；
下墓庄田酒池上，郊廓荒丘道路旁。
十三地阁下舍随，奴仆碓磨坑堑危；
地库陂池及鹅鸭，大海舟车无忧疑。

[注意]：熟背此歌诀时，须认识歌诀中面部左右分列名称的异同：

1. 天中部位组：面左部称左厢，面右部称右厢。

2. 天庭部位组：面之左称日角、龙角；面之右称月角、虎角。一般并称为日月角、龙虎角。

3. 中正部位组：面左称斧钺、彩霞，面右称奏书、繁霞。

4. 山根部位组：左称太阳、中阳、少阳，右称太阴、中阴、少阴，一般并称"三阴三阳"。

5. 年上部位组：左称长男、中男、少男；右称长女、中女、少女，合称泪堂、卧蚕。

6. 准头部位组：鼻翼左称兰台，右称廷尉，一般是兰台廷尉并称。

7. 鼻翼两边伸向口角的纹线：左称法令，右称螣蛇。

8. 耳朵部位组：左耳称天轮、天城、天廓，右耳称天轮、人轮、地轮。

9. 两嘴角：左称陂池，右称鹅鸭。

十三部位总图歌中的各个部位的具体位置，在论流年运气时需要用到，所以必须背熟。凡是流年运气歌中牵涉到的具体部位，务必记住。

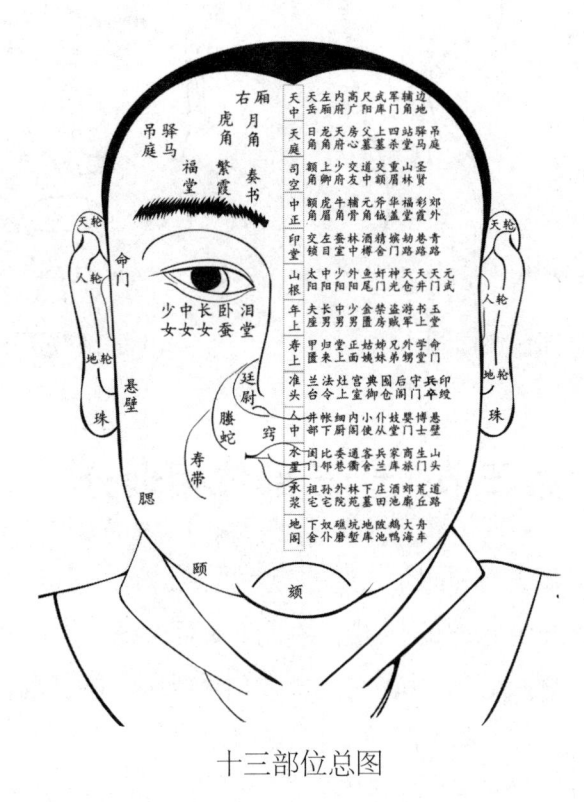

十三部位总图

第二节　十三部位正侧面图解

纵向观看人的面部，古人将它分成十三部位。此十三部位的划分是从上到下，对应天、地、人三才。面相学将面部划分成十三个横列，是以面部中心一线的十三个部位为代表，这是面部中最重要的部位。学习和研究人的面相，务必熟记此十三个部位。十三部位自上而下竖列，依次如下图所示：

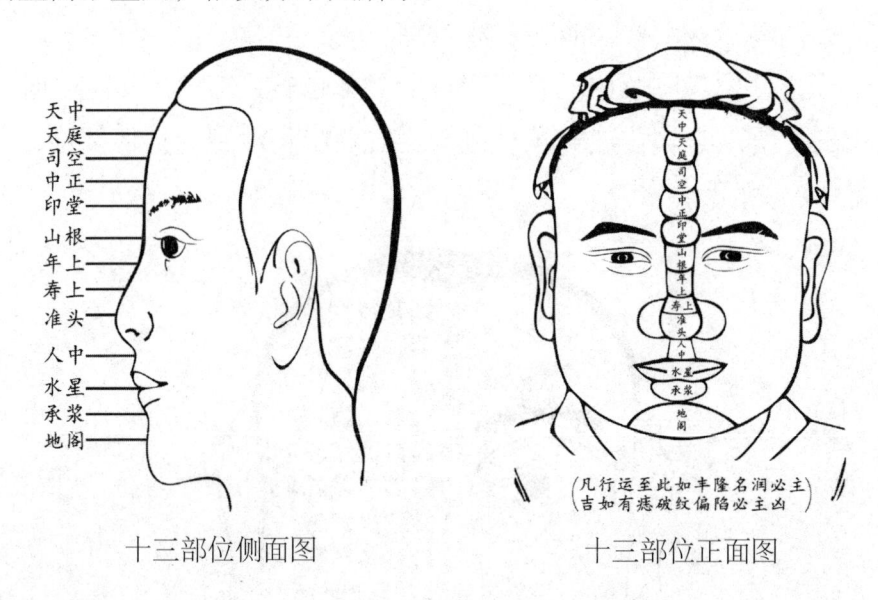

十三部位侧面图　　　　　　　十三部位正面图

第三节　十三部位相理分析

十三部位就是在面相中央的纵线区分为十三点，各点相理的好坏都暗示着人生际遇的休咎。《相理衡真》云："十三部位为面相'紧要关限'之所在，行运至此，如丰隆明润必主吉，若有痣斑、纹疵、凸露、凹陷、破伤、偏斜者必主凶"。十三部位是人五脏六腑、脑组织和脊髓神经各系统在母体里成长过程的表征，天中、天庭代表胎儿最先形成的神经系统及血液循环系统（即脊髓与脑髓），司空、中正、印堂代表咽喉及呼吸系统，山根代表心脏循环系统，年上与寿上代表代谢系统（肝与胆），准头代表消化系统，人中代表内分泌及生殖系统，水星、承浆代表消化排泄系统，地阁代表骨骼与小脑的发育情况。

天中——天中丰起，主青少年运佳，父母健在，入仕早或创业早，并有利于远行，一生不犯官刑。如天中低陷，主无祖业可享，并有官刑牢狱之灾；如天中有灰黑痣及斑纹，主刑克父母。凡天中相理有瑕疵者，行运至十六岁必主不吉，附在天中上下左右各个部位亦受影响。

天庭——天庭丰隆骨起，主青少年运佳，如再有日月角及边城、山林骨起，主大贵之相格。如天庭骨陷、色恶，主幼少年运程不顺，难得长上爱护。凡天庭相理有瑕疵者，行运至十九岁必主不吉，附在天庭上下左右各个部位亦受影响。

司空——天中天庭主与父母之关系，司空则主自身之事。司空丰隆骨起者，主立身早，易得贵人提携；如司空平塌、低陷者，主青年时期事业多波折，一生功名无份，如再有恶纹恶痣者，主一生均处于坎坷境地；如司空气色不佳，主有惊恐或不测之灾祸。凡司空相理有瑕疵者，行运至二十二岁必主不吉，附于司空上下左右各个部位亦受影响。

中正——中正主自身之事，凡丰隆骨起者，主人立身早，功名易得，事业易成。如中正低陷者，主没有才智，一生事业难成，难得贵人提携，如再有恶纹恶痣者，不但一生难成事业，并常遭社会众人嫌恶。凡中正相理有瑕疵者，行运至二十五岁必主不吉，附在中正上下左右各个部位亦受影响。

印堂——印堂为观看人一生命运的中心点。印堂宽平且明润如镜者，主其人一生运气通达，事业有成，可承祖业，同时其人智高超群。如印堂狭窄塌陷，主其人个性不良，多学少成，一生难有好运，也难承受祖业，双眉锁印者尤甚。如印堂有痘痕者，主养他人子女；有灰黑子痣或有悬针纹者，均为命宫陷破而影响一生命运。凡印堂有瑕疵者，行运至二十八岁必主不吉，印堂当令之年（即二十八至三十二岁，四十一至四十三岁，五十二岁，五十三岁，五十六岁，五十七岁）亦主不吉，附于印堂上下左右各个部位亦受影响。

山根——山根为天部与人部连接处，亦是三阳与三阴相会之所。

山根宜高不宜低，低则天人二气不接，行运至此必主灾祸；宜宽不宜窄，窄则阴阳之交不畅，行运至此必主小人是非。山根有恶纹恶痣，均主刑克灾祸。恶色来侵山根，更是疾病的前兆。凡山根相理有瑕疵者，行运至此及当令之年（即二十岁、三十岁、三十四岁、四十一岁）必主不吉，附在山根上下左右各个部位亦受影响。

年上——年上丰隆明润，主其人一生健康少病，衣食丰盛。年上塌陷、凸露者，主其人中年多病，事业无成就；如有直纹者，难生育而养他人之子；如有横纹者，则要注意外出车马安全。凡年上相理有瑕疵者，行运至此及当令之年（即三十一岁、三十二岁、三十七岁、三十八岁、四十四岁、四十五岁）必主不吉，附在年上左右上下各个部位亦受影响。（以生日年龄为准）

寿上——寿上之相理标准与年上之标准相同。年上寿上有痣者，男主一生至少有一次桃花劫，或因女色而招祸；女则嫁病夫，或一生为夫辛苦操劳。年上寿上起节者，一生至少有一次大破败。凡寿上相理有瑕疵者，行运至当令之年必主不吉，附在寿上左右上下各个部位亦受影响。

准头——准头端圆肉厚者，主个性仁厚且富贵；准头尖薄者，主心毒奸贪，并有刑克；准头气色黄亮如粟者，主见财见喜；如准头有斑点或垢秽颜色者，一生辛劳而少收获。凡准头相理有瑕疵者，行运至当令之年（即十九岁、廿八岁、四十八岁）必主不吉，附在准头上下左右的各个部位亦受影响。

人中——人中上窄下宽、深而长直者，主老年运气佳，身体健康，子女多且优秀，心性善良，才华高且有恒心。人中短浅、上宽下窄者，主心性不正，寿年不长，子女少。人中平坦若无者，主无子，一生难有好运。有须者另当别论。人中生纹痣者，均主不吉。凡人中相理有瑕疵者，行运至当令之年（廿二岁、五十一岁、五十六岁）必主不吉，附在人中上下左右的各个部位亦受影响。

水星——口的棱角分明，形如角弓，开大合小，唇部有纹，上下唇相覆载，唇色泽鲜润者，主聪明仁厚，文化水准、生活水准及社会地位均高人一筹。口相不佳或脸大口小者，主其人老年运不好。凡水星相理有瑕疵者，行运至当令之年（即五十一岁、五十二岁、五十三岁、五十四岁、五十七岁、六十岁、六十四岁、六十五岁）必主不吉，附在水星上下左右的各个部位亦受影响。

承浆——承浆肉厚，两边有骨起，中心有凹有须且又耸上，主有千杯不醉酒量，并主富贵。承浆有缺陷者主有水厄，亦主服药或饮食中毒，或服药之效果较差。凡承浆相理有瑕疵者，行运至六十一岁定主不吉，附在承浆上下左右各个部位亦受影响。

地阁——地阁端厚丰实、天地朝揖者，主贵富，老年健康福寿。如地阁尖薄凹削，主个性不良，劳碌终身；如地阁有恶纹痣或凹陷者，主晚年破败，老运坎坷。凡地阁相理有瑕疵者，行运至七十一岁必主不吉，附在地阁上下左右的各个部位亦受影响。

第四章　面相部位流年吉凶断法

第一节　面相部位与年龄

一、流年运气部位歌诀原文

欲识流年运气程，男左女右各分行，
天轮一二初年运，三四周行至天城，
天廓垂珠五六七，八九天轮之上停，
人轮十岁及十一，轮飞廓反必相刑，
十二十三并十四，地轮朝口寿康宁，
十五火星居正额，十六天中骨法成，
十七十八日月角，运逢十九应天庭，
辅角二十二十一，二十二岁至司空，
二十三四边城池，二十五岁逢中正，
二十六上主丘陵，二十七岁看冢墓，
二十八遇印堂平，二九三十山林部，
三十一岁凌运程，人命若逢三十二，
额右黄光紫气生，三十三行繁霞上，
三十四有彩霞明，三十五岁太阳位，
三十六上会太阴，中阳正当三十七，
中阴三十八主亨，少阳年当三十九，
少阴四十少弟兄，山根路逢四十一，
四十二造精舍宫，四十三岁登光殿，
四十有四年上增，寿上又逢四十五，
四十六七两颧宫，准头喜居四十八，
四十九入兰台中，廷尉相逢正五十，

人中五十一人惊，五十二三居仙库，
五旬有四食仓盈，五五得请禄仓米，
五十六七法令明，五十八九遇虎耳，
耳顺之年遇水星，承浆正居六十一，
地库六十二三逢，六十四至陂池内，
六十五处鹅鸭鸣，六十六七穿金缕，
归来六十八九程，逾矩之年逢颂堂，
地阁频添七十一，七十二三多奴仆，
腮骨七十四五同，七十六七寻子位，
七十八九丑牛耕，太公之年添一岁，
更临寅此相偏灵，八十二三卯兔宫，
八十四五辰龙行，八十六七巳蛇中，
八十八九午马轻，九旬九一未羊明，
九十二三猴结果，九十四五鸡鸣声，
九十六七犬吠月，九十八九买猪吞，
若问人生过百岁，颐数朝上保长生，
周而复始轮于面，纹痣缺陷祸非轻，
运限并冲明暗九，更逢破败属幽冥，
又兼气色相刑克，骨肉破败自伶仃，
倘若运逢部位好，顺时气色见光晶，
五岳四渎相朝拱，扶摇万里任飞腾，
谁识神仙真妙诀，相逢谈笑世人惊。

注：耳顺之年，指六十岁。不逾之年，指七十岁。太公之年，指八十岁。

二、五行人流年起算口诀原文

水形一数金三岁，土厚惟将四岁推。
火赴五年求顺逆，木形二岁复何疑。

金水兼之从上下，若云木火反求之。

土自准头初主限，周而复始定安危。

注：水形人从一至三岁起推算，土形人从四岁起推算，火形人从五岁起推算，木形人从两岁起推算，金形水形兼备的人可根据年龄上下推求。如果水形、火形可反过来推求，那么土形人要根据鼻子的情况来推算。如此周而复始，流年的情况就明白了。

三、识限歌原文

八岁十八二十八，下至山根上至发。

有无活计两头消，三十印堂莫带杀。

三二四二五十二，山根上下准头止。

禾仓禄马要相当，不识之人莫乱指。

五三六三七十三，人面排来地阁间。

逐一推详看祸福，火星百岁印堂添。

上下两截分贵贱，仓库平分定有无。

此是神仙真秘诀，莫将胡乱教庸夫。

从一个人的面相，可以看出一个人的性格特点和其一生命运的福禄贫贱。八岁、十八岁和廿八岁时，可以从山根到头发之间看出；二十岁时，可以从印堂看出；廿三岁、四十二岁、五十二岁时，可以从山根到准头之间看出；五十三岁、六十三岁、七十三岁时，可以从人面到地阁看出；一百岁时，可以从火星、印堂之间看出。

第二节 流年段区间划分

一、流年运气五个时间段

第一段：两耳部分：管 1～14 岁

第二段：上停部位：管 15～30 岁

第三段：中停部位：管 31～50 岁

第四段：下停部位：管 51～75 岁

第五段：长寿部位：管 76～99 岁

由于实际运用中，判定流年运气多数针对 15～75 岁的阶段而言，而 15～75 岁的年龄段分列于面部上停、中停、下停之中。

二、三停部位时间段

1. 上停部位

15 岁——火星，在前额深入发际约两厘米处。

16 岁——天中，在前额最上部紧接发际处。

17、18 岁——日月角，在额骨左右微凸之处。

19 岁——天庭，在额骨中心，即额部中心。

20、21 岁——左右辅角，在日月角之下偏左、右两眉之上，约与司空成一线偏下之处。

22 岁——司空，在整个额部的中心。

23、24 岁——左右边城，在上发际与左右发际交汇处。

25 岁——中正，在司空与印堂之间。

26 岁——丘陵，在左太阳穴。

27 岁——冢墓，在右太阳穴。

28 岁——印堂，在两眉之间，山根之上。

29、30 岁——左右山林，在额骨之左右端，与日月角一线靠左右发际之处。

2. 中停部位

31 岁——凌云，位于左眉头。

32 岁——紫气，位于右眉头。

33 岁——繁霞，位于左眉尾。

34 岁——彩霞，位于右眉尾。

35 岁——太阳，位于左眼头及白眼。

36岁——太阴，位于右眼头及白眼。

37岁——中阳，位于左瞳孔虹膜。

38岁——中阴，位于右瞳孔虹膜。

39岁——少阳，位于左眼角白眼及眼眉。

40岁——少阴，位于右眼角白眼及眼尾。

41岁——山根，位于眼与眼之间，印堂下面的低凹处。

42岁——精舍，位于左眼头上。

43岁——光殿，位于右眼头上面。

44岁——年上，位于山根下，鼻骨上部。

45岁——寿上，位于年上下面，准头上面，即鼻骨中间。

46岁——左颧，位于左颊骨上面隆起之处。

47岁——右颧，位于右颊骨上面隆起之处。

48岁——准头，即指鼻头。

49岁——兰台，指左鼻翼。

50岁——廷尉，指右鼻翼。

3. 下停部分

51岁——人中，位于鼻之下的沟洫。

52岁——左仙库，位于人中的左外侧。

53岁——右仙库，位于人中的右外侧。

54岁——食仓，位于左仙库之外侧，左嘴角之上靠近左法令线之处。

55岁——禄仓，位于右仙库之外侧，右嘴角之上靠近右法令线之处。

56岁——左法令线。

57岁——右法令线。

58岁——左虎耳，位于颊骨稍左下。

59岁——右虎耳，位于颊骨稍右下。

60岁——水，位于上下嘴唇。

61岁——承浆，位于下唇下低凹处。

62岁——左地库，位于承浆之左侧。

63岁——右地库，位于承浆之右侧。

64岁——陂池，位于左唇的外侧。

65岁——鹅鸭，位于右唇的外侧。

66岁——左金缕，位于陂池的左边斜上，法令线外。

67岁——右金缕，位于鹅鸭的右边斜上，法令线外。

68岁——左归来，位于左臼齿之正上面，约为嘴唇一线处。

69岁——右归来，位于右臼齿之正上面，约为嘴唇一线处。

70岁——颂堂，位于承浆下，地阁边。

71岁——地阁，即颏骨尖。

72岁——左奴仆，位于地库之左侧，约在陂池正下方。

73岁——右奴仆，位于地库之右侧，约在鹅鸭正下方。

74岁——左腮，位于左归来左侧。

75岁——右腮，位于右归来右侧。

第三节 流年吉凶大局

一、面部流年三阶段

面部流年三阶段，是指三主三柱，意思是从一个人的额头、鼻子和下巴的面相，可以知道其少年、中年和老年三个重要阶段的运气。其中，额头是寿柱，鼻子是梁柱，足是栋柱。额头尖且狭窄，说明少年不幸，会有灾祸发生；鼻子歪斜，说明中年不幸，会有灾祸发生；下巴宽阔而且隆起，说明晚年很富有，生活幸福。

相术学认为，面部的不同部位掌管着人不同年龄阶段的运势，将人的面部与年龄运势相结合，即可得出一套面部流年运气理论。

耳朵管少年：

1～14岁的运势看耳朵。耳朵色泽红润，说明天生聪颖、生活优裕、身体健康；色泽发灰发白，说明身体有病，不是长寿之相。

鼻子管中年：

40～50岁的中年时期运势，看鼻子。山根高挺、鼻翼饱满为吉，说明有财禄、好运，反之则为不吉。

下巴管老年：

60岁以后的运势看下巴。下巴饱满丰润为宜，说明可以安享晚年；下巴削尖、枯白为凶，说明多病速衰。

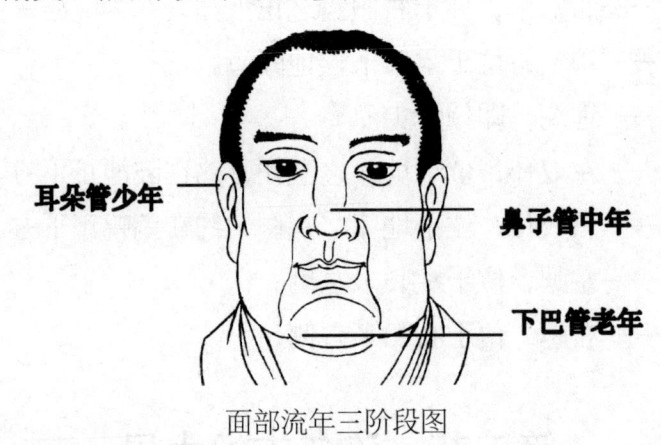

面部流年三阶段图

二、流年运气部位列表

相术学将人的一生逐年所行的运程称为流年运气。看相者可根据被观者的年龄测看运气，也可以观看与其年龄相配的部位气色，来推断过去或预测未来。流年运气主要根据气色来推断，从中医上讲，一个人的气色随着年龄的不同而有所变化，气色的好坏通常表现在人面部不同的部位上。一个人某个部位气色好，说明此人在该部位对应的年龄段将有所作为，事业上成功的可能性极大。

年龄	1～14岁	15～16岁	17～18岁	19～21岁	22岁	23～24岁
部位吉凶	耳朵	额头	日角、月角	天庭、辅骨	司空	边地
	色泽红润	有光泽	明亮光泽	红明莹润	光亮	黄色微红色
	发灰发白	灰暗无光	灰暗	昏暗晦涩	发青发暗	红色赤色

年龄	25岁	26～27岁	28岁	29～30岁	31～34岁	35～40岁
部位吉凶	中正	丘陵冢墓	印堂	山林	凌云、紫气、紫霞、彩霞	眼睛
	明亮光泽	发青发暗	红、黄、紫亮色	清晰	红紫色白亮色	光润晶莹
	发暗青灰色	发红变赤	发赤发暗、发黑发青	发际呈锯齿状	出现白点	青黑暗滞

年龄	41～42岁	43～45岁	46～47岁	48～50岁	51～57岁	58～59岁
部位吉凶	山根	年上、寿上	颧骨	准头、兰台、廷尉	人中、仙库、食仓、禄仓、法令	虎耳
	红润发亮	明润发亮	红润明亮	呈明黄	明润	明润白亮
	发白黑青	红赤青黑色	青暗色	发红、赤色	发白发黄	发黄发暗

年龄	60岁	61岁	62～63岁	64～67岁	68～69岁	70岁
部位吉凶	水星	承浆	地库	陂池、鹅鸭、金缕	归来	颂堂、地阁
	红润光泽、紫亮	发白发红	白色	白明亮润	润泽	白红色
	发白、发赭	黑色	黑色	发白发灰	枯色	发黑

第四节 流年运气部位图解

流年运气是指人从出生到去世每一年的运势。相术上，将人的面部划分为一百个部位，与人1～100岁相对应。测断一个人的运气如何，男女相的断法是有区别的，男看左，女看右。下面以年龄为顺序逐一介绍。

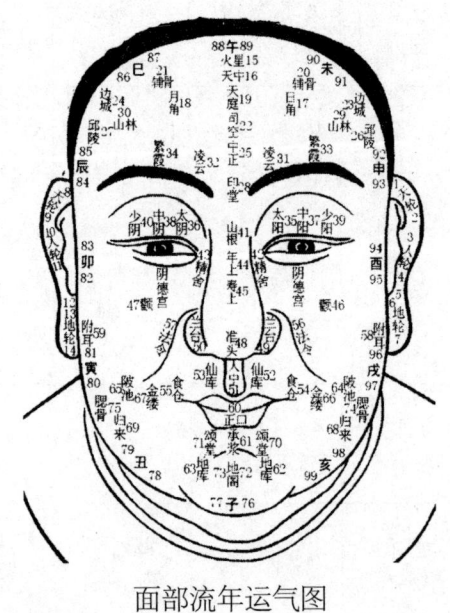

面部流年运气图

1～14岁，小孩子还处于身体发育阶段，骨髓还没有完全长成，头与身体的比例与成人不一样，从其相理上还不能看出一个人一生的吉凶，只能观察耳朵判断其是否身体健康。男孩看左耳，女孩看右耳，如果耳朵色泽红润，说明天生聪颖，生活优裕，身体健康；如果耳朵色泽发灰发白，说明身体有病，恐怕不会长寿。

15～16岁，看额头。如果额头有光泽，则说明其生活无忧，是好运的兆头。相反，如果额头灰暗无光泽，则说明年少生活不好。

17～18岁，看日角和月角。如果日月角明亮，有光泽，说明父母身体健康；如果日月角灰暗，说明父母中有一人有灾，严重者可能会死亡。

19～21岁，看天庭和辅骨。这个年龄段的青少年，一般都在上高中或读大学，处于命运的转折阶段。有的辍学走上社会，有的考入名牌大学深造，有的由于没有自律能力，因交友不慎或其他不良环境的影响而误入歧途。当天庭和辅骨部位发亮、红明莹润时，说明此人正在交好运，这是一生中良好的开端；如果天庭和辅骨部位昏暗晦涩，则说明此人思路不清，会有灾难发生，一定要注意防备。

22岁，看司空。这个部位光亮润泽是吉相，发青、发暗都是不祥的预兆。22岁时，司空部位夏天发赤色，春天发青色，都预示着会有不如意的事情发生。

23～24岁，看边城（也叫边地）。这个部位呈明黄色，说明此人正交好运；呈现轻微的红色，说明运气一般。如果边城部位有明显的红色，而且有变成赤色的趋势或已变成了赤色，则会有灾祸发生；如果发青，说明其身体健康不佳，或会有灾祸发生。

25岁，看中正。这个部位明亮光泽大吉，发暗或发青灰色都是不祥的征兆。

26～27岁，看丘陵、冢墓。这两个部位发青发暗，属于正常，不用惊慌，并且还预示着好事将临。如果发红且有变赤的趋势，是一种不祥的征兆，可能会有灾祸发生。

28岁，看印堂。印堂部位色泽以红、黄、紫亮为吉相；发赤发暗，或发黑发青，都预示着最近总是走霉运。

29～30岁，看山林。清秀郁郁葱葱的山林能给人带来舒适感。山林部位处于额头左右两侧发际边，长得清晰明亮才为吉相。如果山林的发际呈锯齿状，说明此人身心很劳累，生活环境不好；如果山林发际混浊，面色发暗，是一种不祥的面相，说明近期外出可能会有灾祸发生，尤其是陆路出外旅游。

31～34岁，看双眉间的凌云、紫气、紫霞和彩霞。这些部位出现红紫色，说明运气非常好；呈白亮色，则财运亨通；如果出现白点，那么兄弟会有灾祸甚至死亡。男士山林部位出现白点是克妻的面相，说明妻子最近会有灾祸。

35～40岁，看眼睛。眼睛明亮，呈红紫色，是吉相；眼睛光润晶莹，光辉明亮，说明运气好；眼睛明净，说明运气一般。眼睛出现青黑暗滞最不好，说明此人运气不顺，做什么事都不会成功。

41～42岁，看山根。山根部位色泽红润发亮是吉相，说明做什么事都很顺利，处处好运；山根部位发白，说明此人会有麻烦事和不如意；山根部位呈黑青枯晦色最不好，暗示将会大不幸。

43～45岁，看年上与寿上。这两个部位可以看一个人身体的健康状况。如果年寿部位明润发亮，那么此人身体很健康；如果年寿部位出现红赤或青黑色，那么此人最近身体有疾病。

46～47岁，看两边的颧骨。一个人年轻时身体健康，此部位必定红润明亮；四十六七岁时呈黄润色，为正常；呈青暗色，说明此人身体不健康。

48～50岁，看鼻子的准头、兰台和廷尉。五行上鼻子属土，此处宜黄，最佳色是明黄。如果这些部位发红，那么此人可能会有灾祸发生，要注意防范；发赤色，近期会破财；发青黑大凶，暗示有死亡之灾。

51~57岁，看嘴唇部位的人中、仙库、食仓、禄仓和法令。这些部位以明润为最佳，颜色发白或发黄都是凶兆，说明身体不好，将有灾祸发生。

58~59岁，看虎耳。虎耳发黄发暗，说明运气不好。

60岁，看水星（口），即察看嘴唇是发干还是红润光泽。不论年龄大小，嘴唇发红湿润、有光泽，都是健康的面相，嘴唇再呈现紫亮更佳。女子忌嘴唇发白，男子忌发赭色，都是凶兆，谨防不好的事发生，尤其是身体健康方面。

61岁，看承浆。人年轻时，如果承浆部位呈黑色，那么此人将会遭受水灾，最好不要下水游泳。61岁时，承浆部位色泽发白发红为佳，其他颜色都是凶色。

62~63岁，看地库。地库以白色为佳，呈现黑色为凶。

64~67岁，看陂池、鹅鸭和金缕。这些部位白亮明润为吉，但发白发灰，像白粉或枯骨一样的颜色，说明此人没有一点生机，寿命不长了。

68~69岁，看归来。此部位以润泽为佳，最忌出现枯色，枯是衰老的象征。

70~71岁，看颂堂和地阁。这两个部位以白红色为吉，说明晚年很幸福；发黑，说明寿命很快就要走到尽头了。

71岁以后，应该安享晚年了。72~77岁，看奴仆、腮骨和子位。根据地支和人的面相关系，76~77岁时看子位，78~79岁时看丑位；80~81岁看寅位；82~83岁看卯位；84~85岁看辰位；86~87岁看巳位；88~89岁看午位；90~91岁看未位；92~93岁看申位；94~95岁看酉位；96~97看戌位；98~99岁看亥位；100岁看颈部。

第五节 面相七十五部位流年法

七十五部位流年法是根据面相七十五部位相理的优劣，逐年推断人命的吉凶。这是简单易学而且最通行的流年断法。例如，31岁为左眉前端部位，观看人的左眉前端部位相理的优劣，就可以推断其命运流年的吉凶。运用七十五部位流年法，只能观看人的每年运程，而不能观看数年或十数年的流年运程。运用七十五部位流年判断流年运程，面部左右眉、左右眼、左右耳、额、鼻、口等九个部位相理相当重要。

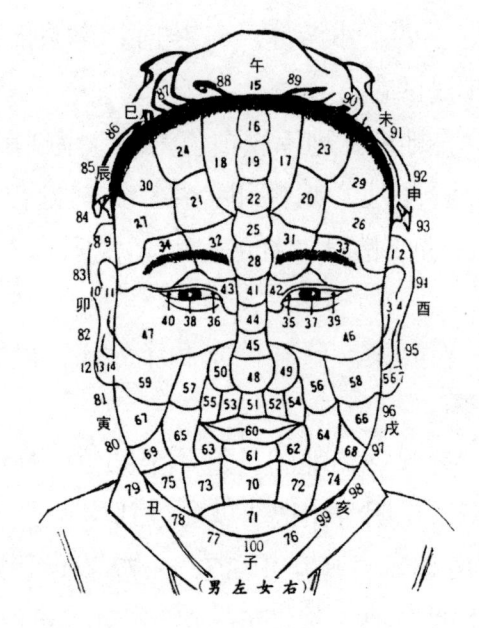

七十五部位总图

左眉：主1岁、10岁、19岁、28岁、37岁、46岁、55岁、64岁、73岁、82岁、91岁流年吉凶。

右眉：主7岁、16岁、25岁、34岁、43岁、52岁、61岁、70岁、79岁、88岁、97岁流年吉凶。

左眼：主5岁、14岁、23岁、32岁、41岁、50岁、59岁、68

岁、77岁、86岁、95岁流年吉凶。

右眼：主8岁、17岁、26岁、35岁、44岁、53岁、62岁、71岁、80岁、89岁、98岁流年吉凶。

左耳：主4岁、13岁、22岁、31岁、40岁、49岁、58岁、67岁、76岁、85岁、94岁流年吉凶。

右耳：主9岁、18岁、27岁、36岁、45岁、54岁、63岁、72岁、81岁、90岁、99岁流年吉凶。

额部：主6岁、15岁、24岁、33岁、42岁、51岁、60岁、69岁、78岁、87岁、96岁流年吉凶。

鼻部：主2岁、11岁、20岁、29岁、38岁、47岁、56岁、65岁、74岁、83岁、92岁流年吉凶。

口部：主3岁、12岁、21岁、30岁、39岁、48岁、57岁、66岁、75岁、84岁、93岁流年吉凶。

七十五部位名称表：

左天轮 1、2岁	天庭 19岁	紫气 32岁	精舍 42岁	食仓 54岁	归来 68、69岁	巳 86、87岁
左人轮 3、4岁	辅角 20、21岁	繁霞 33岁	光殿 43岁	禄仓 55岁	颂堂 70岁	午 88、89岁
左地轮 5、6、7岁	司空 22岁	彩霞 34岁	年上 44岁	法令 56、57岁	地阁 71岁	未 90、91岁
右天轮 8、9岁	边城 23、24岁	太阳 35岁	寿上 45岁	附耳 58、59岁	奴仆 72、73岁	申 92、93岁
右人轮 10、11岁	中正 25岁	太阴 36岁	颧骨 46、47岁	水星 60岁	腮骨 74、75岁	酉 94、95岁
右地轮 12、13、14岁	丘陵 26岁	中阳 37岁	准头 48岁	承浆 61岁	子 76、77岁	戌 96、97岁

火星 15岁	冢墓 27岁	中阴 38岁	谏台 49岁	地库 62、63岁	丑 78、79岁	亥 98、99岁
天中 16岁	印堂 28岁	少阳 39岁	廷尉 50岁	陂池 64岁	寅 80、81岁	
日角 17岁	山林 29、30岁	少阴 40岁	人中 51岁	鹅鸭 65岁	卯 82、83岁	
月角 18岁	凌云 31岁	山根 41岁	仙库 52、53岁	金缕 66、67岁	辰 84、85岁	

第六节　面相其他部位流年法

一、法令流年法

法令流年法，是根据面部左右法令优劣而判断人的流年运程吉凶。例如，左法令形状优良，则主1～30岁事业上顺利有成；右法令形状优良，则主30～60岁事业顺利有成。法令流年法，虽可以准确观看人上半生或下半生的运程，但无法观看每岁的细部流年的吉凶。根据当今社会的情况，一般是左法令主20～50岁之流年运程，右法令主50岁以后之晚年运程。

二、三停流年法

三停流年法是根据面相三停的优劣，判断人流年运程的吉凶。上停主15～30岁之流年运程吉凶，中停主31～50岁之流年运程吉凶，下停主51岁后之流年运程吉凶。三停流年法的缺点，是无法观看面相细部流年运程的吉凶。

三、耳鼻流年法

耳鼻流年法是根据两耳及鼻形的优劣，判断人流年运程的吉凶。其方法是，先以左耳算起主行运二十年，次以鼻主行运二十年，最后以右耳主行运二十年。其缺点是只能观看一生运程的基本概况，而不能用于观看细部流年的吉凶。

四、地支流年法

从76～100岁，可用地支表示外侧一圈（面部边缘部分），用十二地支表示十二个部位。从地阁子位起，男命按逆时针方向行运，女命按顺时针方向行运，每二岁行一步，周而复始，至一百岁归还子位，称为周游运。

如下图所示：

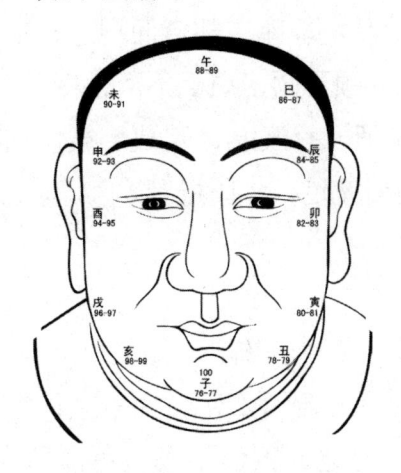

男命逆时针地支流年图 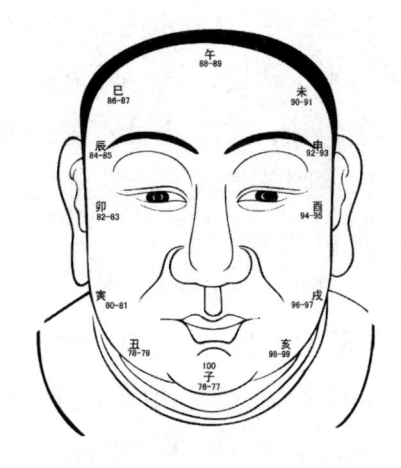　　　女命顺时针地支流年图

十二地支流年法的重点，在于观察人的精、气、神、色四项。形相贵在丰正平满，忌偏侧、倾斜；色贵在红黄明润，忌青黑、暗晦。若再观看眼神、语神、坐神、立神、行神，则吉凶自明。

十二地支流年位，用子、丑、寅、卯、辰、巳、午、未、申、酉、戌、亥来表示。

子位：

[年龄]：76～77岁。男女同论。

[部位]：在下颚正中、地阁之下。

[看法]：子位端方平满者富贵，又主子孙荣昌；狭薄削小者贫贱，又主耄耋清寒；肥厚者，起居爽健；色泽润者，田宅饶馀，皆

主末运亨泰。行运至此，尤重髭须，清秀朗健，景阳高广气足；唇齿不露，地阁丰朝。总之，子位端方平满，燕颔重颐，再额头宽广；耳色白润，精、气、神、色四者俱佳者，必享荣华富贵，福寿双全。相反者，不贫苦，也必病、灾或死亡。

丑位：

[年龄]：78～79岁。

[部位]：在左腮骨的下缘，近归来；女性在右腮骨的下缘，近归来。

[看法]：丑位吉凶，当与左腮骨及左地库二部合而观之，丰厚圆满，平正朝接，气色明润者，再加头颈不倾，眉毛不落，精、气、神、色俱佳，主富贵且寿考；偏狭尖陋、有瘢痕、破缺、气色枯暗者，皆主困苦贫贱。行年至此，宜精神充足，步履稳健。

寅位：

[年龄]：80～81岁。

[部位]：在左耳珠下缘，近附耳。女性在右。

[看法]：寅位吉凶，当与左腮骨入左附耳二部合而观之，喜丰满、润泽、色黄，忌塌陷枯燥色黑。总之，寅位丰满、色泽黄润，再加上后阳有势，耳色白润，眉若有白毫，精、气、神、色四者俱佳者，必福寿双全。

卯位：

[年龄]：82～83岁。

[部位]：左耳门旁，即命门位平对兰台之处。女性在右耳门旁。

[看法]：卯位吉凶，当与两颧、骨及左附耳一部合而观之，宜丰满润泽，气色鲜明，忌陷削枯燥，气色暗滞。总之，卯位与颧骨、左附耳，丰满润泽，无凹陷、削薄、枯焦，眉毛不落，鼻色润，再加上精、气、神、色四者俱佳者，必福寿齐全；相反者，不贫苦即病灾或死亡。

辰位：

[年龄]：84～85岁。

[部位]：在左眉尾上侧，逼近发际（女性在右）。

[看法]：辰位吉凶，当与丘陵、天轮二位合而观之，若证以本身辰位形色之宜忌，则休咎更显矣。天轮照眉照额，丘陵骨势丰起，唇色鲜艳，耳色白，眉毫皆白，头不低垂，再加上精、气、神、色俱佳者，必福寿俱全；反之，不贫苦，也必病、灾或死亡。

巳位：

[年龄]：86～87岁。

[部位]：在左额头，逼近发际（女性在右）。

[看法]：巳位吉凶，当与左右二位边城同观，丰满光泽，无疵痕暗晦，额色光洁，再加上精、气、神、色四者俱佳者，必享福寿齐全；相反者，必贫苦、病、灾或夭亡。

午位：

[年龄]：88～89岁。

[部位]：在前额正中，火星之上。男女同论。

[看法]：午位流年吉凶，须与额部同观，最重精神，气色黄明者吉，黑暗者则凶。若额顶巍峨，如旭日高升，则福寿无涯。说具体一点，午位吉凶，须与额部的天中、天庭及人中、地阁部位合观，各位均须符合相理标准，再者项后有肉堆，眉毛无脱落，且精、气、神、色俱佳者，必福寿双全。

未位：

[年龄]：90～91岁。

[部位]：在右额头，逼近发际（女性在左边）。

[看法]：未位吉凶，须与右边城同观，再参以巳位及左边城之形色，则宜忌可知，安危立判矣。若丰满光泽，眼神充足，眉毛不枯落，耳色白润，再加上精、气、神、色俱佳者，必享福寿双全；反之，不贫苦也必病、灾死亡。

申位：

[年龄]：92～93岁。

[部位]：在右眉尾上侧，逼近发际（女性在左）。

[看法]：申位吉凶，宜与冢墓、丘陵及左右天轮合而观之，再证以辰位及天轮之形色是否左右相称，气色或明或暗，老境或甘或苦，可灼然而知矣。

总之，申位丰满，左右丘陵、冢墓和左右天轮四位形成左右相称之势，再加上满面寿斑、鼻部色润、口唇鲜艳，而且精、气、神、色俱佳者，必主福寿双全。

酉位：

[年龄]：94～95岁。

[部位]：在右耳门旁，即命门位，平对廷尉（女性在左）。

[看法]：酉位吉凶，当与右颧骨及右附耳合而观之，再参以卯位及左附耳之形色，是否左右相应，气色或明或暗，进退存亡，不难预知。若左右相称，两耳色泽明润，额部光洁，再加上精、气、神、色俱佳者，主必福寿双全；反之，不贫即病、灾或死亡。

戌位：

[年龄]：96～97岁。

[部位]：在右耳珠下缘，近附耳（女性在左）。

[看法]：戌位吉凶，当与右腮骨及附耳合而观之，再证寅位及左附耳之形色，是否高低合格，气色明暗，如是则得失行藏不难，胸有成竹也。总之，戌位丰厚平满，同时右腮骨及右附耳也丰厚饱满，而且额部光洁，眉毛不脱落、头颅不倾侧低垂，再加上精、气、神、色俱佳者，必福寿齐全。

亥位：

[年龄]：98～99岁。

[部位]：在右腮骨之下缘，近归来（女性在左）。

[看法]：亥位吉凶，当与右腮骨及右地库对照观之。若其骨肉匀停，气色润泽，精神饱满，视听如常，虽寿逾百龄，也不得为善颂善祷也。亥位丰厚平满，同时右腮骨和右地库也丰厚饱满，而且眼伏真光，耳色光润，再加上精、气、神、色俱佳者，必福寿双全。

第五章 五 官

第一节 五官与五行

一、五官

五官指人面部上的耳、眉、眼、鼻、口。

耳为采听官，眉为保寿官，眼为监察官，鼻为审辩官，口为出纳官。

在五官之中，得一官成，可享十年之富贵；如得五官俱成，其富贵到老。

耳色鲜，高耸过于眉，轮廓成，贴肉敦厚，命门宽大，乃为采听官成。眉宽广清长，双分入鬓，或如悬犀新月之样，首尾丰盈，高居额中，乃为保寿官成。鼻梁柱端直，印堂平阔，山根连印，年寿高隆，准圆库起，形如悬胆，齐如截筒，色鲜黄明，乃为审辨官成。口方大唇红，端厚角弓，开大合小，乃为出纳官成。眼神含藏不露，眼形细长，黑白分明，瞳子端正，光彩乃为监察官成。总之，五官清新而秀气，丰满、隆起，是富贵之相。

耳朵：耳朵生得轮廓分明，饱满有肉，颜色润泽，并且高耸超过眉，则是一种吉相。

眉毛：眉毛长得宽广清长，弯如新月，整体饱满丰盈，端居额中，则为吉相。

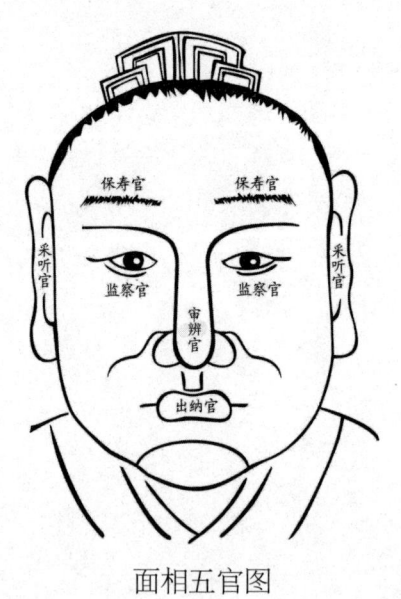

面相五官图

眼睛：眼睛是人面相上最重要的部位，是心灵的窗户。眼睛生得明亮清澈，含而不露，端正大方，则为吉相。

鼻子：鼻梁高耸端正，丰隆有型，颜色黄明，鼻头圆，鼻翼隆，则为吉相。

嘴巴：生得方圆，唇红齿白，丰厚有肉，开口时大，闭口时小，则为吉相。

五官既能显示一个人的性格气质，又能预示其富贵贫贱。五官中有一官生得好，就能享十年好运，若五官都生得好，则可终身荣贵。相术学还从人效法自然的观念出发，将五官与阴阳五行相配，具体为：耳为壬癸水，水主智，主智慧，定人聪明愚笨；眉为丙丁火，火主礼，主威势勇烈，定人刚柔；眼为甲乙木，木主仁，主精华茂秀，定人贵贱；鼻为庚辛金，金主义，主刑诛危难，定人寿夭；口为戊己土，土主信，主载育万物，定人贫富。

二、五官与五脏五行生克

人的五官与阴阳五行性情相符，故将两者相配，赋予其特定的命理意义，不仅可直接从一个人的五官形相揣测其运程，同时还可进一步推断比较复杂的命理内涵。

眉限四年，眼限六年，鼻限十年，耳限十五年，上下唇二十年。

五官分属五行，五行相生相克，互相制约。也就是说，五官彼此关联。如果孤立地从某一官去作论断，就不一定准确。

人脸部的五官与身体内部的五脏是相应的，如果内脏出现疾病，就会通过面部五官表现出来，中医中的"望诊"就是通过人的五官察看五脏的基本情况的。

肾表于耳，肝表于眼，心表于牙，肺表于鼻，脾表于唇。

气通于五脏，如果一个人心中有喜、怒、哀、乐等情绪变化，气色也会随之发生变化，疾病生死也可以通过气色而表现于面上。

所袭之气：乃邪气。如果一个人自然之气所存不厚重，所养之气不完全，就会被邪气所侵袭。

所养之气：是浩然之气。具有浩然之气的人，自身能安宁，外物不能干扰。

自然之气：是五行的秀气。禀受天赋得来，这种气清朗而常常存在。

气是一种统称，分别来说，可以分为自然之气、所养之气、所袭之气。再将其细分，则有青、黄、赤、白、黑五种颜色。

木——青色。吉色：鲜明轻快，形如竹叶、柳叶；旺时，甲、乙、寅、卯年。凶色：干枯凝结、闪闪不定；应时，庚、辛、申、酉年。

土——黄色。吉色：敷润贴肉、不浮不凝；旺时：戊、己、辰、戌、丑、未年。凶色：黄色凝滞，如烟云笼罩，应时：甲、乙、寅、卯年。

火——赤色。吉色：光泽华秀、如涂朱丹；旺时：丙、丁、巳、午年。凶色：焦烈烦躁、如火烧的赤色，应时：壬、癸、亥、子年。

金——白色。吉色：温润如玉，经久不变的白色，旺时：庚、午、辛、未年。凶色：尘蒙枯干，没有一点红润，应时：丙、丁、巳、午年。

水——黑色。吉色：色调流畅、风韵光彩；旺时：壬、癸、亥、子年。凶色：像烟雾四起、污浊不明；应时：戊、己、辰、戌、丑、未年。

三、五官五行生克

1. 五官五行相生歌

耳有垂珠鼻有梁，金水相生主大昌。

眼明耳好多神气，若不为官富更强。

口方鼻直人须贵，金土相生紫绶郎。

　　　　　唇红眼黑木生火，为人志气多财粮。

　　　　　舌长唇厚火生土，此人有福中年昌。

　　　　　眼长眉秀足风流，身坐金章朝审堂。

2. 五官五行相克歌

　　　　　耳大唇薄水克火，衣食贫寒空有智。

　　　　　唇大耳薄亦如然，此相之人终不贵。

　　　　　鼻大眼小金克木，一世贫寒又孤独。

　　　　　眼大耳小学难成，虽有资财寿命促。

　　　　　舌小口大水克火，急性孤单足人我。

　　　　　耳小鼻蠢亦不佳，性贪心恶多灾祸。

　　　　　舌大鼻小火克金，钱财方盛祸来侵。

　　　　　鼻大舌小招贫苦，寿长无子送郊林。

　　　　　眼大唇小木克土，此相之人终不富。

　　　　　唇大眼小贵难求，到老贫寒死无墓。

　　根据五行生克原理，五官均匀对称，即为五行生克平衡，主人命贵福厚。反之，则违背宇宙平衡规律，主人命途多舛。因此，不仅可直接从五官优劣来测断一个人的人生经历，而且还可据五官的相互关系进一步探幽索微，推断其命运前景。

四、五神与五眼

　　相面的根本是神气与心，只有达到灵魂肉体天人合一，五神和五眼具备，方为人上人。

　　神气：结合显现的骨形和面相，用眼看可以识别，从中能预见未来吉凶。

　　心：心是形的主宰，参透面相学，即要掌握相心大法。

1. 五神

　　动神：能辨别贤愚，指在稠人广众之中处理事务时的神态。

　　进神：能区别贫富，指个人独处时的神态。

出神：能分清贵贱，指大庭广众下接待应对时的神态。

入神：能看出寿命长短，指睡眠时的神态。

穷神：能识别刚柔，临机应变时的神态。

2. 五眼

肉眼：眼部丰厚饱满，代表富足，心宽体胖，身心健康。

天眼：眼睛黑白分明，澄澈如清泉，代表健康、长寿、天真、宁静。

慧眼：眼睛秀丽而有神采，代表聪敏、机警、灵巧。

法眼：眼神刚正不阿，温和敦厚，代表正直，公平、诚实、厚道。

佛眼：眼神慈悲，包容万物，善待众生。

第二节　五官形状及吉凶断法

一、耳

耳廓圆润肥厚、色白，且高于双眉是好相。如果耳珠垂挂则更加富贵，象征着此人将拥有源源不断的福泽。

各种耳相图：

1. 贴脑耳

贴脑耳的特征为：耳紧贴脑不放，耳生退后有如抱头，轮收廓露，位高于眉，色白于面，孔大有毫，男女均宜。主其人贤良忠信，配眉清目秀之人有中上富贵，若五官再好，则六亲有助。若眉低眼昏，虽富亦劳。

2. 垂肩耳

垂肩耳的特征为：耳厚廓硬，耳形长大端正，垂珠到达口角，耳色鲜润不滞，耳孔宽大生毫。主其人必是相貌堂堂，如配头圆额隆凤眼龙鼻之人，必主大贵甚或国之元首，同时寿年近百，福寿双全，女则为后妃。一般之人长有垂肩耳者，亦主一生衣禄丰盛，得

贴脑耳　　　　　　　　垂肩耳

来自然，同时高寿。

3. 金耳

金耳的特征为：耳高于眉，色白过面，天轮虽小但有垂珠，轮廓分明厚而端直。主其人聪明干练，文武才能。配金形人必享富贵，声誉远扬，多福多寿。配水形土形人亦吉，配木形老克妻子，事业有波折。

4. 棋子耳

棋子耳的特征为：耳形圆小，轮廓分明，位高于眉，抱头贴耳，耳门宽大，垂珠朝口，色白过面。主其人个性聪慧白手起家，中年有发又得妻助，配金形水形人可贵可富又生贵子，配木形人宜科技界发展。

金耳　　　　　　　　棋子耳

5. 水耳

水耳的特征为：耳圆而厚，贴脑抱头，高过于眉，垂珠圆大朝口，内廓微现，耳孔较小，白润或红润又肉坚者为真水耳。主其人学问出众，圆通多智，机谋莫测，能屈能伸。配水形人或金形人可名驰海外，配火形或土形人难有开创，水耳软长又色不鲜者，一生虚名而已。

6. 木耳

木耳的特征为：轮飞廓反，天轮大地轮小，耳薄无珠，孔大无毫，子午不直。配木形人幼运必佳；配水形火形人中年有发；配金形土形人早年刑伤六亲。木耳忌额尖顶尖鼻短神滞，主其人个性怪异，刑克劳碌奔波孤独。

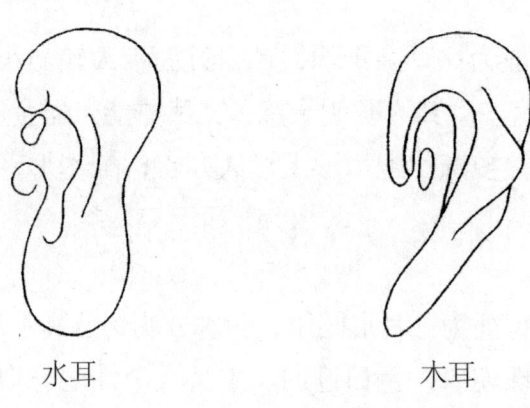

水耳　　　　　　　木耳

7. 土耳

土耳的特征为：坚厚肥大，耳色红润，垂珠朝口。主其人秉性耿厚，处事执着，如配土形人福寿双全，子孙满堂，富贵绵绵。如配金形人火形人仍主有小成，如配木形人则主奔波劳碌，一生事业多成多败。

8. 火耳

火耳的特征为：耳长大坚硬不厚，耳高于眉，天轮上尖，耳廓外露反出，垂珠低小后反。如配火形人木形人发达颇早，可至中贵小富；如配金形人水形人不贫则夭。火耳之人，心性古怪，孤寂不群，为人刁滑，性躁少情，六亲刑克少助。

土耳　　　　　　　　火耳

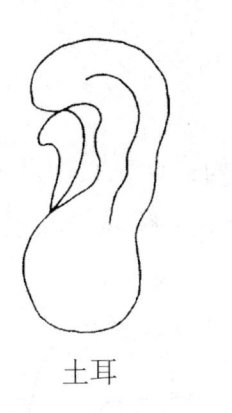

9. 扇风耳

扇风耳的特征为：两耳向前有如兜风，耳薄如纸又无垂珠，有耳轮但耳廓若无，耳孔细小肉色不鲜。主其人父母遗传不良，不得祖产，有亦卖光，男主贫贱刑克六亲，女主克夫又刑子女。

10. 开花耳

开花耳的特征为：耳轮损缺故名开花，左耳开花为金克木尤为不佳，耳廓似有似无而不明，耳虽坚硬但肉薄色滞，垂珠细小或无垂珠。主其人幼运坎坷，六亲有克，纵有资财亦必破尽，末年贫苦尤甚。

扇风耳　　　　　　　　开花耳

11. 箭羽耳

箭羽耳的特征为：耳形有如箭羽之状，又名胎箭耳，轮飞廓反下无垂珠，位高于眉，色滞不鲜，耳孔细小，耳肉坚硬。主其人幼年多病，刑克六亲，祖业虽丰，但全数破败，离乡奔走，难有收获。若面部丰满中年小发，但仍主不寿。

12. 倾前耳

倾前耳又名"低又耳"。其特征为：天轮大而向前倾倒，地轮无珠反后，轮廓不明，耳色不鲜，一生灾疾风险颇多，事业少成，如耳薄如纸，又主促寿。

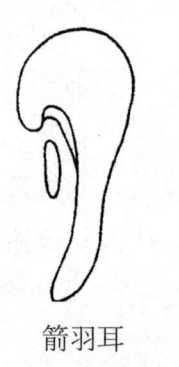

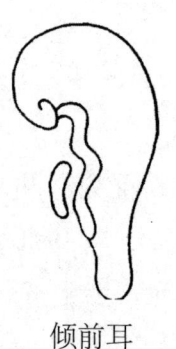

箭羽耳　　　　　　　　倾前耳

13. 驴耳

驴耳的特征为：耳形长大贴脑而厚，但柔软如绵，肉色不鲜，轮廓微明而珠不朝口，风当不起，孔大无毫，主其人出身贫苦。驴耳如配木水形人，眼又有神者，则中年可小发；如配火形人，主孤而无子。男性有驴耳者，主贪淫但有寿。

14. 虎耳

虎耳的特征为：耳虽小，抱头贴脑，轮廓缺破，但厚而坚实，耳孔细小，耳色红润。主其人的个性奸贪威严莫犯，富冒险精神，亦多履险蹈危。配高大肥胖之人，主事业难成又夭寿，配五短五小之人，主事业有成。

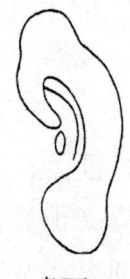

驴耳　　　　　　　　虎耳

15. 鼠耳

鼠耳的特征为：耳形尖薄短小，有廓无轮，子午不直，下无垂珠。主其人做事多疑，多为偷盗之徒，而习性难改，易犯官非，有牢狱之灾。虽稍有积蓄，但仍属于卑鄙顽劣的小人物，晚景多凶。

16. 猪耳

猪耳的特征为：耳虽大但肉软不坚，耳孔虽大但耳色滞而不鲜，轮廓不明似有似无，主其人生性愚昧庸俗，性贪婪又懒散。猪耳之人，即使偶有所得，亦为过眼烟云；如配肥胖之人，主刑克重，自身凶险夭寿；如配瘦小之人则情况略佳。

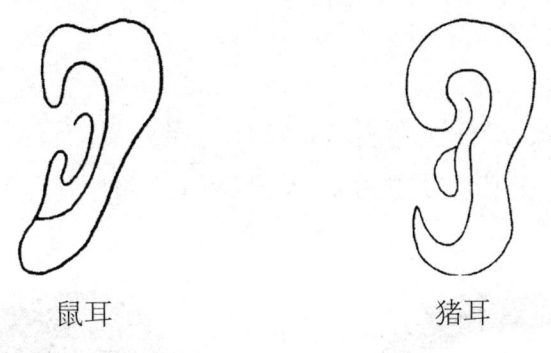

鼠耳　　　　猪耳

耳朵各部名称图：

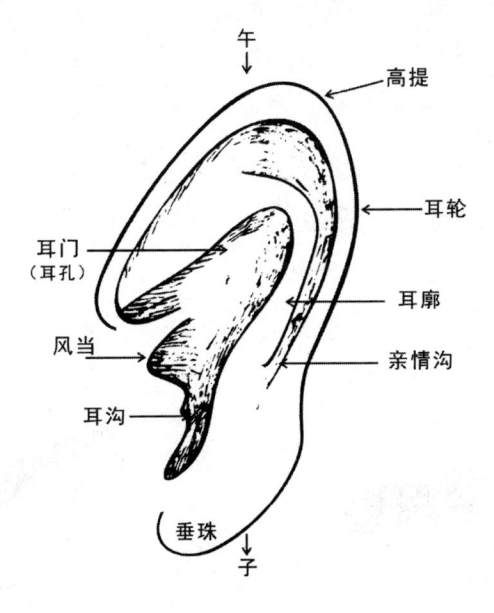

二、眉

人的眉毛与眼睛互相辉映，显露出人的精、气、神，一副清朗的眉毛搭配一双秀丽的眼睛，会显得福气非凡，能使观者赏心悦目。相反，若眉毛参差错落，像深邃湖泊旁稀疏的丛林，则会给人神气衰靡之感。

各种眉相图：

1. 新月眉

新月眉的特征是眉似月初的月亮，因眉细弯长居额过目，故称新月。新月眉为女性最标准之眉，主其一生走好运，家庭幸福美满，夫婿非富即贵。

2. 龙眉

龙眉为男性最标准之眉。其特征为眉头圆，眉身弯弯势上，眉尾有聚过目，主其出类拔萃，大贵特贵。如眉尾上竖，则贵亦心毒。

新月眉　　　　　　　　　龙眉

3. 剑眉

剑眉的特征为眉毛长又浓，尾部向上翘起，主其富智力胆识，可从事军职发展，终必声威远播。

4. 卧蚕眉

卧蚕眉的特征为形似卧蚕之状，眉头既圆又弯，似卧蚕头动，眉尾上扬有聚。主其满腹文章，早年即可成名。

剑眉　　　　　　　　　卧蚕眉

5. 清秀眉

清秀眉的特征为眉退印清秀，弯长过目，眉身不宽，眉毛不浓不稀。主其聪明干练，发达颇早，宦途有成。

6. 虎眉

虎眉的特征为眉头窄而眉尾特宽，但尾聚有势，虎虎生威。主其有胆有识，大贵而权重。

清秀眉 　　　　　　　　虎眉

7. 柳叶眉

柳叶眉的特征为眉毛粗，眉身宽，而毛顺尾聚。主其做人忠信，为忠义之士，终必发达扬名。

8. 狮子眉

狮子眉的特征为眉毛粗浊但有威仪，眉毛长而蓬松。主其发达较迟，晚年有福，愈老愈荣华。

柳叶眉 　　　　　　　　狮子眉

9. 一字眉

一字眉的特征为眉头眉尾齐平，但眉毛清秀。主其人发达颇早，可文兼武职，个性爽直果断，夫妻白头偕老。

10. 柳条眉

柳条眉为柳叶之别种，前者眉身宽毛粗，后者眉身窄眉毛细，又名春心眉，不论男女，虽聪明却风流好淫。

一字眉 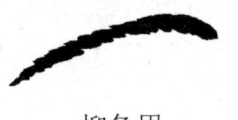　　　　　　　　柳条眉

11. 罗汉眉

罗汉眉的特征为眉身宽短，眉毛下垂，状似罗汉而得名，主其人早年艰难，妻迟子晚，兄弟刑伤，不得子力，晚年孤独。

12. 扫帚眉

扫帚眉的特征为眉形又大又浓，但前浓尾稀，主其人刑克兄弟，事业小有成就而已。

罗汉眉 　　　　　　　　　　扫帚眉

13. 旋螺眉

旋螺眉的特征为眉尾有螺旋之状，武将有此眉相得益彰，平常之人得之遭凶厄，主其人妨克父母兄弟，骨肉少情，个性刚躁量狭，但性巧有寿。

14. 尖刀眉

尖刀眉的特征为眉毛粗，眉身长，眉尾上翘但尾端稀疏。主其心性奸恶凶暴，为非作歹，兄弟刑克，不得善终。

旋螺眉 　　　　　　　　　　尖刀眉

15. 鬼眉

鬼眉的特征为眉粗压眼，短不过目，眉尾散乱。主其心性不善，假仁假义，暗藏奸计，有偷盗淫乱心态。

16. 八字眉

八字眉的特征是眉头稀疏，眉尾分开呈八字形，与"眉形八字"有所不同。主其一生劳碌而少收获，婚姻非克即离，子息终须螟蛉。

鬼眉 　　　　　　　　　　八字眉

17. 交加眉

交加眉的特征为眉分两层上下交加，乃大凶眉相。主其刑克六亲，破家败业，中年有牢狱之灾。

18. 间断眉

间断眉的特征为眉毛色黄，眉身宽，但眉尾间断且不过目。主其刑克父母兄弟，六亲少情。

交加眉 　　　　　　　　　间断眉

19. 疏散眉

疏散眉的特征为眉毛稀疏散乱，眉尾不过目。主其一生庸庸碌碌，财来财去，难有称心如意的生活。

疏散眉

眉毛各部名称图：

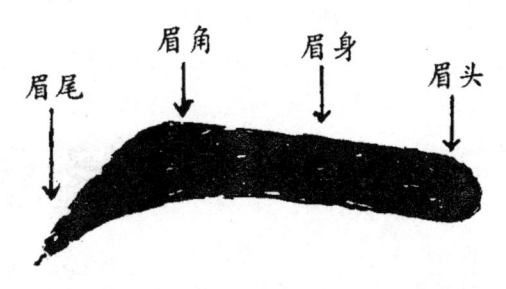

眉尾　眉角　眉身　眉头

三、眼

人与人交流，通过注视对方的眼睛能最直接的察觉对方的情绪变化及内心所思，眼睛黑白分明反映了被观者心境的纯和，炯炯有神的眼光好比清润之水，闪烁着其精神世界的光辉。

各种眼相图：

1. 鸣凤眼

鸣凤眼的特征是黑睛如漆，黑白分明，眼神藏而不露，眼波内双，前眦钩圆，后梢刀裁。男主大贵，女主一品夫人。此为女性最佳眼相。

2. 龙眼

龙眼为男性最佳眼相。其特征为黑白分明，神采奕奕，眼有真光，眼波成单且眼波长，下弦丰厚有栏。男性生有龙眼，主其天生英明，大贵特贵。

鸣凤眼 　　　　　　　　　　龙眼

3. 丹凤眼

丹凤眼的特征是眼形细长，斜上天仓，眼波内双，黑睛隐藏眼内但神光逼人，主忠义大贵。

4. 伏犀眼

伏犀眼的特征是眼大长且扁圆，黑睛大且黑亮如漆，眼波内双，神强神藏。主心性仁慈，智高量宏，能领袖群伦，终必大贵，福禄寿三全。

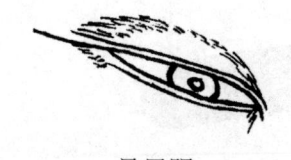

丹凤眼 　　　　　　　　　　伏犀眼

5. 睡凤眼

睡凤眼的特征是眼形细长，睛大而藏神，眼波内双，瞻视平正，气度华贵，赋性正直。男主可贵可富，女主贵夫人。

6. 瑞凤眼

瑞凤眼的特征是眼角齐整，黑白分明，黑睛藏神，眼波成双。主其人个性娴逸文静，男主文贵，女主贵夫人。

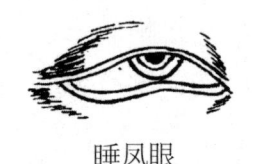

睡凤眼　　　　　　　　　瑞凤眼

7. 狮眼

狮眼的特征是眼大露威，黑白分明，眼上下均有双波。主个性狂急，但心地仁厚，不贪钱财；如配虎眉，可大贵特贵。

8. 虎眼

虎眼的特征是眼大单波，黑睛呈金黄色而有威，瞳仁时短时长，其人如额角峥嵘（虎额），必主武职大贵，性刚毅果断，但晚年克子。

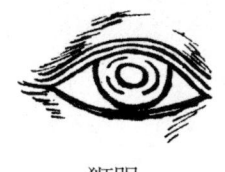

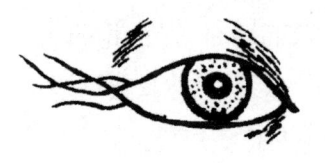

狮眼　　　　　　　　　虎眼

9. 鹿眼

鹿眼的特征是黑睛清澈见底，眼波成双且长，眼神强而不露。主性急而刚，重情义，事业有成，可贵可富。

10. 猴眼

猴眼的特征是黑睛上仰，狂痴流视，上眼波高耸，下眼波成双，眨眼频频。主心机深，多疑奸诈。猴眼配猴相者大贵，否则事业多成多败。

鹿眼　　　　　　　　　　　　猴眼

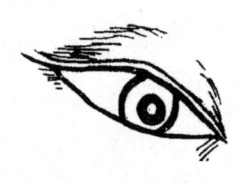

11. 熊眼

熊眼的特征是眼睛长圆，眼波外双，与猪眼相似。主勇敢愚鲁，性情偏执，好胜逞强，贪多急进，有犯罪心态，难有善终。

12. 牛眼

牛眼的特征是眼大睛圆，眼波内双。主富不主贵，甚至大富，一生事业平顺到老，福寿双全。

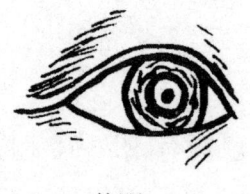

熊眼　　　　　　　　　　　　牛眼

13. 象眼

象眼的特征是眼形细长，视下神昏，上下眼波多重。主个性温和，动作迟缓，处事被动，有大寿。

14. 马眼

马眼的特征是眼皮宽松，睛小微露，终日眼眶有泪湿感。主为人忠直无诈，一生奔波劳碌少成，并刑克妻子。

象眼　　　　　　　　　　　　马眼

15. 猪眼

猪眼的特征是黑睛黄色，黑睛白睛朦胧不分，眼波特厚，眼内有红筋。主其人既愚又凶，心术不正，事业少成，多死于非命。

16. 狼眼

狼眼的特征是眼露下白，黑少白多，又名"下三白眼"。黑睛黄色，常低头反顾，蹙眉而视。男主刑克奔波，女主性贪好色，不得善终，并产厄。

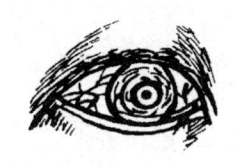

猪眼　　　　　　　　　　狼眼

17. 猫眼

猫眼的特征是眼圆且大，黑睛黄色，白睛略带水蓝色。主个性外表温顺，内心急躁，会甜言蜜语，口是心非，事业主富不主贵。

18. 羊眼

羊眼的特征是眼眶短小，眼露四白，又名"四白眼"。黑睛淡黄，瞳仁如纱，眼光上视外露，主性淫乱，好勇斗狠，虽富贵但不得善终。

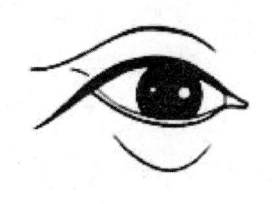

猫眼　　　　　　　　　　羊眼

19. 桃花眼

桃花眼的特征是眼波成双，下弦丰满，眼中含露且略有斜视，逢人未言先笑，又称笑眼。主异常聪明，待人亲切。不论男女，均主淫荡。

20. 蛇眼

蛇眼的特征是黑睛圆小且色黄、有红砂，白睛带青布满红丝，转动时黑睛近下，又名"上三白眼"。主狠毒刑克，为非作歹，不得善终。

桃花眼 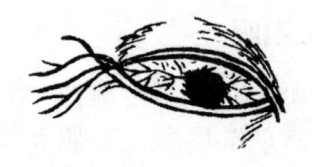　　　　　　　　　蛇眼

21. 火轮眼

火轮眼的特征是眼有双波，眼大神昏，黑睛周边布满红筋似火轮一般。主性暴心毒，有杀父犯上心态，终必死于非命。

22. 醉眼

醉眼的特征是黑睛小且色黄、神昏，斗向山根，与上三白眼和斗角眼有三分相似，白睛布满红丝且黄浊。主心朦无能，贪酒欲淫，事业难成。

火轮眼 　　　　　　　　　醉眼

23. 鹤眼

鹤眼的特征是上弦双波，下弦单波，前眦钩圆，后梢刀裁，眼秀神藏，黑白分明。主其人心量宽，志向高尚，配鹤形体可大贵，并高寿。

24. 孔雀眼

孔雀眼的特征是眼有双波，眼尾斜上，黑睛略偏向山根且清澈明亮，白睛呈青色。主可贵可富，个性正直清廉，夫妻恩爱。

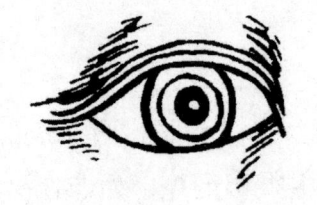

鹤眼 　　　　　　　　　孔雀眼

25. 雁眼

雁眼的特征是黑睛带金黄色，上下眼波均为内双。主其处人处事，循规蹈矩，颇重仁义，事业有中等成就。

26. 鹊眼

鹊眼的特征是眼波内双，眼形细长且眼尾上扬，黑白分明有神。主其个性忠良，作风踏实，发达颇早，一生事业平顺到老，有中等富贵。

雁眼 　　　　　　　　　鹊眼

27. 鹭鸶眼

鹭鸶眼的特征是眼有双波，眼睛圆大，黑睛微露且有赤砂，白睛中有红筋。主夫妻恩爱，可贵可富，但贪淫。

28. 鱼眼

鱼眼的特征是眼睛圆小，前眦无钩，眼尾无梢，黑睛外露，痴呆无神，眼眶有泪湿感，主多病早夭。

鹭鸶眼 　　　　　　　　　鱼眼

29. 燕眼

燕眼的特征是眼波内双，黑白分明，黑睛带赤纱，睛小而略近山根，瞻视昂然。主人性机警，守信诺，重名誉，发达早，一生衣禄周全。

30. 虾眼

虾眼的特征是黑睛小，四周露白与四白眼相似，但眼波内双。主心性勤劳急躁，晚年虽荣但不寿。

燕眼 　　　　　　　　虾眼

31. 蟹眼

蟹眼的特征是上眼弦下坠，眼睛圆露，又名"金鱼眼"。主有乱视、斜视、散光等视力故障，心性愚顽，一生难有成就。

32. 三白眼

三白眼有上三白和下三白之分。

33. 四白眼

四白眼的特征是黑睛小，四周露白。

蟹眼 　　　　　　三白眼 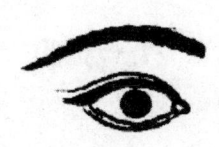　　　　　　四白眼

眼睛各部名称图：

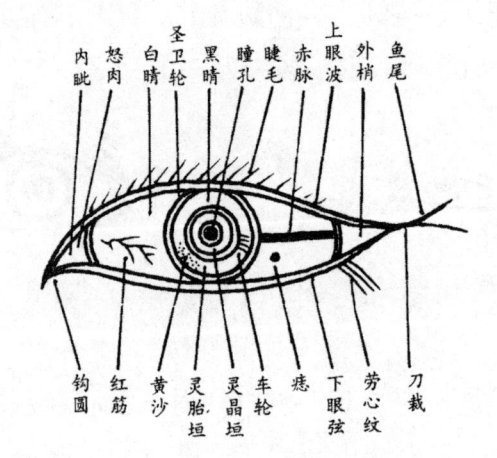

内眦　怒肉　圣卫白睛　白轮　黑睛　瞳孔　睫毛　赤脉　上眼波　外梢　鱼尾

钩圆　红筋　黄沙　灵胎垣　灵晶垣　车轮　痣　下眼弦　劳心纹　刀载

四、鼻

鼻子从外部特征分为山根、年上、寿上、准头四个部分，判断鼻相的好坏，主要在于整体鼻子是否端正、高隆，各部分是否绵延相接。如果鼻子有哪一部分塌陷或偏斜，则是劣形的鼻相。

各种鼻相图：

1. 截筒鼻

截筒鼻的特征是鼻直如竹筒，山根略低，年寿肉丰，准头丰盈饱满，鼻孔圆厚有收，侧看有如截断的竹筒一样整齐。主其盛世时精于投资理财，可暴发大富，乱世时善于战略战术，可立军功而主贵。

2. 龙鼻

龙鼻为男性最佳鼻相，其特征是山根丰隆阔起，上贯印堂天庭，又名"通天鼻"。再加准头丰隆圆起，兰台、廷尉相辅相应，其势有如悬挂的猪胆，名"悬胆鼻"。凡具有龙鼻之人，天生英明，能领袖群伦，必大贵特贵而福禄寿俱全。

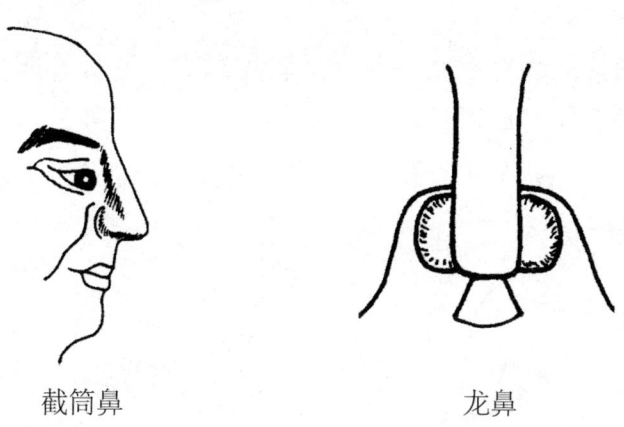

截筒鼻　　　　　　　　龙鼻

3. 胡羊鼻

胡羊鼻的特征，准头虽丰圆但略下垂而尖，年寿骨圆而不露，山根略低而有气势。主其富多于贵，甚至可臻大贵。

4. 盛囊鼻

盛囊鼻的特征是山根气势略逊于龙鼻，但鼻长有势，兰台、廷尉分明，井灶不露。主其个性善良，勤劳节俭，公正清廉，可贵可富，逢凶化吉，妻美又贤。

胡羊鼻　　　　　　　盛囊鼻

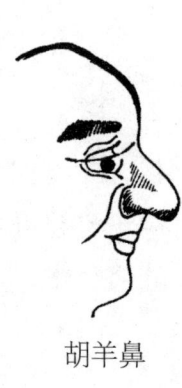

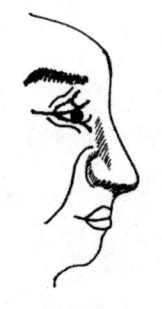

5. 鹿鼻

鹿鼻的特征是准头及兰台、廷尉特别丰厚且圆收，但山根年寿略平，主其个性急，心性仁慈，尤重情感，不逞强好胜，可贵可富，必得美妻，乃逢凶化吉高寿之相。女性有鹿鼻，必嫁贵夫。

6. 狮鼻

狮鼻的特征为准头及兰台、廷尉特别大，井灶不露，山根细小低平。如年寿骨弓起且鼻短，主军职发展而有成就，但不善终；如年寿平且鼻长，则从事文职发展必有成就，但须配狮形体才能久发，否则亦难善终。

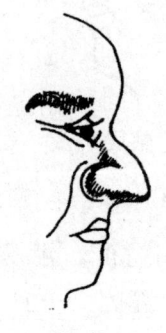

鹿鼻　　　　　　　狮鼻

7. 三弯鼻

三弯鼻的特征是整个鼻子塌弱弯曲无势，山根低平，年寿凸起，准头又尖，无论从正面看还是从侧面看，均有三道弯曲之感。主其一生灾祸不断，刑克六亲，同时性格怪异，不得人缘，事业难有成就。

8. 露灶鼻

露灶鼻又名露孔鼻，其特征为鼻梁直，山根低，准头及台尉丰厚，但鼻孔大如风口而不收，鼻毛外露。主其性强好胜，敢做敢冲，但成功少，失败多，到老一无所成，六亲少缘。

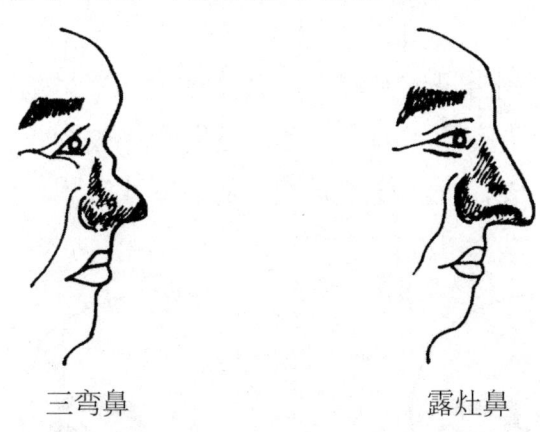

三弯鼻　　　　　　　　露灶鼻

9. 鹰嘴鼻

鹰嘴鼻的特征是年寿骨略弓，准头尖而下钩，兰台、廷尉小而内收。主其心毒如蛇蝎，不宜为友。一生事业无成，即使偶有收获，也终必破败，同时刑克六亲。

10. 扁凹鼻

扁凹鼻的特征是山根低平，年寿塌凹，准头扁平，鼻翼露孔，整个鼻子短弱无气势，故名"扁凹鼻"或"塌弱鼻"。主其胆小无能，一生事业无成，中年灾病难免。

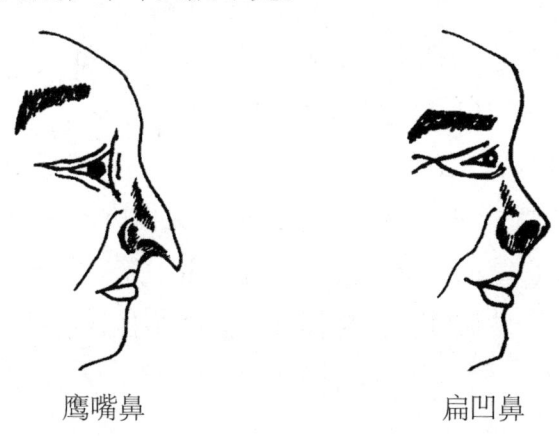

鹰嘴鼻　　　　　　　　扁凹鼻

11. 孤峰鼻

孤峰鼻的特征是年寿略低，准头特别尖凸高耸，兰台、廷尉小而内收，但两颧低平，故曰"孤峰鼻"。主其个性孤傲，不合群，六亲少助，一生多学少成，多劳少获，好色贪淫。

12. 剑鼻

剑鼻又名剑脊鼻或剑峰鼻。其特征为鼻梁呈剑背形，年寿直但瘦削露骨，准头高而无肉，兰台、廷尉薄小欠圆收。主其一生奔波劳碌，事业少成，个性冷酷无情，待人刻薄寡恩，克妻刑子，到老孤寒。

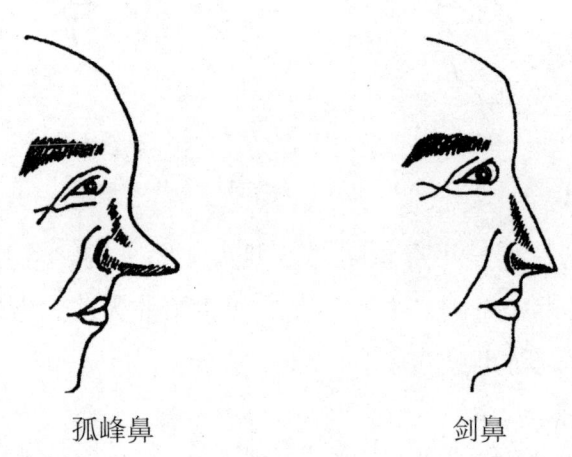

孤峰鼻　　　　　　　剑鼻

13. 结节鼻

结节鼻的特征是年寿骨凸起又向左右横张，正面看似打结状，故名"结节鼻"。主其个性倔强，一生劳碌少成。

如其他各宫有可取之处，则多为黑社会领袖人物。但中年病灾或事业失败或官非牢狱，并刑克六亲，婚姻不美。女性尤甚。

14. 凸梁鼻

凸梁鼻的特征是年寿骨凸起，鼻虽大但肉不丰，此鼻配木形人不忌，但自私心重；此鼻配其他形人，主中年有一次以上的大失败。女性主克夫，个性倔强，性格怪异，人缘不佳，有孤寂感。

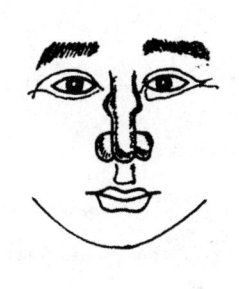

结节鼻　　　　　　　凸梁鼻

鼻子各部名称图：

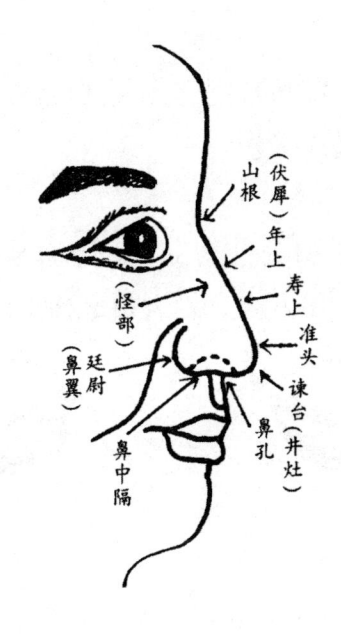

（图：山根（伏犀）、年上、寿上、准头、谏台（井灶）、鼻孔、鼻中隔、鼻翼（廷尉）、怪部）

五、口

人的口是言语和饭食的门路。在五官中口为出纳官，嘴厚薄适中且有棱有角为好相。相口包括相舌和相齿。唇红、齿白、舌红为好相，牙齿外露、舌头尖短则是差相。

各种口相图：

1. 樱桃口

樱桃口的特征为口圆唇厚，小而方正，口角朝上色红鲜艳，齿似榴子，笑时似莲花开放。主其聪慧温良，有情有义。女性有此口必配富贵夫。

2. 龙口

龙口为男性最佳之口，其特征为两唇丰厚整齐，口角清奇上仰。主其领袖群伦，乃大贵特贵之格。

樱桃口 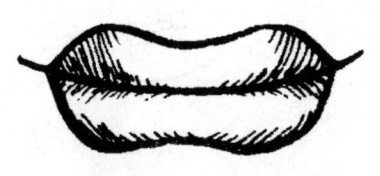　　　　　　　　龙口

3. 仰月口

仰月口的特征是口如仰月上弯，齿白唇红。主其文学超群，责任心强，发达早，晚运亦荣。

4. 四字口

四字口又名方口，其特征为上下四方有棱，口角两齐，唇如抹朱，笑不露齿。主其福寿双全，乃大贵之格。

仰月口 　　　　　　　　四字口

5. 牛口

牛口的特征是双唇特别丰厚，口形大，舌长齿白。主其心性灵巧，有情有义，可贵可富，福寿绵绵。

6. 弯弓口

弯弓口的特征为口形似弯弓向上，口唇丰厚，红润色鲜。主其神清气爽，有鹏程之志，可贵可富，福寿双全。

牛口 　　　　　　　　弯弓口

7. 皱纹口

皱纹口又名布袋口，其特征是双唇紧缩，口角朝下，唇上下皱纹满布，面容似哭。主其妻子俱迟，少年辛苦，老年孤贫。

8. 虎口

虎口的特征为口形润而有收，大可容拳，口角朝上。主其不贵即富，并可大富或大贵。

皱纹口 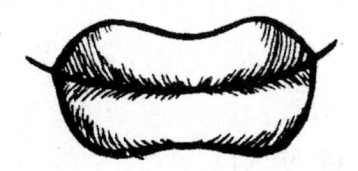　　　　　　　　　虎口

9. 鲫鱼口

鲫鱼口的特征是口薄唇阔，口角尖而下垂，唇色滞暗不鲜，牙齿大小参差不齐。主其一生漂荡，衣食不丰。

10. 覆船口

覆船口的特征是口角特别弯下，状似覆船，唇色不鲜，色似牛肝。主其人少年流离颠沛，一生贫苦孤独。

鲫鱼口 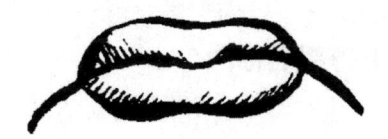　　　　　　　　　覆船口

11. 猪口

猪口的特征是上唇肥厚前突，并覆盖下唇，下唇则尖小薄短内缩，两口角下垂。主其个性愚蠢，生性凶暴，不得善终。

12. 羊口

羊口的特征为口长又尖，唇薄上下无须。主其不得人缘，常惹人嫌，一生事业无成，年华虚度，终必有凶。

猪口 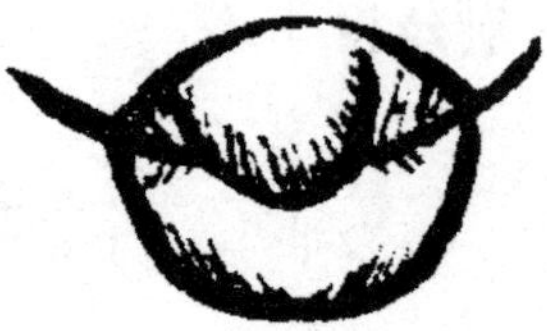　　　　　　　　　羊口

13. 歪斜口

歪斜口的特征为口形不正，上下不齐，唇上少纹，大而不收。主其不妨父即妨母，妻不贤，子不孝，乃短寿之相。中风口歪者，不可同论。

14. 吹火口

吹火口的特征为口尖不收，唇掀龈露，口角下垂，状似吹火，再上唇包下唇者，则名雷公嘴。主其心性不贤，一生孤单贫困，女性尤忌。

歪斜口 　　　　　　　　吹火口

口形各部名称图：

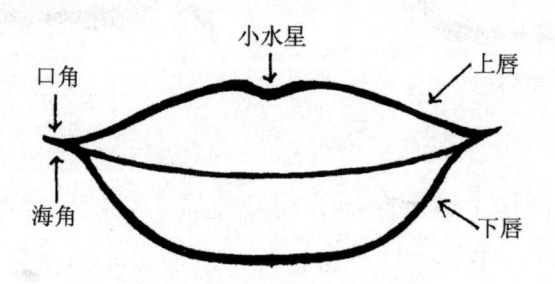

小水星　　上唇
口角
海角　　下唇

第三节　五官分类详论

一、论耳相
1. 耳的种类
金耳富贵

耳比眉高，比脸白，且上有尖端，下有垂珠，是大富贵相。但会丧子，晚年凄苦。金耳指的是耳朵上部尖，但高出眉毛一寸，比面部皮肤还白，有垂珠。此种耳相的人能富贵显达，但是儿子可能会早亡，晚年略显孤独凄凉。

水耳富贵

耳肥厚、坚挺，上高于眉，下有垂珠，是大丈夫相，能大富大贵。水耳指的是耳朵紧贴着脑袋，厚并圆润，有垂珠，上部高过眉，坚挺高耸。此种耳相的人是顶天立地的大丈夫，会大富大贵。

木耳主贫

耳廓薄，模糊不清，对亲情十分淡薄，若容貌出众，可以挽回。木耳指的是耳朵长得薄，轮廓不分明。此种耳相不吉，亲戚之间没有情义，关系很淡。此相之人生活会异常艰苦，如果面容生得好，还可以勉强度日。

火耳孤寿

耳高过眉，耳廓尖，晚年幸福，可得寿终正寝。火耳指的是耳朵上部高过眉毛，轮廓尖并且稍微反背，山根部位丰满像卧蚕一样。火耳再有垂珠，则大吉。此种面相的人晚年太平，高寿无疾而终。

土耳富贵

耳朵肥大，厚硬，亲戚多，官运亨通，富贵不尽。土耳指的是耳朵肥大、坚硬、厚实、色红润。此种耳相的人亲戚多，可以相互提携。此人可官至极品，高寿时还能辅佐君王，富贵绵长。

虎耳主奸

耳小，耳廓有残疾，心性歹毒，但也极有威望。虎耳指的是耳朵长得小，轮廓有残缺，不方正，从正面一点看不到耳朵。这种耳的人很奸诈凶狠，作威作福，但也会发达显贵。

垂肩耳大贵

耳高过眉，垂珠极长，具有绝佳的才能和品德，可当君王。垂肩耳指的是耳朵长得厚实，轮廓丰满，上面高过眉毛，色润泽，垂珠大得有过肩之势；头圆，额头丰满润泽。此种耳相的人有德有贤，会成为一国的最高领导者。

猪耳贫破

耳朵厚，无耳廓，可能会富贵，但到了老年时也会屡受磨难。猪耳指的是耳朵长得厚实，但没有轮廓，有垂珠。此种耳相的人即使有富贵，但晚年灾难很多。

鼠耳主好偷

耳朵上耸，耳根软，晚年运势非常差，甚至会有牢狱之灾。鼠耳指的是耳朵长得向上耸起，耳根薄弱无力。此种耳相的人，就是耳朵上部高过眼睛也不能成为贤能的人，因为其改不了偷鸡摸狗的秉性，所以晚年会落魄，受牢狱之苦。

棋子耳富贵

耳朵圆，两耳廓相呼应，能靠个人努力获得成功，中年可富贵。棋子耳指的是耳朵圆，轮廓间能相互衬托依靠。这种耳相的人能白手起家，依靠自己的远见卓识能开创巨大的家业，中年富贵发达，就像春秋时期的大政治家、经济学家范蠡一样名声远扬。

箭羽耳破贫

耳比眉高一寸，无垂珠，形如箭羽，这种耳相的人，家底殷实，但因处理不善，最终使财散尽而落魄。箭羽耳指的是耳朵上部高过眉一寸多，下面没有垂珠，像箭羽一样。此种耳相的人会继承祖上的巨大家业，但却守不住，最后把家产败尽，流落他乡。

低反耳主夭

耳朵低，向外翻张，有家产，但总在作恶，下场可悲。低反耳指的是耳朵长得很低，耳轮向外翻转张开。此种耳相的人年幼时孤苦伶仃，破财，就是有巨大的家业也会被其败尽，作孽多端，恐怕将来死了连个收尸的人都没有。

贴脑耳福寿

耳朵硬挺附贴于脑侧，能成为名声显赫的大人物。贴脑耳指的是耳朵紧贴着脑袋长，轮廓坚硬，眉毛压眼。此种耳相的人是高级贤能的人才，亲戚朋友和后代子孙都会受其恩泽而尽享荣华富贵，名声流芳百世。

扇风耳破败

耳大而前张，有财运也会败尽，最终会落得老年孤苦。扇风耳指的是耳朵大并向前长能兜住风。这种耳相的人不仅败尽家里的财产，而且连祖上的家业都败空，老年时只能过贫穷的日子，孤苦无依。

驴耳无福

耳长而厚，耳廓清，有垂珠，无福之相，命运清苦，晚年会遇灾祸。驴耳指的是耳朵长得厚实，轮廓分明，有垂珠，摸起来柔软。这种耳相的人贫苦，晚年有灾，属于无福的人。

开花耳贫贱

耳薄，纹理多，呈花朵状：败尽家财，到了晚年困苦不堪。开花耳指的是耳朵长得很薄，纹理很多，像开放的花朵一样。这种耳相的人会把万贯家产败尽，就是再顽强也难改其悲惨的命运，到老时更是凄凉，孤苦贫穷。

2. 耳相贵贱

耳朵直通大脑，大脑又和心胸相连，所以从耳朵的变化可以看出一个人心脏和肾脏功能的健康与否。肾气旺，耳朵就清醒；肾气虚，耳朵就不能很好地发挥作用。耳朵长得厚实而且坚挺，高耸并且长，是长寿相。耳朵轮廓分明，耳垂下坠像带了一颗珠子似的，这是聪明的耳相。耳朵朝口方向，主财富又长寿。耳朵贴着肉，主此人有钱。耳朵内有毫毛的人长寿。耳朵上有痣的人会生一个聪明的孩子，此孩子将来能发达显贵。耳门宽阔，说明此人有智慧，志向远大。耳朵红润，能做大官。耳朵发白，是名门望族。耳朵发黑，是贫贱命。耳朵很薄并向前倾，家产很多；耳朵反着长并向一边偏，会极度贫困，连住的地方都没有。左右耳朵大小不一样，虽会影响美观，但其凭才华可声名远扬。耳朵粗厚而且呈焦黑状的人生性粗鲁，愚蠢，生活贫困，短命。耳朵坚硬像冰一样，很刚强，到老都不会认输。耳朵长而且高耸，官位亨通。耳朵厚而且圆，衣食无忧，能成为达官贵人。

有些人，眼睛是贵人相，但耳朵却是贫贱相；有些人长着一双贵人相的耳朵，但眼睛却是贫贱相。对于这些问题，擅长相面的人会先看他的气色，然后再看他各部位的形状来断命。

耳朵像被提起一样，此人会发达显贵，声名远扬。两耳能垂到肩部，是大贵相。耳朵白润，其名声天下无人不知。耳朵像棋子一样，事业有成，家庭幸福。耳朵发黑，不干净，家庭破落，背井离乡外出谋生。耳朵薄得像纸一样，一定会早亡。耳朵轮廓呈桃红，机灵敏捷。两耳像兔子的耳朵一样，极度贫穷。耳朵像老鼠的耳朵一样，生活贫困并短命。耳朵反着长，没有轮廓，祖上没有什么家产，只能靠自己去奋斗。耳垂像带了两颗珠子一样，丰衣足食。耳朵很薄，没有耳根，早死。耳门宽阔，聪明智慧，性格豁达。耳朵有明显的骨头，短命。耳朵下面有圆骨，没有多余的钱。耳朵上部高过眼睛，发达显贵。耳朵高过眉头两寸，一生都不会贫困。耳朵高而且有轮廓，生活安乐幸福。耳朵像刀环，官可至五品。耳朵厚并下垂，一生富贵。耳门有筋不饱满，家中没有人做主。耳朵里有毫毛，一生顺利，富贵长寿。耳朵像兽的耳朵，自我满足，自得其乐。耳门宽大，聪明智慧，财富充足。耳门狭小，吃东西很少，短命。

耳朵轮廓分明，大耳垂，仁慈，讲义气。两耳垂肩，很有文采，声名远扬。耳朵反着长的人冷酷无情，如果处于动荡年代，就会缺吃少穿。命门很窄的人短寿。耳朵发青发黑，皮肤粗糙，会为了生计远走他乡。耳朵贴着脑袋，轮廓分明，耳色发红有光泽，说明此人会荣华富贵。耳朵很薄主贫穷。耳朵长毛会长寿。耳朵很白名声传得很远。从正面看不到耳朵，是大福大贵相。从前面能看到耳朵是贫贱命。耳上有窝的人耳朵不灵敏。耳朵上面尖，像狼的耳朵，心狠并带有杀气。耳朵轮廓分明，左右对称，有财富有名声；耳朵向口，富贵双全，并高寿。耳朵里有黑痣，喜欢招惹是非，生活不安宁。

3. 耳的吉相

耳朵色泽白净红润，轮廓明显有力，耳珠长垂且微向前倾，呈明珠朝海之势，是大吉耳相。

耳高： 耳高眉一寸，主其人一生没有病苦贫困。

耳形： 面形如田字，耳形既厚又大，主其命好，聪明，功名唾手可得。

耳轮： 耳轮廓明显有力，主早年得运。

耳色： 看耳先看色泽，白里透红为上好耳相，主其人聪明绝顶，年少时便能扬名四海。

耳珠： 明珠朝海，即耳珠长垂且微向前倾，再加上耳廓明显有力和耳孔圆大，是大贵之相。

耳孔： 耳孔大，聪明、健康。

耳毛： 耳内如有幼细如丝毫的耳毛，主得享高寿。

命门有痣： 命门在左右两边近耳门前，有痣主聪明长寿。

天城有痣： 天城在耳廓之内，有痣主贵，其人能得权位。

二、论眉相

1. 眉相的贵贱

眉宜清秀顺亮。眉有明媚的意思，是两眼的天然装饰，能为整个面部的仪表添光加彩，又叫做眼睛的英华，从一个人的眉毛可以看一个人是贤能还是愚钝。因此，眉毛长得细长平阔，又充满灵秀的，是聪明的表现。眉毛长得粗浓，逆着长又给人杂乱感，而且还短蹙，说明此人性情凶顽。如果一个人的两眉长得长过眼睛，说明此人会非常富有。如果一个人的眉毛生得太短，短得盖不住眼睛，说明此人一生不会有什么财产，只能贫困度日。如果一个人的眉毛生得很低，对眼睛形成了压迫之势，说明此人穷乏。如果一个人的眉毛生得高昂，说明此人脾气大，性格刚烈。如果眉毛竖起，说明此人性格很豪放。眉毛尾部下垂到眼角，说明此人性格懦弱。两眉里侧相交，说明此人贫困浅薄，是无知之人。眉毛逆着长不好，说明此人会克妻子和儿子。眉毛部位有骨棱起，说明此人性恶，命运多波折。眉部有痣，说明此人非常聪明、尊贵、贤能。如果眉毛生得很高，居于额头中间，是大贵相。如果眉毛部位夹生着白毫，说明此人长寿。眉部有直纹，主富贵；眉部有多条横纹，主贫苦。眉毛长得不完整，有缺漏，或是长得稀少，看起来若有无的样子，说明此人为人奸诈、狡猾，诡计多端，与之交往要注意防备。

眉毛高耸秀丽，说明此人有威严，有权势，并享受高官厚禄。眉毛长又下垂，是典型的高寿面相。眉目清秀润泽，这是官相，说明此人天生就是当官的料，但做其他事情可能就有障碍了。两眉里侧相交，无法分清，主此人短寿。男人眉弯如角弓，长这种眉是女人相，有妇人之仁，缺乏男人的阳刚之气。眉毛弯如初月，是吉相，说明此人聪明过人。如果眉气浓密下垂，像丝状，不好，这是荒淫相，说明此人过度纵欲而没有节制。如果眉毛弯如蚕蛾，说明此人是好色之徒。眉毛长过眼睛，是吉相，主此人忠厚耿直，将来做官也能为百姓做主谋福利。眉毛很短，不超过眼睛，说明此人性格孤僻，不太好相处。两眉生得不一样，一高一低，并倾斜，说明家庭不和睦，兄弟会分家另过。眉毛长得细密并耸起，说明此人就算不显达，但也是贵人，会过得很幸福。眉角延入鬓角的话，说明此人聪明英俊。眉毛长得不顺，有旋毛的话，说明父母不会白头偕老，母亲改嫁或父亲再娶，有同胞兄弟。眉毛长得呈婆娑状，说明此人的后代中儿子少女儿多。如果一边眉高一边眉低，眉毛有直立感，说明此人为人正派，当官的话会是个为民请命的好官。眉毛中间有断开的纹路是大不吉，说明此人会经常处于困顿中而无法解脱，生活过得很凄惨。

眉毛是一个人的金木二星，眉棱高，眉毛长得稀疏、清秀、干净，这是贵人相，说明此人一生都会是人上人，有很好的名声，能在国家机关中任要职，而且政绩突出，久负盛名。眉毛长得漆黑浓厚，不吉，主此人是贫贱命。眉毛倒着长，是大不吉，说明此人的境遇凄凉，命运多舛，一生凄惨。

2. 眉相吉凶

眉在五行中属金，掌管妻妾，兄弟等宫位。若眉生得好，则其人财禄丰厚，生活幸福。

眉是宇宙：眉上是华盖骨，下面是日月，就是横列的两只眼睛。

眉生黑子主聪颖：眉部有痣，说明此人非常聪明、尊贵、贤能。

眉棱骨起主孤独：眉棱骨突起的，性恶，命运总是多波折，且孤独处世。

天仓隆起性格好：若两天仓隆起，两眉长，印堂广阔，其人心中安详平和，心性豁达。

眉与眼：眉长过眼，富贵自来；眉短于目，贫穷困厄。眉压眼，孤独凄凉。

眉相与命格：

清细秀长——聪明　　逆生不顺——妨妻

粗浓逆乱——凶顽　　高居额中——大贵

高昂冲劲——刚烈　　眉生白毫——长寿

高挺坚硬——豪爽　　眉中有缺——奸诈

眉尾下垂——懦弱　　眉淡如无——狡佞

眉入印堂——贫薄　　眉弯如蛾——好色

3. 眉相分类论断

交加眉主贫贱

交加眉形大不吉。有这种眉相的人中年会有大难，有可能会有牢狱之灾。家产会被败尽，从而连累到兄弟姐妹，父母也会分离。

黄薄眉主破败客死

眉毛长得松散且很短，年少时很富贵，生活过得铺张浪费，但这种境况不会长久。由于神志不清，气血不畅，有可能会客死他乡。

八字眉主孤寿

眉头长得稀疏，眉尾长得松散，一直连到奸门部位，说明婚姻不幸，娶了好几任妻子，但都不能白头到老。生活上过得很富足，衣食无忧，一辈子都享用不尽，但没有子息来继承家业，只能领养他人的孩子以延续香火。

柳叶眉主发达

眉形轮廓很粗，粗中带浊，浊中有清，这种眉形的人忠厚老实，对朋友忠诚讲信用，能遇到贵人相帮，定能发达显贵，扬名万里。但晚育，骨肉之间的感情也很疏远。

前清后疏眉

眉毛长得清秀松散，散中带着一种清朗，这种眉相说明早年时功名和财富都一般，会在中年末发迹，功名利禄都会唾手可及，财富非凡，能光宗耀祖，显达乡里。

鬼眉贼盗主凶

眉毛长得粗黑，对眼睛形成压迫之势，是凶相。说明此人心地不善，待人很虚伪，总是假仁假义，心底暗藏着阴毒，什么都不会，也不学无术，总是想着以偷盗为生。

扫帚眉无福寿

眉毛的前部分很清很浓，后部分疏散，所以家庭不和睦，与兄弟之间没有什么感情，总是对着干。家中有一两个子孙会没有后代；年轻时生活还相对富足，但随着年龄的增长却是每况愈下，到老时更是没有什么财产了。

罗汉眉子息迟

罗汉眉相非常不好，早年感情总是不顺，娶妻生子较晚，晚年生活凄冷。

剑　眉

眉毛长得像山林一样清秀且细长，郁郁葱葱，说明此人很聪慧，一定会有权势，有学识，能辅佐君王成就一番事业。剑眉之人，年少时家庭贫困，但长大后一定会富贵显达，并且身体健康，子孙满堂，能享尽天伦之乐，长寿无疾而终。

轻秀眉

眉毛长得清秀细长，并且有弯曲，尾部稍微疏散，说明此人一定会飞黄腾达，会做大官，显赫一世。其家庭也很和睦，与兄弟之间的感情深厚，能相互扶持帮助，永远心连心，没有隔阂。

疏散眉主财帛盈耗

眉形长得整体比较疏散的人很有钱，但大多施舍给别人，只留下足够自己用的，也不富裕。眉形疏散的人，对外面的人很友好，对家人却很冷淡、不关切，因此晚年生活不是很好，只剩下一个空架子，很是凄凉。

尖刀眉主凶暴

眉毛长得粗壮有力，含着一种凶恶之气。此人内心奸诈凶险，阴险毒辣，表面上对人很好，其实只是虚情假意。此人性格很固执，脾气暴躁，是枭雄，别人都怕他，但得罪很多人，必然遭人妒恨，最后落个被斩首的下场。

龙眉大贵

眉毛长得清秀，弯曲有形，稀疏有度，说明此人兄弟很多，而且都出类拔萃，才智超群，都会有自己的事业，显赫乡里，兄弟之间能相互帮助，共同向上。因此，父母的日子也过得清闲富贵。

狮子眉

狮子眉给人一种威武的感觉，眉毛长得高而且粗浊，说明此人发迹得很晚，年轻时需要隐忍努力，到老时会发达显贵。如果此人三停也长得像狮子一样威武的话，将会有享不尽的荣华富贵，越到老时越佳。

短促秀眉

眉毛清秀而很短的人，很讲信用，就是很小的事情也不会当做儿戏而违约的，凡事都会认真面对。此人会有两个孩子，并都很有出息，双双取得骄人的成绩，是当之无愧的英雄豪杰。这种眉形的人也很忠厚善良，对人仁慈，为官清廉，孝顺父母，能把一切都处理得妥妥当当，心地无私，所以心情开阔，也一定能长寿。

旋螺眉

旋螺眉指的是眉毛长得像螺旋一样。这种眉形非常少见，有这种眉相的人其权威势力也会像其眉一样大到世间少有，是大贵的人。普通人最好不要有这种眉形，否则主其一生不利。武官有这种眉形顺应了天意，是大吉，会大有作为。

新月眉

新月眉是指眉毛长得像初出的月牙儿一样清秀漂亮，这是最好的一种眉形，如果眉尾再拂过天仓的话，则是吉上加吉，说明此人兄弟和睦，并且个个都会发达显贵，都能考进名牌大学，进国家部门任要职。

大短促眉

大短促眉是指眉毛长得很短，但眉路清晰，不杂乱，透着清秀，眉尾略微发黄。如果再加上眉头立起的话则最佳，说明此人财运很旺，会有挣不完的钱，多得都放不下，妻子贤慧温柔，孩子英俊聪明，家庭幸福美满。

一字眉

一字眉是指眉形长得像一字，清晰不杂乱，像华盖一样，说明此人聪慧过人，年少时就功成名就，闻名乡里，富且贵；其婚姻生活也很美满幸福，夫唱妇随，能白头到老，高寿且无疾而终。

虎 眉

虎眉是指眉形长得粗大清晰，不杂乱，并且透着一种威严的气势，说明此人有胆有识，能成就一番大事业，就算不是富甲一方，也是不富则贵，德高望重之辈，能像仙鹤一样高寿，不足是家里兄弟很少，略显冷清。

清秀眉

清秀眉是指眉毛长得清晰秀长，超过眼睛，进入鬓角，而且弯曲有度，使人百看不厌。说明此人非常聪明，年纪轻轻时就考入名牌大学，进入国家重要部门工作，亲戚朋友都受其恩泽，且以其为荣。

卧蚕眉

卧蚕眉是指眉毛长得弯曲秀气，说明此人心灵手巧，机智灵敏，讨人喜爱，年纪轻轻就能出人头地，富贵双全。其不足是兄弟之间有隔阂，各不相干。

扫帚眉

小扫帚眉是指眉毛浓大却不显粗，眉尾很齐却不干枯，长过天仓。扫帚眉是古人对不吉利眉相的一种称呼，说明此人家庭不和睦，兄弟之间也没有什么感情，各走各的路，不相往来。这种眉相的人，对孩子有刑克，主孩子有大的灾祸。

间断眉

间断眉是指眉毛不清晰，纹理很乱，有勾纹，并且中间断开，眉毛发黄且很淡。显然这种眉相不好，说明兄弟不和睦，而且相互攻击伤害，没有财运，日子过得很清苦，先克死父亲，后又克死母亲。

三、论目相

1. 目的吉凶

目宜绵长闪亮，一个人的眼睛像天地间的太阳和月亮一样重要。左眼是太阳，象父；右眼是月亮，象母。当一个人睡着的时候，神的一部分停在心上，另一部分在眼睛的视线里。从一个人的眼睛可以看出此人思维的清晰与否，通过观看眼睛的善恶，可以知道此人的精神是清晰还是混乱。眼睛长且深，明亮有神，是大贵之相。瞳仁黑如点漆，含而不露，炯炯有神，说明此人很聪明，且富贵。眼睛细长、眼神深邃的人，性格隐忍孤僻，能长寿。眼睛浮肿并向外凸出的人不长寿。眼睛大且圆，向外凸出，说明此人脾气暴躁，折寿。眼睛凸出，眼神游移不定的人天性淫荡，贪婪无度，喜欢偷盗。面部不对称并带有怒色的人，不是正人君子。眼睛里布满血丝，表明此人会死得很惨。眼睛长得像羊眼，眼睛里一点都看不出怯弱的人，孤独而狠毒。眼睛短小的人，很愚蠢，命运卑贱。眼睛下面丰隆饱满，能生一个光宗耀祖的儿子。眼白多的女人，喜欢偷听人家说话，且很淫荡，不守妇道。眼神坚定不会到处流盼的人，有福贵。

大致说来，眼睛里看不出怒色，有血丝但不发红，黑白比例正常，眼睛不会死盯着人看，也不会斜视人，有精神，不混浊，没有怯懦，这是正常人的眼睛。两眼睛下面的部位叫子孙宫，应该以丰满为宜，有缺陷瑕疵不好。

古诀曰："眼睛长得清秀细长，一定是君王身边的高级人才。"眼睛长得像鲫鱼的眼睛，家里一定富裕。眼睛大而且有神，家产很多。眼睛有残缺，能败掉祖上留下的家业。目如凤鸾的人一定能发达显贵。三角形眼睛的人，心性凶恶。眼睛短而眉毛长的人，家产很多。眼睛向外凸出，一定短寿。眼白很多的人官司缠身。眼睛发红并有黄色的人肯定早死。眼睛灼人，是大贵相。眼睛长有一寸的人，一定是英明君王身边的能臣。龙睛凤目，有高官厚禄。眼睛威风凛凛，很有气势，万人皈依，是统帅的将领。眼睛像拉满的弓，一定是奸雄。眼睛像羊眼，会克骨肉。眼睛长得像蜜蜂的眼睛，孤独无依无靠，会死得很惨。眼睛像鸡眼，更是不得好死。眼睛像蛇的眼睛，心狠手辣，是个大祸害。眼睛相交，夫妻会分离。眼睛尾部向上翘起，有大的福禄。女人生一双羊眼，眼白很多，会红杏出墙，甚至把姘夫引入家中。眼睛发黄，心地慈悲善良。眼睛黑白分明，一定会在国家部门任要职，女人一定很清廉，坚守妇道。眼睛细长发白，会家境贫穷。眼睛下面皱纹不多的女人，一定会多子多孙。目光散乱的人，是奸猾淫荡的无耻之徒，其无耻得令人惊叹。右眼小的妇人怕丈夫，左眼小的男人怕老婆。眼睛长达一寸五分的人，很有文采。红眼金睛的人心很狠，六亲不认。眼睛很小并发乌，眼白多的人不吉，即便不是囚犯，也是家境贫寒，十分落魄。

　　龙睛和凤目都是大吉相，最怕的是眼睛发黄并有血丝，这种眼睛不会长寿，而且一生是非很多。眼睛浮肿像羊眼，是大凶，孤苦伶仃，无依无靠，也没有财富积蓄。眼睛细长且目光深邃的人没有什么心机。眼睛斜视的人，大凶。

　　眼睛长得清秀绵长的人，会官运亨通，并位居国家要职，俸禄丰厚，享不尽的荣华富贵。如果眼睛长得圆而且向外凸出，不吉，主此人灾祸不断，不得已到处躲藏。眼白多的女人心很狠，可能会杀死自己的丈夫。眼白多的男人很愚蠢。女子眼白多再加上眼睛发黄并有红丝，易克夫。

　　眼窝深陷的人一定生活贫穷，是低贱的人。眼睛深陷再有哭相的女人结婚后一定会克夫克子。如果口唇不润泽，而是枯黄如土色，会受生活所迫而流落他乡，受尽飘零之苦。

眼黑少，眼白多，不吉。眼睛方正圆润，是长寿的面相。如果眼睛黑亮，又圆又大，是圣贤之人。

左眼小的男人在家一定是老大，眼皮厚的女人在家中也一定是排行老大。

眼睛下泪堂部位有黑痣，家中一定有出家修行的人。左眼皮上有痣，主富贵，说明其一生会官运不断，而且会做大官，享不尽的厚禄和荣耀。

眼睛下部有隆起，家中男丁不旺，如果眼下再有很多皱纹，命里注定是克子，没有后代延续香火。

比平常人的眼睛长一寸的人会做大官，享有很高的爵位俸禄。龙眉凤目是大贵相。眼睛黑白分明的人品行高远，很讲信义。鸡眼或鼠眼的人，是天生的贫贱命。

两眼放光有神的人是贵人，像老虎和狮子眼睛的人很威严，是将帅之才，能统领三军。眼睛长得像黄牛眼睛的人，对人很友好慈善。眼睛长得像乌龟眼睛的人呆滞迟钝。眼睛长得像一双蛇眼或羊眼的人，刻薄毒辣，千万不要和这样的人打交道。

喜欢偷偷看人的人，就像老鼠和猫看东西一样，说明此人是鸡鸣狗盗之辈，不得善终。长得像老虎眼睛的人不会显得很慈善，而是威严有加。眼睛长得像猴子眼睛的人，性格狂放不羁。

眼睛长得像鱼眼睛一样的人，大多会触犯刑律而死。两只眼睛长得大小不一，说明和其兄弟不是亲生的。

2. 各种眼神吉凶

眼神不宜短急和不安，应该坚定，内敛，眼神强则神强，其人也多意志坚强，眼神弱则神弱，其人多发生灾祸。

神侧视：

表现：眼神侧视。

论断：这种人会中毒身亡，或将死于刀刃之下。

神不明：

表现：目光痴呆不清秀，转盼无力的人，两眼神彩不明。

论断：这类人没有财禄，并且会伤害自己。

神流荡：

表现：眼神流荡而不能收敛。

论断：淫乱的人，若眼大会遭杀身之祸，若眼小会破财。

神昏蒙：

表现：眼神好像蒙上了尘垢一般昏暗。

论断：狡猾、奸佞的人，其心深不可测，不可与之交朋友。

神昏浊：

表现：睡眼的人，神智多不清楚，命早夭也。

论断：眼神昏溺不清。如睡状疲困无力。神浊而无力者，一定不会长寿。

神惊急：

表现：眼睛视物仓促，惊恐万状。

论断：具有惊眼的人通常性情急躁，会暴死。

神困倦：

表现：眼睛似病未愈般神情困倦，转盼疲倦而无力。

论断：这类人不会长寿。相书说：不病似病终当病，若得病恐难医。

神昏醉：

表现：神情昏迷，好像酒醉不醒，瞻视倦怠。

论断：此类人通常也神志昏迷，长期像个酒醉的样子，不得善终。

神威严：

表现：眼神豁达大度而威严，威严而有力，矜持而庄重，令人肃然起敬。

论断：具有这种眼神的人，声名远播天下，财产富足有余。

神镇定：

表现：眼睛在突然受惊时能不眨眼，眼神澄澈，面色不变。

论断：这是大贤之相，定力达到三清境界。不受尘俗的污染，超脱于造化之外。

3. 各种眼形吉凶

龙眼富贵：

眼清而有神，是具有大富贵的人。

此人眼睛长得黑白分明，有神采精神，睿智暗藏在眼中威而不露。龙眼的人是大贵相，不是一般的富贵，而是辅佐英明君主难得的人才。

龟眼有寿：

圆小，灵秀，眼皮多细纹：长寿，一生幸福。

此人眼睛长得有些圆但不大，很有精神灵气，并暗藏着一种秀气，眼皮上下有多条细细的波纹。眼睛长得像乌龟眼睛的人会长寿，一生享福，身体健康，生活安宁，丰衣足食，悠远绵长至子孙后代。

狮眼福贵：

眼形粗犷，有权势，可获福禄安寿。

此人眼睛很大并且透着威严，并略带些狂傲之气，眉毛很粗，但是端庄大方。眼睛长得像狮子眼睛的人是大富大贵之人，忠诚孝顺，廉洁清明，对人仁慈，不会对百姓横征暴敛，施行严刑酷吏，所以很受百姓爱戴敬仰，万人朝服皈依，有享不尽的荣华富贵，福禄安寿。

孔雀眼主富：

明亮而含情为好相，眼白多眼黑少为差相。吉相为可居高官，差相则脾气差，命不好。

长得孔雀眼睛的人，眼中含情，明亮有神，此人命里有官运，而且是个清正廉明的好官，很受百姓爱戴。这种眼相的人也有财富，并且夫妻恩爱和睦，家庭幸福，一生顺利兴隆，晚年安康，其贤明名震天下。但有时脾气暴躁，强横不讲理。

时凤眼清贵：

时凤眼指的是眼睛长得秀气漂亮，看人时眼中含笑，落落大方，不斜视，显示出一种华贵的气质。时凤眼相的人是贵人相，说明此人性格温和，气量大，能包容人，待人温柔体贴，显然一生福贵有余。

阴阳眼富贵：

阴阳眼指的是眼睛长得一大一小，有神采，但看人时总好像是在斜视人。此种眼相的人心术不正，虚伪奸诈，诡计多端，对人没有诚意，口是心非。但其先天精明，也能积累很多财富。

凤眼富贵：

凤眼是天生的富贵相。眼睛的眼线很长，明亮有神，清爽秀气，眼波流转，自然中透着贵气。此种眼相的人聪明而且有智慧，出类拔萃，早年就可取得功名富贵，鹤立鸡群。

象眼富贵：

象眼指的是眼睛像大象的眼睛，眼睛长得细长，上下眼皮有波纹，很秀气，眼波顾盼生情，但眼神中充满了仁爱柔和。这种眼相的人对人生看得很透，心中没有放不下的事，生活清闲而尽享人间的欢乐，边走边歌，无所羁绊，长寿并无疾而终。

虎眼有威：

虎眼指的是眼睛像老虎的眼睛，眼睛大，眼珠发黄，呈淡金色，瞳孔不大，有时候呈圆形，透着一种凌然不可侵犯的威严之气。此种眼相的人性格刚烈沉稳，有智谋胆略，没有忧心的事，再大的事情都可迎刃而解，其人一生富贵。但老年时孩子会有灾祸。

鸳鸯眼主富：

鸳鸯眼指的是眼睛长得清秀红润，略圆且有神，眼神像有细纱蒙住，给人一种朦胧的美感，面带桃花，给人一种甜美的感觉，所以婚姻生活很和美，富贵有余。但是有些轻浮放荡，可能会有红杏出墙的事发生。

睡凤眼主贵：

睡凤眼指的是眼睛黑白分明，富有神采，眼角平齐，眼线细长秀美，眼波荡漾，眼神带笑，眼神似动非动充满光彩。这种眼相的人文采很高，能够入驻国家机关起草重要文件，名声显达。

鹤形眼主贵：

鹤形眼指的是眼睛黑白分明富有神采，上眼皮长达奸门部位，眼神里尽显清秀之气，不管对什么人总是很尊敬，从来不会斜着眼睛看人，很可爱。此种眼相的人中年时事业财运会滚滚而来，显赫一时，光宗耀祖，到老时也会地位显达，贵气无人可抵。

牛眼巨富：

牛眼是指眼睛很大，眼珠很圆，看上去很有精神，而且从远处看和从近处看都不一样。这种眼相的人很有经济头脑，经商能挣万贯家产，富极一时；并且此人寿命也很长，福禄双全，尽享天年。

鸣凤眼主贵：

鸣凤眼指的是上眼皮有明显的波纹，眼睛总是睁得很大，但神光不外露，比较内敛。此种眼相的人发福比较晚，到中年时才能发达显贵，光耀门庭。

猴眼主富贵：

猴眼指的是眼睛总是睁着，圆圆的很有精神，上眼皮有波纹，高高耸立着。这种眼相的人机敏灵活，有很强的应变能力，考虑问题周密严谨，凡事总是三思而后行，不会出什么差错，所以能大富大贵。此种人喜欢吃水果，不张扬，坐时喜欢低头考虑问题，爱用脑。

鹊眼信义：

鹊眼指的是上下眼皮的细纹比较多，长得清秀细长，给眼睛平添了很多神采。这种眼相的人为人忠厚善良，讲信用，对朋友讲义气，年少时就能发达，但还显不出锋芒，老时更发达显贵，显赫一时。

雁眼富贵：

雁眼指的是眼黑如点漆，很有精神，眼周围略带金黄色，透着一种无以言表的贵气，上下眼皮的波纹一样长，漂亮秀气。这种眼相的人，对人谦恭有礼，举手投足间蕴藏着一种让人信服的非凡能力，且并不张扬，做事情沉稳大方，能大富大贵，亲戚朋友都跟着沾光，所以此人的声名能远扬千里。

鹅眼稳重：

鹅眼指的是上下眼皮的眼纹有好几层，清秀绵长直到天仓，眼睛很有神采，具有很强的洞察能力，眼黑多眼白少。此种眼相的人心地善良，做事稳重，料事如神，所以能福寿双全，安详平静地度过一生。

桃花眼主淫：

桃花眼是指眼带微笑，妩媚动人，并且眼睛里总是透着一种挑逗轻浮的神色，让人想入非非；此人眼光流转含情，水汪汪的，充满柔情，看人时总是斜着眼，似迷醉，似不屑，能勾起人万般心思。不管是男是女，生就这种眼相，桃花运很旺，生活放荡无度，不会有什么作为。

羊眼凶恶：

羊眼指的是眼珠淡黑，并夹杂有微微的黄色，瞳仁似有一层纱蒙住一样给人混浊感。这种眼相的人，家业很大，能继承祖上一笔很大的家业，但由于其心地凶恶，没有良好的人际关系，再加不善经营，最后偌大的家业也被其败落殆尽，晚景凄凉，只能在贫困嗟叹中度过余生。

猪眼凶恶：

猪眼指的是眼白多眼黑少，眼皮有很厚的波纹，眼神混浊无神。这种眼相的人性格暴躁、凶残，就是不用为生活发愁，享不尽的荣华也不能使其静心生活，而是胡作非为，作恶多端，贻害乡里，所以难逃法律的制裁。

鸾眼精彩：

鸾眼指的是眼睛长得较长，鼻头圆大，走路很快，但说话和气，待人有礼貌，很有磁性和吸引力。此种眼相是大贵相，说明此人会进入国家部门工作或在君王身边做事，是难得的人才。

鹭鸶眼：

鹭鸶眼是指眼珠发黄，眉毛短小、收缩，一点都不舒展，给人一种懦弱、无法放开的感觉。这种眼相的人很爱干净，走起路来摇摆不定，给人一种不稳重且畏缩的感觉，身材长得高大但脚却瘦小。即使能有一天靠机遇暴发富裕，也守不住，最终又重归贫困。

熊眼愚钝：

熊眼人的眼睛长得又大又圆，类似猪眼，但比猪眼更大更圆，天性愚直，终受人约束。此人静坐或运动时间长了都会有浓重的喘息声，并且呼吸急促。此种眼相的人天生愚钝，性凶残蛮横，有勇无谋，凭自己蛮劲到处逞强卖弄，最后难逃被人制服，并受其牵制的下场。

醉眼主淫：

醉眼指的是眼睛像喝醉了酒一样朦胧混浊，眼珠内有红光、黄光，眼神呆滞，流动杂乱。此种眼相的人，心智不开，一味地沉醉于儿女私情，浑浑噩噩地度日；即便是僧人、道士，长有这样的一双眼睛，也不会清心寡欲，而是荒淫无度。

鱼眼主夭：

鱼眼指的是眼睛长得像鱼的眼睛，不明亮，而是昏暗得像有水雾蒙住了一样，不管看近处还是看远处的东西，都不清晰，没有一点分辨能力。此种眼相的人短命，由于天生愚钝，所有的事都看不开看不明白，最后只能忧虑至死。

蛇眼狠毒：

蛇眼指的是眼睛很圆，向外鼓出，眼色发红，像蒙着一层红纱。这种眼相的人心里歹毒，像毒蛇一样，对人奸诈阴险，心狠如虎狼，六亲不认，其残酷无情令人发指。

虾目圆露：

虾目指的是眼睛长得像虾的眼睛，相貌堂堂，风流倜傥，英姿飒爽，威风凛凛，并且富于智谋。这种眼相的人在火年的时候有灾，水年的时候会交好运，晚年的时候能享受荣华富贵，但遗憾的是寿命不长。

狼眼凶暴：

狼眼指的是眼珠发黄，看东西时像傻了似的有点颠狂。这种眼相的人贪得无厌，卑鄙无耻，凶狠残暴，精神空虚，没有目标，总是慌慌张张地瞎忙，神经错乱，徒留狂夫之名，空度一生。

猿眼诈伪：

猿眼指的是眼睛发黄，像睁不开的样子，看人时喜欢仰视。这种眼相的人机敏灵活，但猜疑心重；此人孩子很多，个个都很有灵性。此人不会有大事业，徒有小的虚名，最终也只能做个戏子演员之类。

鹤眼主贵：

鹤眼指的是眼睛长得黑白分明，秀气有神。此种眼相的人有志气，但比较内敛，从眼神里根本看不出来。此人做事很有激情，斗志昂扬，能有大富大贵，官可至上卿，是手握重权的显要人物。

马眼劳碌：

马眼指的是眼睛长得很大，呈三角形，眼皮很宽，眼睛向外鼓出，面容瘦削，皮肤紧绷在眼上，终日看不到喜色，似乎永远有愁不完的事。这种眼相的人是很令人可叹的，克妻克子，一辈子为了生计奔波忙碌，劳碌命。

鸽眼贪淫：

鸽眼指的是眼睛长得像鸽子的眼睛很小很圆，眼珠发黄，走起路来摇头摆尾，坐下时也不安稳。这种眼相的人淫荡轻浮，为人虚伪，无法让人依赖，所以只能靠着小聪明取得一点小成就，不会有大的作为。

伏犀目仁：

伏犀目指的是眼睛长得很大，脑袋很圆，眉毛浓粗，耳朵内的毛很长，身体高大壮实。此种眼相的人是大福相，一定能富贵双全，并且长命百岁。

鹿目富贵：

鹿目指的是眼睛长得黑亮，眼纹很长，走路很快，性格刚强。

此种眼相的人比较脱俗，不爱权势富贵、功名利禄，而是喜欢大自然的闲适清净，所以会隐居山林，不会被俗务打扰，一辈子有享不尽的福禄，是不富则贵的高雅仙逸人士。

蟹目无衣食：

蟹目指的是眼睛外露。这种眼相的人，生性顽劣不化，愚昧笨拙，喜欢闯荡江湖，但不太孝顺，父母白养。

燕目有信：

燕目指的是眼睛内陷，黑白分明，明亮精神；口小唇红，走起路来摇头摆尾；说话多且快，但不啰嗦，很讲信用，聪明机巧，一辈子生活富足，不愁吃穿。

鹧鸪目欠谨：

鹧鸪目指的是眼睛发红，红中带黄；身体瘦小，面色带红，小耳朵，小眼睛；走路时摇头摆尾，经常低头看地。这种眼相的人贫贱命，一辈子努力也不会有出人头地之日。

猫目好闲：

猫目指的是眼睛长得很圆，眼色发黄，脸圆。此种眼相的人心眼好，有财运和权势，并能得到贵人欣赏提携，一辈子富贵有余。

四、论鼻相

1. 鼻相的贵贱

鼻子宜挺直丰润。鼻子位于面部的中间部位，五行属土，从鼻子的外观变化能看出肺部的健康与否。如果肺虚，鼻子就透气，如果肺实，鼻子就堵塞不通气了。鼻头圆润，鼻孔不外翻上露，另外又有兰台、廷尉与之相应，则是富贵相。年上和寿上也在鼻子部位，所以通过鼻子也可以看一个人寿命的长短。如果一个人的鼻子部位丰润，有隆起并笔挺，则主此人即使不是贵人，也会有财富，并长寿。鼻部颜色发黑，肉少的人，天生贱命，就是不贱也不会长寿。鼻子高大隆起，鼻梁笔挺，主长寿。如果鼻子方正笔挺，鼻头圆润有光泽，主富贵。鼻子竖起有骨头的人，是长寿相。鼻头大，并丰满有肉，说明此人心地慈善，不会害人。鼻头尖而且细，此人奸诈，诡计多端。鼻子上生有痣的人，命运多舛。鼻子上生很多横纹，外出途中可能会遇到灾祸。鼻子上生很多纵纹，命里无子，只能收义子接续香火。鼻梁圆而一直到印堂部位，此人会娶一个漂亮的妻子。鼻子方正笔挺，此人一辈子丰衣足食。鼻孔外露，家境贫寒，而且短寿。鼻子长得像老鹰的嘴巴，也就是鹰钩鼻，此人心狠手辣，与这类人打交道时要注意防范。鼻子上有三个明显弯曲的人，家境贫寒，孤独无依。鼻子长得不端正有塌陷的人，会由于生活所迫而和骨肉分离，各奔东西。鼻头圆而且直，会得到外人提供的衣食。鼻头丰隆有肉，大富大贵。鼻头发红，此人为了生活不得不到处奔波。鼻子后部露骨，此人一生没落，不能出人头地。鼻头有赘肉下垂，此人贪恋男女私情。鼻头又圆又肥，此人衣食无忧，丰衣足食。鼻头又尖又薄，此人是孤独贫贱命。鼻子高耸入天庭，此人很有成就，四海威名。鼻梁上没有骨头，短寿相。鼻子能明显地看出鼻梁，会死于他乡。鼻头生得尖，且歪斜，心事很多，并会算计他人，属于心术不正之辈。鼻头光滑圆润，山根部位长且笔挺，鼻梁方正笔直，说明此人大富贵，无人能及。鼻梁很高，说明兄弟很少。鼻梁不正并有歪斜，为人狡诈，总是试图欺骗别人。鼻孔外翻，心肠狠，总是诽谤陷害别人。鼻子上有痣，可能内部器官有病变。鼻子上生有横纹，心底忧心的事很多，会有横祸发生。鼻梁长得单薄，身体健康欠佳。鼻子很小，像缩小的袋子，到老时会幸福美满。鼻子高大而高高耸起，官运亨通，有享不尽的荣华富贵。鼻子富有光泽，家里很富有。鼻子短小，志气小，气量小，命里财运富也差。鼻子笔挺而且厚实，会官至诸侯。鼻子上有缺陷破损，是贫贱命，孤独无依，一辈子饥寒交迫，流离失所。鼻子长得方正笔挺，是贵人相。如果再加上山根部位一直连到额头，此人会做大官。鼻头尖又小的人是贫贱命。鼻孔向上翻，家境贫寒，吃了上顿没有下顿。鼻头尖薄，难享清福，一辈子只能为生计奔忙劳碌。鼻子上生有横纹并有恶痣，命运多舛。鼻孔外露，主此人贫穷，并短寿。鼻子长，长命百岁。鼻子向左偏，父亲先亡；向右偏，母亲先亡。鼻孔大，聚不了财。鼻头圆润丰厚，富贵长寿。山根和鼻梁底部发青，并有小的褶皱，法令纹又很深长，此人杀心很重。鼻头长得像一个钩子，有财并长寿；最好鼻头长得像悬胆，主此人富贵有余。鼻头和鼻子底部都有涡，主此人短寿。法令纹中有涡则不吉，左边法令纹有涡主父亲亡，右边法令纹有涡主母亲亡。五岳之中，只有中岳鼻子高耸，而其他四岳都不与之相应，而是低平，是贫贱相，会散尽家产。鼻孔外露，牙齿外露，此人会因饥饿而死。

2. 鼻子的吉凶

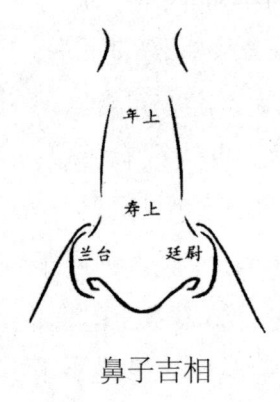

鼻是中岳，居于面的中央，作为天柱而向上连接天庭。鼻是吐纳气息的地方，鼻相的好坏决定着人的寿命。鼻头圆润，鼻孔不外翻仰露，又有兰台、廷尉与之相应，则是富贵相。

兰台指左鼻翼，廷尉指右鼻翼，位于鼻头的两侧。年上是十三部位之一，在山根之下，寿上位于年上之下，与年上合称"年寿"，此部位能反映人的健康状况。

鼻子吉相

吉相：

丰润隆起，富贵长寿。竖起有骨，长寿相。鼻头丰满，善良仁慈。方正笔挺，丰衣足食。悬胆鼻，富贵有余。缩囊鼻，老来有福。狮子鼻，聪明富贵。鼻头光润，家世显贵。鼻孔收藏，善于守财。山根至额，官场得意。

凶相：

发黑肉薄，贫贱短命。鼻头尖细，诡计多端。鼻上有痣，命运多舛。鼻上横纹，意外灾祸。鼻上纵纹，命里无子。鼻孔外露，贫寒短寿，鹰钩鼻，心狠手辣。鼻头发红，奔波劳累。鼻头赘肉，沉迷情色。鼻梁无骨，短寿夭折。

3. 鼻相与其他部位的关系

鼻为一面之主，只有鼻子高耸是没有用的，需要与颧骨、面颊相配。如再加上好的口相和眼神，则其成就的事业无人能及。

颧骨： 不宜平陷，宜饱满有肉包裹。

眼睛： 眼睛藏神，有灵气，才能助鼻子一臂之力。

面颊： 不宜面削狭窄，否则纵使鼻子高挺，也显得孤立无援。

法令纹： 好的鼻子还需要法令纹相助，法令纹长且明显，主大权在握。

鼻大口小： 鼻大需与口相配，如鼻大口小，主晚年困厄。

地阁： 若下巴圆厚端正，即使鼻偏，其人的运命也可焕然一新。

鼻子位于五岳之中，五岳中也只有中岳鼻子最为高耸，而如果其他四岳都不与之相应，都生得平坦甚至低陷，虽鼻子高耸，却依然为贫贱相，主其人将散尽家财。

4. 各种鼻相

龙鼻大贵：

龙鼻指的是鼻子长得丰满高耸，鼻头圆润，山根笔挺像伏犀，鼻梁方正不歪斜。这种鼻相的人是大贵，权极一时，位居至尊，名留千古。

狮鼻富贵：

狮鼻指的是鼻头丰满圆厚，和兰台、廷尉互为补充，完美和谐，年上和寿上部位也略显低平。这种鼻相再加体形长得像狮子一样魁梧高大，就是真正的大富大贵之人，其家资丰厚，是一方富豪。

牛鼻大富：

牛鼻指的是鼻子山根部位肥大，丰隆有型，兰台、廷尉轮廓分明，年上和寿上不高不低。此种鼻相的人善于经商，理财有方，所以家道殷实，生活富足。

盛囊鼻富贵：

盛囊鼻指的是鼻翼两侧丰隆圆润，兰台、廷尉都小巧丰满，整个鼻子圆鼓鼓的像一个盛满东西的囊。此种鼻相的人资财丰盛，有功名，有利禄，是显达贵人。

狗鼻主贱：

狗鼻指的是鼻子年上和寿上部位高耸，鼻头、兰台、廷尉部位低陷。此种鼻相的人很讲义气，对追求利益功名的人很鄙夷，但其命里没有财富，是贫贱命。

虎鼻大富：

虎鼻指的是鼻头圆大，几乎都把鼻孔遮住了，兰台和廷尉部位挺直没有偏斜，山根也笔挺。此种鼻相的人，财富丰厚，名声远扬，是世间所罕见。

悬胆鼻富贵：

悬胆鼻指的是鼻子方正挺直，鼻头很齐，山根平畅通直，没有偏斜，兰台和廷尉比较小，不太分明。此种鼻相的人到了壮年之后才有财富运，并有享不尽的荣华富贵，所以壮年之前一定要隐忍努力。

截筒鼻富贵：

截筒鼻是指鼻子方正笔挺，鼻头圆润，山根略远，年上和寿上丰满。此种鼻相的人也是发达稍晚，中年以后才会财喜临门，显赫乡里。

猴鼻主贫：

猴鼻指的是山根、年上、寿上部位平直且肥大，兰台和廷尉轮廓分明，鼻头丰满圆润，鼻孔不外露。此种鼻相的人疑心重，是贫贱相。就算偶尔发达富贵，恐怕也留不住财，会发生一些风流韵事而破了刚得的财，又落了个风流鬼的坏名声。

鲫鱼鼻贫贱：

鲫鱼鼻指的是寿上和年上高耸，山根细小，鼻头下垂。此种鼻相的人没有亲人，生活贫贱，一生孤苦伶仃。

胡羊鼻富贵：

胡羊鼻指的是鼻子长得很大，鼻头丰隆，兰台和廷尉部位左右长得匀称，山根、年上和寿上部位都很协调。此种鼻相的人命里大富大贵，富甲天下。

伏犀鼻大贵：

伏犀鼻指的是鼻子长得很长，向上直达天庭部位，印堂丰满隆起，鼻子上的肉不多不少，整体匀称和谐。此种鼻相的人才华横溢，能发达显贵，其官位可至三公之列。

蒜头鼻主福：

蒜头鼻指的是鼻子山根、年上和寿上部位都长得很平很小，兰台、廷尉和鼻头丰满。此种鼻相的人家庭和睦，兄弟情深，中年发达显贵，晚年富贵不亚于中年，兴隆安康。

鹰嘴鼻险恶：

鹰嘴鼻指的是鼻梁高耸可以看到骨头，鼻头很尖有钩，兰台和廷尉部位都短小收缩，嘴像鹰嘴。此种鼻相的人，心狠手辣，阴险奸诈，作恶多端。

三弯三曲鼻主孤：

三弯三曲鼻指的是鼻子上有三道明显的弯曲或曲折。在相术上，鼻子上有三道弯曲叫做反吟；这是大不吉的一种面相，主家中会有人死亡，成为鳏夫寡妇。

剑峰鼻主孤：

剑峰鼻指的是鼻梁如刀背一样单薄孤立，准头没有肉包裹，鼻子看起来瘦削弱小，却暗含着不吉之相，这样的鼻形注定了无兄弟姐妹，子女缘分薄，劳碌孤独一生，无人伴自己终老。

露脊鼻贫贱：

露脊鼻指的是鼻子长得瘦削不挺拔，鼻梁外显，山根很小，鼻子长得很粗俗，不和谐，使人显得没有精神。此种鼻相的人是贫贱命，就是生活平静没有大的变故，但也难逃贫困孤苦的命运。

猩鼻有义：

猩鼻指的是鼻梁高耸，眼睛和眉毛紧挨，毛发粗；脸长得宽阔，嘴唇微微上翘；身体高大敦实。此种鼻相的人胸怀宽广，德高望重，具有英豪气概。

扁凹鼻贫夭：

扁凹鼻指的是鼻子的年上和寿上部位都很低，有点塌陷，山根很小，鼻头、兰台和廷尉也都很小，整体鼻子不挺拔，有些歪斜。这种鼻相主凶，有此鼻相的人一生要么贫贱，要么早亡，要么疾病缠身。一生总有灾祸相随，使其苦不堪言。

猿鼻不可交：

猿鼻指的是鼻孔小，嘴巴尖，给人尖嘴猴腮的感觉。此种鼻相的人机灵好动，性格轻狂浮躁，好发脾气，担心的事情很多，喜欢投机取巧，不劳而获。

鹿鼻仁慈：

鹿鼻指的是鼻子长得丰隆，鼻头圆润，走路时步子迈得很大，走路很快，但并不给人急躁的感觉，而是稳健清闲。此种鼻相的人仁慈，讲义气，富禄双全。但其缺点疑心太重，有点事就放在心里，坐立不安。

孤峰鼻孤独：

孤峰鼻指的是鼻子长得高大，但鼻头没有肉；颧骨低小显得鼻子很突兀。这种鼻相的人，积累不下财富，并且灾祸很多，如果出家修行，则可以免去不少令人悲痛的事发生。

獐鼻薄义：

獐鼻指的是鼻子长得很小，鼻头尖，兰台和廷尉向外凸出，鼻孔外露。这种鼻相的人，薄情寡义，贪图利益，不讲信用，就是祖上有大的家业也会败落在其手中。

露灶鼻主贫：

露灶鼻指的是鼻子长得又高又长，鼻孔大。这种鼻相的人家境贫寒，缺衣少食，一生奔波劳碌，生活艰辛无着落，最终客死他乡。

五、论口相

1. 口相的贵贱

口是一个人说话、吃饭的器官。口可以表达自己的思想,也会造出很多是非。一个人说话落落大方,讲仁讲义,叫有口德。一个人话很多,啰嗦或是诽谤别人,叫口贱。

口长得方阔,棱角分明,主此人长寿有福。

口长得像拉满的弓,主命里有官运,并有国家俸禄,颐养天年。

口横着宽并且大,嘴唇厚,命里有福,有财运。

口方正不歪斜,厚嘴唇,衣食丰盛,生活富足。反之,如果嘴唇薄,口有歪斜,主此人命贱,生活贫寒。不说话时口像在动,口形状似马嘴,是饥饿相。

口长得像老鼠的嘴,嫉妒心强,喜欢诽谤别人。

口往外凸出,像吹火的样子,孤独无依。

口长得像狗嘴,生活平淡,属于下等水平。

口上有竖纹,贫困得饭都吃不饱。

口的颜色呈紫黑,身体有病,并多磨难。

口张开时牙齿外露,一生少机遇。

口上有痣,主命里有福,应酬多,出外吃饭喝酒的机会多。

口方正饱满像含丹,衣食丰。

口很小,主贫贱。口大能容下一个拳头,能做大官,出门将相,威风凛凛。口大而且丰满,衣食足,能享受国家俸禄。没人时喜欢一个人自言自语,命贱,就像老鼠磨牙一样。

口外面有嘴唇在保护着,口里面有舌头像锋利的尖刀一样,嘴唇厚说明城墙坚厚牢固,不容易陷落,舌头锋利而不太尖刻,是心地善良的面相。

舌头大而口小的人,贫困,短寿。口小舌短,主贫困。

口颜色发红,声音清朗,口唇厚,有口德,有口诀是这样说的:嘴唇鲜红的人有享不尽的荣华富贵,嘴唇微红的人丰衣足食,嘴唇紫红的人能发达显贵。

口长得像牛嘴的人是贤能人士，心地仁慈，天性纯真。

口棱角分明，像拉满的弓的人，官运亨通，位至三公。

嘴角下垂，主贫贱。

嘴唇削薄，轮廓清晰分明，有统帅才能，能统领三军。

口角歪斜，高低不一，性奸诈，好占小便宜。

口尖，靠乞讨为生。

口向内收如瘪的袋子，吃不饱饭，饥饿而死，即使生了孩子，也养不活，只能送人。

口长得像田螺的人，常常自得其乐，女人会受老公怜爱。

口宽舌头薄，一生顺利无灾祸。

口旁有紫色的人，贪心不足。未说话嘴唇先动起来，喜欢权贵，心里却总难满足现状。

口上有痣，食欲好，吃什么都香。

2. 高贵的口相

口是人身体的一个门户，是接通饮食的门径、滋养身体的根源，是说话的门户，是非的关卡。口相若好，其人说话谨慎，是高贵的相格。

开时圆，合时方，唇薄，若不满足下述条件，也不能算贵。

◆光亮润泽，棱角分明。

◆口如拉满的弓。

◆口如四字，正而不偏。

◆口阔能容拳。

◆上下嘴唇匀称分明。

◆唇色发红如朱砂。

◆闭口时小，张口时宽。

◆口厚实横阔。

嘴唇发红像朱砂，口方正阔大像四字形，是大贵之相，有享不尽的荣华富贵。嘴唇发青黑色，贫贱命，败尽家产，只能流浪无着落。上下嘴唇有偏斜，不对称，棱角不分明，喜欢诽谤别人，会有大难临头。两嘴角下垂，名声不好。唇上细纹很多，缺衣少食。口像在吹火的形状向外凸出，人丁不旺，少子孙。嘴向右偏，克妻。嘴唇很明显的位置有痣，没有后代延续香火。舌头总是发青，会有大难，就是亲兄弟也有可能会各奔东西。口方正，发紫色，家产丰。口上有纹，不讲信用。口唇轻薄，喜欢论人短长。唇薄的人喜欢歌舞宴乐。

3. 各种口型

四字口富贵：

四字口是指口方正平阔呈四字形，上下唇搭配和谐，嘴角上仰不下垂。此种嘴相的人聪明智慧，博学多才，能做高官，富贵双全。

弓口富贵：

弓口是指口长得像弯弓，双唇丰满润泽，唇鲜红。这种唇相的人神清气爽，不用刻意追求富贵，中年自然会发达显贵。

虎口主富：

虎口指的是口长得宽阔肥大。这种口相的人有才德，有威望，家中堆金堆银，有享不尽的荣华富贵。

猴口富贵：

猴口指的是两唇细长，如果人中再深陷，那么此人生活富足，身体健康，福寿双全。

方口主贵：

方口指的是口方阔，红润有光泽，像朱砂，笑不露齿，牙齿洁白。此种口相的人主富贵。

牛口富贵：

牛口指的是双唇丰满厚实。此种唇相的人心地宽厚，粗中带细，一生平顺昌隆，生活安宁，富贵双全，高寿，无疾而终。

羊口主凶贫：

羊口指的是嘴长得长，嘴唇薄，坚硬不柔软，没有胡须，吃相不雅，像狗吃东西的样子，不招人喜欢。此种唇相的人命运多磨难，生活贫困，地位下贱。

仰月口富贵：

仰月口是指口像上弦月一样向上弯曲，嘴唇鲜红润泽像抹了口红一样，皮肤白皙。此种唇相的人才华横溢，满腹经纶，一定能发达显贵，享受高官厚禄，一生荣耀。

龙口主贵：

龙口是指两唇长得长而且厚实。此种唇相的人大贵，能一呼百应，很有权势威望，官位高至极品，世所罕见。

吹火口贫夭：

吹火口是指嘴长得像是在吹火的样子，嘴唇尖削。此种唇相的人不吉，主贫贱，衣食不保，灾祸接连发生，生活困顿无着落，短寿。

皱纹口主孤：

皱纹口是指唇上斑纹很多，带着一种哭相。这是一种大凶的唇相，主早年的时候生活还相对安乐，但晚景凄凉。命里会有一个孩子，但会早亡，所以就是长寿也只能一个人孤孤单单，无依无靠。

鲇鱼口贫贱：

鲇鱼口是指口唇薄，口角下垂并尖削。此种唇相的人是贫贱命，一生坎坷，寿短。

猪口主贫贱：

猪口是指上嘴唇很长，并且粗厚润泽，下嘴唇尖小，口角还常流口水。此种唇相的人心地险恶，还诽谤别人，所以中年时会遭灾祸，一生贫贱。

樱桃口富贵：

樱桃口是指口小且尖，嘴唇和腮部都像抹了胭脂一样红润有光泽，牙齿洁白，排列整齐，像石榴子一样漂亮有型，笑时眉目含情，使人赏心悦目，是一种典型的贵人相。相书上常用樱桃小口来形容女子的美丽。有樱桃小口唇相的人，聪明灵秀，出类拔萃，能做大官，显贵发达。

覆船口贫苦：

覆船口是指上唇大，下唇小，上下唇不美观，口角下垂，整体看起来像一条破船，双唇暗红。有这种唇相的人，是乞丐命，一生贫困，衣食无依靠，颠沛流离，受尽人间所有磨难。

鲫鱼口贫夭：

鲫鱼口是指口小并合不拢，像鲫鱼的嘴一样。此种唇相的人枉活一生，不能享受人生一点富贵平安，而是受尽了贫穷磨难，连吃饭穿衣都成问题。如果此人再加上形容枯槁，神色昏浊，则连住的地方也没有，到处漂泊，勉强度日，孤苦伶仃。

第六章　相术中的阴阳五行辩证

中国古代相术认为，由于人出生时所禀受的阴阳二气不同，因此产生了复杂多样的命运机遇。观察一个人的所禀之气，就可以知道其命运的吉凶和性格的优劣。

阴阳、五行原是两个并列的哲学概念，可用以概括自然界和人类社会的一切事物。阴阳观念作为中国古人哲学思想的结晶，最先主要体现在《周易》和《老子》中，用以解释自然、人类社会的变化和发展的规律。五行观念认为，金、木、水、火、土是构成天地万物的五种基本物质，它们存在着相生相克的关系，其运动变化就构成了瞬息万变而又协调平衡的物质世界。历史的发展，就是一个阴阳互变、五行生克原理变化发展的循环过程。中国古代术数文化与封建正统文化的血肉联系，决定了它是深受阴阳五行学说影响的，古代术士不仅仿效封建正统文人运用的阴阳和五行的理论来解释各种自然现象和社会现象，还进一步将阴阳五行的理论应用到占卜、星命、相法、堪舆等术数之中，以此推测个人命运的吉凶祸福。

五行相克： 金克木，木克土，土克水，水克火，火克金。

五行相生： 金生水，水生木，木生火，火生土，土生金。

五行的相生相克，像阴阳一样，是事物不可分割的两个方面。没有生，就没有事物的发生和成长；没有克，就不能维持事物发展和变化中的平衡与协调。所以生中有克，克中有生，相辅相成，互相为用。

天地万物分属五行，即人与自然万物同源而生，人的形体气质也可分为金、木、水、火、土五种形态。根据各人所属五行的性质特征及其命运，由此出发而产生了后来将人相分为金形人、木形人、水形人、火形人、土形人五种类型的五行相法。

第一节　相术中的阴阳与五行观念

一、相术阴阳观念

相术有知人的功能，即通过观察人体和形貌，可以预测人的未来命运。中国古代相术兴起之时，正是阴阳五行学说广泛流行之际，由于长期受阴阳五行学说观念的影响，相术吸取了阴阳五行学说关于天地万物与社会人事的关系，并将其运用到对人生命运的解释当中。

1. 阴阳的相对属性

天气轻清，上升为阳；地气重浊，下降为阴。
内部难见阳光，为阴；外部易显阳光，为阳。
火性炎热而向上腾，为阳；水性寒凉而滋润下行，为阴。
夜晚、黑暗，为阴；白昼、光明，为阳。
寒冷、凉爽，为阴；炎热、温暖，为阳。

2. 阴阳阐释的男女相理标准

男子象天，为阳，所以男子的形貌以高大厚重为主。
女子象地，为阴，所以女子的形貌以柔美和顺为主。

二、相术五行观念

相术将五行与五方结合分析和研究，发现居住在不同方位的人，其长相、性情、肤色皆各不相同。又将五行与五色、四时结合，根据面部在四时所呈现的不同气色占断吉凶。另外，又根据人的自身形象特点，将人的体形分为五种类型。

1. 五行形相

《神相全编·论气色》："木型人要青，火型人要红，金型人要白，水型人要黑，土型人要黄，此人身之气色也。"《太清神鉴》《玉管照神局》等相典对五行形相都有全面的论述。

五行观念在相书中的应用，首先表现在五形的划分上，就是根据人的形体外貌、性格气质等特征,将人的形相概括为金、木、水、火、土五种类型,以五行的特点及其生克关系来解释人的形貌、性格及命运。

五行、五色与五方的对应关系表

五色	黄	青	白	红	黑
五方	中央	东	西	南	北
五行	土	木	金	火	水
吉凶	预示着得到官禄富贵以及其他吉利的事情。	出远门宜往东,行大事多于春。	是萧杀死亡的象征,它往往指丧事或死亡。	往往与流血、杀戮和死亡有关。	预示着死亡、疾病。

形相学将人的面相分为金、木、水、火、土五行,根据五行生克原理和五行属性,不同的人有不同的际遇。

土命人:

遇土——两土相合——财富满库。

遇火——火土相生——大富大贵。

金命人:

遇火——火金相克——命势不吉。

遇木——金木相克——主散财。

火命人:

遇火——火上加火——富贵自来。

遇木——木生火——富贵超人。

水命人:

遇金——金生水——幸福顺利。

遇土——土克水——散尽家财。

木命人:

遇金——木金相克——磨难一生。

遇水——水生木——荣华富贵。

2. 五行形相与婚姻

受相术影响最大的，莫过于人们的婚姻和家庭。夫妻双方的命理和相理都会直接影响对方的命运，因此中国古代的婚姻都非常注重双方的命理与相理。但由于男女地位极不平等，因此女方的命理与相理更为人们重视，相术对女性的婚姻影响就更大了。

女人的旺夫相：

女性的面形大致可分为金、木、水、火四种。金型面方，木型瓜子面，水型面圆，火型面尖。这是四种旺夫的女子面形。

金型面方：眼神柔和、颧鼻相配、面方有肉。金型面方的女性，同时具备这三种面相特征，能带给丈夫极大的自信。她会时常鼓励丈夫，令其丈夫积极向上，旺夫又帮夫。

木型瓜子面：眼有灵光、眉清目秀、下巴肉厚。木型瓜子面的女性，同时拥有这三种面相，丈夫会极有才气，能够名扬四海。

水型面圆：面圆鼻正、耳有垂珠、气定神闲。水型面圆的女性，同时拥有这三种面相，其丈夫富甲一方，能享厚福。

火型尖面：发尖、眉尖、鼻尖、口尖，眼神慈和，骨起有肉。火型尖面的女性，同时拥有这三种面相，其丈夫定是一个独当一面的人物，非常贵气，而她亦能旺夫和帮夫，加强丈夫的运势。

古代女相三个要点：

根据相学中上为阳、下为阴的原则，若将全身划分，则头为阳，足为阴；若将面部划分，则上额为阳、下颌为阴。因此，看男人相，重点在他的头、额；看女人相，关键在她的足、颌。然而，世间万物虽有阴阳之分，但"孤阴不生，独阳不长"，所以为女人看相除了重点看阴，也要阴阳兼顾，而观察女人阴阳相兼的最佳部位，就是她们的腰和臀。

（1）下颌要方圆饱满

由于女人体内阴气较重，形体天生圆润柔和，因此下颌最好方圆饱满、敦厚富实，才能性情宁静、生活安逸。

（2）腰细臀大为佳相

女性腰细臀大，多情，生殖能力也略强。

（3）双足要小巧玲珑

从女人的双足，可以看出她体内阴气的强弱，性情的刚柔，脾气的大小。女人最好的足脚相理，应当是小巧玲珑，因为小代表着阴柔和美丽。

第二节　五行相法与疾病

一、面相五行

人的面相分为五种类型：金形、木形、水形、火形、土形。

大千世界，万人万相，人的面相本就各不相同，有的类似火形，有的类似木形，有的类似水形，有的类似金形，有的类似土形，但其中又有大小与多少的差别。

火在南方。在五行中主礼，火的颜色红，味道苦。火形的人性情急躁，但对人恭敬有礼。火形人有谦让端谨之风，恭敬温和之仪，为人威武刚强，仪态大方，淳厚朴素，受人敬重。面相上尖下宽，头小脚大，印堂窄小，眉毛浓密，鼻孔外露，耳朵较小，说话很快，性情急躁，但心眼尚好。诗曰："欲知火形貌，下阔上头尖，举止全无定，颊旁更少鬓。"

金在西方。在五行中主义，金的颜色白，味道辣。金形的人性情刚强严正，英勇豪迈，仗义疏财，懂得廉耻与善恶；身体匀称，体格健壮，神思清爽，面部方正，皮肤白净，眉骨高，眼窝深，鼻梁直，耳朵红，说话清晰响亮，为人刚强坚毅，做事果断。诗曰："部位要中正，三停又带方；金形入格相，自是有名扬。"

木在东方。在五行中主仁，木的颜色青，味道酸。木形的人性情正直温和，有博爱仁慈的心态，对人和蔼可亲，肯救济别人，体恤孤寡，照顾老人，为人正直淳朴，清新高雅，举止大方；身体高大，姿态优美，容貌秀丽，皮肤细腻，嘴巴圆中，头发秀美，面色白净，说话洪亮。诗曰："木质形瘦骨，凛凛更修长；秀气水眉眼，须知晚景光。"

水在北方。在五行中主智，水的颜色黑，味道咸。水形的人性情聪明善良，深谋远虑，足智多谋，学识超群，面黑而光泽，说话亲切和蔼；身材高大肥胖，圆脸型，眼睛大，眉毛粗，天庭饱满，地阁方圆，是有福之相。诗曰："眉粗并眼大，城廓要团圆；此相名真水，平生福自来。"

土在中央。在五行中主信，土的颜色黄，味道甜。土形的人性情稳重淳厚，言行一致，忠诚孝顺，严守信用。土命的人身材魁伟，虎背熊腰，方嘴大鼻，眉目清秀，脸部饱满而略带黄色，为人宽厚，做事颇有计谋。诗曰："端厚仍深重，安祥若泰山；心谋难测度，信义重人间。"

二、五形与疾病

五形相法是相术学的一种，也是中医的望诊方式。五形相法运用阴阳五行学说，结合人体的肤色、体形、禀性、态度以及对自然界变化的适应能力等方面的特征，通过观察外表来观测人体的健康，将人的外形区分为金、木、水、火、土五种不同的类型。

木形人：

木形长瘦，多愁善感。五官、身材、手指较为修长。男如玉树临风，女则婀娜多姿且不爱多言。

易患疾病：要注意的器官是肝与胆，其次是筋骨和四肢。

金形人：

金形方正，坚持原则。体形瘦小，但脊背较宽，四方脸，鼻直口阔，四肢清瘦动作敏捷。

易患疾病：要注意是肺与大肠，其次是气管及整个呼吸系统。

水形人：

水形肥而圆，高深莫测。身胖、肤黑、行动迟缓，沉默寡言，神情不定，高深莫测。

易患疾病：水形人要注意的器官是肾与膀胱。

土形人：

土形重而厚，大智若愚。体格健壮，身材匀称，肌肉丰满，适合从事体育运动。

易患疾病：要注意的器官是脾与胃，其次是肠及整个消化系统。

火形人：

火形赤而上尖，充满活力。体形瘦小，面色红润，走路抬头挺胸，行动敏捷，精气神十足。

易患疾病：要注意的器官是心脏与小肠，其次是血脉及整个循环系统。

第三节　气色与五行

一、气色

天有年岁，也有二十四节气的变化。根据五行生克的原理，人的面部像天一样，有二十四种变化。一个人的气色像美丽的云彩一样可爱，则为大贵相；一个人的面容干枯，形容憔悴，不但没有富贵，而且身体的脾胃、心脏和腹部都出了毛病，或有水灾、牢狱之灾。人的气色是很难看出来的，必须在其心平气和、精神不散乱的时候观看才有效果。如果喝酒过多，就是过了一个晚上，气色也可能处于混沌不清的状态，似醉非醉的，这时候还是很难看出气色的好坏，因此观看气色时一定要谨慎。

天的气色半月就会有一次变化，天的气色变换交替，都包含在红、白、青、黑、黄五色中。春天发青色，夏天发红色，秋天发白色，冬天发黑色，而四个季节都伴有黄色，这是大自然最纯正的颜色。人的气色也是如此。皮肤表面的颜色称为色，而气很像椒、兰、豆，轻细柔滑，隐藏在皮肤下面。一般来说，观察人的颜色，木形人以青色为宜，火形人以红色为宜，水形人以黑色为宜，白色为忌讳的颜色。火形人红色带青为吉，但带黑则不好；金形人白色夹带黄色为吉，若带红则不好；水形人黑色夹带一些白色为吉，但带黄则不好；土形人黄色夹带一些红色为好，但带青色则不好。这就是五行相生相克的道理。

人的气色就是以上的这几种，但从另一种角度来论述，则可分为三种：一是自然之气，二是自身的修养造化之气，三是外部侵入体内之气。自然之气是先天的，为五行当中最为灵秀清爽的气体；修养造化之气是后天得来的，即指通过学习和修炼而得来的气，人能够自我克制这种气；外部侵入体内的气是邪气，如果人修养造化的内在之气不够深厚，就会被邪气侵扰身体。这三种气，也有青、赤、黄、白、黑五种颜色。

体内神壮，精神就会饱满；体内神虚，则人就没有精神。气超过神，为神有余；神超过气，为气不足。这些可以通过一个人的意念来判断。一个人的气与身体的心、肝、脾、肺、肾五脏相关联，而且在五脏上都会有所表现。一个人的喜、怒、哀、乐，都是随着心的变化而发生相应变化，神色往往是身体健康或发生病变的表现。

青色是木的本色，就像晴天太阳要出来时天空的颜色，润泽为吉色；如果干枯有凝结，闪烁不定，则是白克木的表现。白色居于一个人的财帛位，说明此人会破财；如果出现在父母位，则说明父母会生疾病；如果出现在子女位，则说明子女会生病。赤色是木生火所致，也是不好的气，也主此人会有破损等不吉利的事发生，可能会招惹官司口舌。发黄，属于土木相克，如果木克土，则代表吉，主此人会发财，如果是在春天，说明此人会升官。黑属水，水生木，如果很淡，但舌头部位很浓，则说明会有灾祸发生；再重的话，说明此人会有死亡之灾。

红色为火的颜色，就像从缝隙中看太阳时的颜色，以润泽为吉。如果呈枯焦状，像火焰，炽烈并发黑，说明会有大的灾祸发生，如果黑色在疾厄位，则主此人必会死亡。在官禄位，说明会犯官司，要么被降职，要么被罢免。白色代表金，是吉色，主此人会发大财。发黄色是火生土的结果，也是煞气，发财或者忧心的事各占一半比率。发青色，说明火太旺，也说明会有悲伤、忧虑或凶恶的事发生，其比率各占一半。

白色为金的颜色，就像有光泽的白玉，是吉色。如果粉白得像雪一样，说明此人孝敬父母。黑色是煞气，说明此人会破财，或得大病。出现赤色，由于赤色五行属火，火克金，说明此人会因口舌争端而引起官司。一家人都会受到惊吓，所有的事都不顺利。青为木，金克木，说明此人财运上喜忧参半。发黄色、黄色为土，土生金，说明此人做任何事都会成功。

黑色是水的颜色，黑如漆状发亮，则是吉色。如果像烟煤一样发暗，则说明此人会有灾祸发生。黑中带白色，由于白为金色，金生水，说明此人有财运和官运。黑中带黄色，黄色为土，土克水，主灾，说明此人会有疾病或灾祸。黄色出现在财帛位，说明会破产。黑中带赤，赤为火，是旺相，就会反克而财运来到。如果太赤，则就会由于做官方面产生一些纠纷麻烦，也没有大碍，不用担心。火太旺了不好，冬季三月没有生气，所以青色为煞气，说明此人会破财，做什么事都不顺利。冬天出现青色，全家人会在春天出现瘟疫，应该想办法破除。

二、气色与四季五行

在一年四季中，人的面相会出现不同的颜色。若呈现当季的旺色，则为吉；若出现当季的囚色或死色，则为凶。

黑色属水，主疾病；赤色属火，主破财；青色属木，主惊忧；黄色属土，主喜庆；白色属金，主悲伤。

人的年上、寿上部位发黄色为宜，如果夹杂白色主有福，夹杂红色主有官讼、生病或破财方面的灾祸。如果长期夹杂着火焰色，说明会有火灾发生；夹杂青色，说明会有使人惊恐的事发生，会生病；夹杂黑色，说明得了大病，会死亡的。夹杂黄色，说明病情好转。

春季：

主木，发于一、二、三月间。

旺：青色木。

相：赤色火。

囚：白色金。

死：黄色土和黑色水。

夏季：

主火，发于四、五、六月间。

旺：赤色火。

相：白色金和黄色土。

囚：黑色水。

死：青色木。

秋季：

主金，发于七、八、九月间。

旺：白色金。

相：黑色水。

囚：赤色火。

死：青色木。

冬季：

主水，发于十、十一、十二月间。

旺：黑色水。

相：青色木。

囚：黄色土和赤色火。

死：白色金。

第四节　六府三才三停与五行

六府三才三停，是以天地自然之道与人的面部结构相匹配来推断一个人命运、运程。

六府是指金、木、水、火、土、谷，是财货聚集之处。具体来说，面部六府指的是左右两辅骨、两颧骨、两颐骨。这六府要充实饱满，搭配协调，相辅相成，不能支离孤露。

三才是指天、人、地。相术学中把额、鼻、颏称为三才。三才之说源出《易·系辞下》"有天道焉，有地道焉，兼三才而两之"。中国古代传统的"天人合一"思想认为，天、地、人三才息息相关，和谐统一，这种观念用到相面术中，人的面部也就有了可与三才相比附的部位。

三停就是把人的颜面与身体分成三部分，来对命运做概念性的判断的相法。面相三停的部位是：上停，从发际到印堂；中停，从印堂到鼻准；下停，从人中到地阁。身体三停的部位是：上停，头部；中停，从肩至腰；下停，从腰至足。各停所主命相的评判，古代相术学从天、地、人和谐为贵的思想出发，以均衡对称者为佳相。

第五节　五行面相吉凶杂论

脑袋长得尖削而骨头外露，叫獐头；眼睛圆而向外凸出，叫鼠目。生有獐头鼠目的人性情凶残，当不了大官。

脸形很长，声音嘶哑，眼睛向外凸显发红，叫蛇睛。长有马面蛇睛的人性狠毒，就是兄弟朋友也不讲道义，最后一定有飞来横祸，不得善终。

眼睛黑亮有神，嘴巴红润像抹了丹砂一样，面容方正的人文采过人，家道殷实，财富很多。

话很多，但没有顺序，没有中心，只是不加思索地乱说一遍。这种人思维混乱，荒诞不合常理，一定不聪明，做事情也一定做不好。

面容谦和，待人接物像春风一样和煦的人，一定襟怀坦荡，有度量，贤能有道德。

骨骼粗大外露，毛发又黑又浓，而且蓬松不柔顺的人一定生活困苦，贫贱无助。

体形纤细，走路时像风吹柳一样摇晃不定，这种面相的人一生受穷，甚至连住的地方都没有，而且还短命。体形长得粗壮才是好的面相。

额骨又叫巨鳌骨；龙骨指的是一个人的日角和月角。额骨直入脑部，龙骨到天庭部位的人都会做大官，受人尊重敬仰。

眼睛象征日和月，应该长得圆明，但不应是三角形状。如果眼睛呈三角形，说明此人心地毒辣，女子克夫克子，男子克妻克子。

鼻子属土，主管人的寿命长短。如果鼻子出现两道凹陷，说明此人会失去钱财，而且生活极其艰辛。

骨头瘦削而且很轻，手指粗大发硬，这是普通人的手。

眉目清秀，精神饱满而又神态安闲的人做事一定镇定自若，胸有成竹，为人洒脱，是高雅的贤能人士。所以，普通人也要学会修身养性，不要使自己做事忙碌，为人粗俗，而应使自己成为做事有条有理，为人温和的儒雅人士。说话时声音粗俗，没有韵律和磁性，不是过快就是过慢，一点节奏都没有，这样的人难以取得事业成功，更不会有荣华富贵。

皮肤粗糙、干涩、不光洁，这样的人一定生活艰辛，一生也不会过上安逸幸福的生活。

眼睛有赤红色的血丝，眼珠发黄而不明亮的女人会欺压丈夫，是十恶不赦的凶狠女人。

口唇很薄并上掀，牙齿外露的人，一定会死于他乡。

体貌长得强壮而没有精神，或身体羸弱而精神过旺，这都有失平衡，不是好的面相，这种面相的人要么生活困苦，要么早死。

筋骨外露，皮包骨头，青筋凸出，一般来说，这种面相的人性格很软弱，或愚蠢粗鲁。

眼睛有神但似乎是一种邪气，嘴唇很薄并往上掀，兼具这三种面相的人很顽固，不会干好事。但也不是十恶不赦的坏人，只不过是鸡鸣狗盗的无耻小人罢了。

牙齿外露，说话时咬着牙说，走路时总是摇头晃脑，兼具这两种面相的人是心狠手辣的贪婪小人。

一般来说，遇到高兴的事应该高兴才是，但有些人却是面容凄惨，这样的人一开始很富有，最后也一定沦落为贫穷的境地。

就是在处境极其窘迫的时候，也态度温和，对人有礼貌，一点都不会显示出是忧愁无助的人，就算一开始很贫穷，但最后也一定能发达显贵。

金命人如果能得到金的正气，就会金上加金，他的性格也会坚强、深沉；如果金命人能得到土命人的帮助，由于土生金，所以他就会有大富贵。这和陶朱公范蠡的命运就很相似了。我们应该牢记五行和相貌的关系，并把它应用到实际预测中。

金形人长得方正，骨头坚硬，肉结实，肤色白，气质刚毅。如果金型人长得骨头小而肉多，体形歪斜，性格柔弱，这就是没有得到金命人的正气的表现。

木命人的体形应该长得像树木一样又高又大又直，看起来清秀挺拔，这种面相的木命人命好。反之，如果长得体形有些偏斜，背部看起来有些单薄，这就不是木命人好的面相。

火命人体形长得健壮，脑袋尖得就像火焰的上端一样，再面色红润的话，就是好的面相。一个人如果生得骨架外露，而脾气又不好，这个人一定生活不稳定，只能到处流浪。所以风临一书说："火命人的骨架外露，土命人面色深沉。"

水命人的体形长得粗短，骨头较轻，体态发胖，背厚腰圆，神态安静，脸色凝重。如果一个人骨架松散，浮肉很多，这种面相的水命人生活就不会安闲自得，而是多有波折。

土形人体形高大强壮，背厚腰圆，但骨头很轻，肤色红黑中透着黄色，气色很好。但如果土型人骨头很重，很瘦弱，脸色发暗，四肢无力，则这就是没有得到土命人的正气的表现。

以上就是五行和相貌的关系。总体来说，五行中土是最重要的，因为其他万物都是依靠土而产生的。人还是做土命人比较好。

土命人长着土命人的相貌，如果再遇到土命人帮助，这叫"两土相合，家里财富满库"，此人一定会很富有。如果遇到火命人帮助，由于火土相生，说明此人也一定能大富大贵。

金命人如果遇火，而且火比较旺，火金相克，命运一定不好。如果遇木，而且木比较旺，金木相克，此人会散财。

火命人如果遇火，则是火上加火，此人面色红润，富有神采，不用费一点力气富贵即唾手而得。

若水命人遇水，则是水上加水。如果再长有水命人的相貌，身体肥胖，肉多而厚，肤色发黑，此人那么不用刻意追求财富也会有钱，而且寿命很长。

若火命人遇木，其富贵一定超过他人。如果其脑袋长得上面尖下面宽润，声音尖而且急躁，就是火命人典型的相貌，其年轻时就会比别人富有。如果火命人身体长得清秀挺拔，但瘦弱露骨，就是火中带木的相貌，其事业和财富一定能超过别人。

如果水命人骨骼端正，身体肥胖，皮肤白皙；如果再命里得金，金能生水，则此人一定一生幸福顺利，而且不会有大的挫折。

土命人命里带木，由于土木相克，土多木少时运气会由坏变好。土多木少的表现是此人气色红润，富有光泽。木命人遇金，由于木金相克，不是好的面相，所以此人要想取得成功，必须经过很多磨难才可以。

如果水命人遇土，而且土很厚，由于土能克水，所以此人不能发达，最后恐怕会散尽家产。如果火命人遇金，火金相克，那么此人也不能发达显贵。

给人看相的时候，须看气色、精神的变化，纹理和痣在身体的生长位置，三停情况并结合五行相生相克的原理，这样就不会出现差错了。

从额头可以看出一个人前三十年的命运。如果一个人额头端正平阔，那么这个人的命运就好。反之，如果额头长得瘦削下陷，那么此人命运一定不济。

鼻子是一个人的财星，从鼻子可以看出一个人中年三十年的命运。如果一个人鼻子长得丰隆饱满，那么此人一定会大富大贵；反之，如果一个人的鼻子尖削低陷，那么此人一定会贫穷破败。

从承浆和地阁可以看出一个人末年的命运。承浆、地阁丰隆润泽，是大吉相；承浆、地阁尖削低陷，则是凶相。

从发际到印堂可以看出一个人一生的富贵贫贱。

一个人一生的命运吉凶在于四强的好坏。四强指的是前额、下巴和两个颧骨，也叫子、午、卯、酉。这四个地方应该生得丰隆饱满，并且平滑光洁，没有缺陷，不应尖削瘦弱。

看一个人是否有旺盛的生命力应该看他的三主，三主是指初限、中限和末限。

如果一个人的五行相克，三限也不完整、有残缺，那么他的命运一定坎坷崎岖。一个人的气色很好，眼睛清澈明亮，天庭饱满，他做事一定顺利，少挫折。反之，就是处处不顺。

脑袋尖，额头狭窄的人，当不了官；面色惨淡，精神萎靡不振的人，不可能发达；眼珠乱转，贼眉鼠目的人，是粗鲁的无耻小人；眼睛外凸像蜂目的人，会犯刑罚；嘴长得像鲤鱼嘴的人，到老都摆脱不了贫困的境况。上面所说的这些情况都是贫贱人的相貌特点。

从这一段开始到末尾，都是谈论僧人和道士。头长得圆的和尚一定会大贵；相貌清奇的道士一定会有荣华富贵。

脑袋圆，额头宽阔方正，脖子部位的骨头很高并向外凸出，这种面相的僧人一定会住在有名的寺庙中。

骨骼清秀像龟形鹤骨，眼神明亮清澈像闪电，神态清奇的僧人，一定会修行有为，赢得天师的封号。

脸上肉多并且很厚，眼睛呈青绿色的僧人，一定富有智慧，会大富大贵。额头宽阔，眉毛细长的道士，一定文采很好。

耳朵比脸部白的和尚一定会被封为掌门方丈；颧骨很高并且和印堂平阔的道士一定能得到大师的封号。

长相粗俗平庸，五官挤到了一起，也一定是个普通的和尚，不会有什么作为。声音清晰响亮的和尚，一定能得到富贵。骨骼粗壮外露，相貌平常的和尚，一定会在深山老林中修行至死。

相貌奇异、神情特别的和尚或道士，修行能达到常人无法达到的境界。

腹部和背部长得丰满，鼻子笔挺丰隆，这是贵人相，不管是做普通人，还是出家都能富贵有成。

眉毛稀疏，眼睛清秀的僧人或普通人，都能得到贵人提携而衣食无忧。

五官端正，天庭饱满，地阁方圆，并且五岳相互衬托呈朝拱之势的僧人或普通人，都能衣食富足，福禄双全。

双鬓的头发浓密，形状异常，说话时声音响亮的人年轻时就能富贵显达。

眉毛长得水平清秀，眼睛平直，并且明亮有神采，这种面相的和尚一定修行很深，职位很高。

看人时眼睛不是正视，而是斜视，言行举止不稳重大方的人一定是贫贱、奸诈淫荡的人。僧人和道士长有这种面相也不外乎这种命运。

眼睛迷离，眼神轻佻面带桃花的人一定贪恋酒色，荒淫无度。僧人和道士长这种面相也会是奸淫之辈。

面色像蒙上了一层尘土一样暗淡无光，是贫困相。这种面相的人一定会破败，散尽家产，生活困顿。和尚道士长有这种面相，也是这种命运。

如果只看三限与命运的关系，普通人与和尚没有什么区别。但如果从骨骼的具体形状和气色的神态来看，则会各不相同。

看一个人的富贵贫贱，不用先看体貌，只需看他的气色，就能看出其富贵贫贱。作恶多端的人一定会有坏的报应，经常做善事的人一定会有好的报应。因此，从面相上看一个人是善良还是险恶，的确很重要。唐朝宰相裴度在他的自画像上写了这样的话："我长得不高，相貌也不出众，为什么能做到宰相的职位呢？我根本不能通过画像把我的心画出来。"因此，相面重要的还是要看一个人心地是否善良。

看一个人的命运如何，要先看他的气色，然后看他的形体、相貌，最后再看他的言行举止。按这四个步骤给人相面，此人的吉凶与贵贱，基本上就可以看出来了。

六害现于眉心，有如秋月圆了又缺。有了这样的面相，亲属之间恩断义绝，妻子、儿子都会有所妨害，到老都操劳不得闲，遇事还会弄巧成拙。山根折断的面相，早年奢侈无度，致使家业破败，兄弟不和，离家飘泊，晚年事多又烦。眉高、面色枯败灰黑、神情憔悴的人，常把绿豆大的事放在心上，心胸狭窄，自私奸恶，见人冷笑，暗藏心机。宾朋满座，初时好像还有精神，时间长了就疲惫不堪，精神恍惚，这种人终究短命，纵然寿命稍长也是孤独贫困。人的五星六曜，除了眉毛之外，偏的斜的都不好。耳朵偏嘴歪的人晚景不堪。鼻子歪斜不直的人，哪怕一生读书无数，文章能够流传百世也无官运。

面部阔大，眉毛稀疏的人，也就止于中个秀才。嘴唇向外翻，牙齿暴露于外的人，灾难很多，总是匆匆忙忙，却赚不了钱，此人离富贵千里万里。上停短下停长的人，成功多，失败也多，最后空忙活一场，纵然小有成就，也会像烈日照冰霜一样一切成空。下停短上停长能为官做宰相，普通百姓生了这样的相，则财源不断。人的形体夫得恢弘丰毅很好，但不要过于肥胖。倘若肥胖过度则二十多岁有死亡的危险。清瘦而有精神，清瘦和瘦弱是两回事。清瘦却精神饱满的人终将发达，而瘦弱单薄的人可能外表不错，然而一生孤单无依。

人的神色不能娇嫩，老年人如果神娇色嫩怕是不能安享晚年，还要辛苦操劳，年轻人如此则身体孱弱，需要积极改变体质。眉毛以稍弯曲为宜，这样的人聪颖多学，眉毛比较直的人会刑妻克子。髭须黑而稀，并且能看见肉色是最好的。髭须浓而焦黄的，父子不和就难以避免了，甚至至亲分离不能团聚。

股肱不长毛发，头长得像獐一样的人性情凶恶，即使祖上留下一些家产，也会被其败尽，最终受穷。头顶生有斑痕的人会克妻子和孩子，最后孤苦伶仃。女人最忌讳长有郎君面，女子长有这种面相不守妇道，好淫。但出家做尼姑就没事了。眉毛很长，长到额头边，但中间却有断开，会为了打官司而把家产卖光，克死妻子和孩子。眼睛斜视，并且面带桃花的人，是好色的淫荡人士。看一个人是不是狠毒，从他的眼睛就可以看出来，眼睛长得像蛇眼的人敢打爹，其凶残到了极点。长有羊眼的人无家可归，只能住在别人家里。天仓部位有一寸高的人，中年时都不能娶妻生子。眼睛下面凹陷或三阴和三阳部位都凹陷的人，孤苦无依。面部的卯宫和酉宫不润滑的人，没有后代，只能和养子一起生活。

下巴尖的人虽然心肠不坏，但做事没有条理，最后会倾家荡产。眼珠凸出的女人，婚姻不幸福，克死丈夫，只能自己操持家业，但最后家产散尽。眼白多的人命短。下巴宽阔并向上翘起的人，晚年运旺，但是如果其他部位生得不好，不能很好地与下巴形成辅佐之势，此人也不会有财运。如果面部的天仓和地库相连，此人一定很富有，就算连遭多年灾荒，也是衣食丰足。鼻梁露骨的人，会家族灭绝；鼻梁曲折的人，灾祸不断，天天流泪不止。眼睛秀气的人，心灵手巧，是个招人怜爱的人。脸上有痣，面色像蒙上了一层黑色的纱，这种人就是娶了妻子，也不会有儿子。山根部位高起，但出现断开，五年内会有三次大的丧事。

眼睛下部到颧骨部位长有一颗痣，生在左眼下，则命里没有儿子，生在右眼下，则命里没有女儿。即使已经生了子女，也会有刑克，而且多灾祸。发际低凹的人，年幼时父亲就死了，发际生角的人年幼时母亲就死了。左颧骨高出的人，父亲先死，就是不死没有刑克，也会自己伤了自己。读书人如果眼睛不明亮有神，而是像蒙上了一层纱，说明此人文星陷落，再加上头尖，牙齿像豹子的牙齿的话，这个人一定不会考取功名，就算文采很高，也像木履不安钉子一样一点都不牢靠。眉毛很浓像山林，山根部位陷落的人，定会破财，会有三十多年的灾祸。土星长得端正的人一定能发达显贵。土星长得端正却有缺陷的人一定命运不好。肩头向前倾过颈部的人贫贱命。耳朵长得大上面超过眉毛的人有富。形貌长得像落汤鸡一样猥琐，就是有亲戚帮助也不会有出息。眼眉长得高的人比较大度，能容人。眼睛和眉毛长得比例匀称和谐的人，没有忧愁的事发生。眉毛粗，眼睛小的人吃了上顿没有下顿。印堂三表是根本，最恨下停长得长，这样就会相犯，如要有水来补救，才能使其不受饥寒之苦。身体三停长得比例失调的人命运也不会好。腿长又细小像鹤脚的人是奴仆命，脚很大的女人会成为媒婆和巫婆。

看一个人是善良还是凶恶，只要看他的眼睛就知道了。学堂不丰隆的人不是贤能的人，地库有纹理的人做事不大方，而是局促小气。眉目清秀的人家风廉洁，是风度翩翩的正人君子。眉毛像火烧一样干枯的人，家业一定萧条，桌凳积了一层尘埃也无人打扫。鼻头发红的人，会为了生计东奔西走，如果两头都没有刑克，遇到凶险的事可化险为夷。天仓和地库塌陷的人穷困潦倒。耳朵聋、眼睛有病是因为遇到羊刃，有灾祸发生。眉头和额角像龙虎相争的人很愚蠢。天仓和地库相连的人有灾。鼻梁露骨的人，连住的地方都要操心费神。两眉间能放下两个手指，说明此人第一次谋生就很顺利。眼睛下面没有凶星临照人，中年没有福禄，晚年衣食富足。看一个人中年时有没有财富，要看其天仓部位，天仓有凹陷，说明此人没有财富；天仓平满，说明此人积蓄很多财富。

面色发黑的人会有生命危险，眼睛发红的人心肠狠毒。天仓和地库长有纹理的人，不能聚财。井灶外露长得有缺陷的人，寿年不长，即使没有官司相扰，也不会有官位俸禄，也没有钱财。五十三岁、六十三岁和七十三岁人的命运要通过相其嘴唇和眉眼。上下唇最好不要被鼻子盖住，盖住的话，说明此人命里有灾。耳朵大而没有轮廓，嘴巴棱角不分明，是贫贱命，只能做个街边小贩，不是在东街卖馄饨就是在西街卖烧饼。

人的骨骼、形貌有所不同，所以命运就千差万别。给人相面时，一定要从身体的三停开始。从骨骼的形状和长相可以看出人命运的贵贱；从气色神采可以看出人每一年命运的吉凶。上停是指从天中到印堂部位，包括天中、天庭、司空、中正和印堂五个部位，上停，主一个人的富贵以及父母、上级的情况和自己年轻时的命运；中停从山根到鼻头部位，包括山根、年上、寿上、鼻头四部分，还有颧骨和耳朵前面，主一个人的寿命及财运、妻子、儿子、兄弟的情况和中年时的命运；下停从人中到地阁，包括人中、水星、承浆、地阁，还有嘴、腮部，主一个人的福禄，另外还有奴仆、家畜的情况和老年时的命运。

脸上不同的宫位分别主掌着人不同的命运，命宫主管人的官运，财帛宫主管人的财运，兄弟宫主管兄弟之间的关系，奴仆宫主管奴仆的情况，妻妾宫主管妻妾的情况，疾厄宫主管疾病的情况，迁移宫主管搬家和外出情况，官禄宫主管官运，福德宫主管人的品行道德，父母宫主管父母情况。

由于南北地域的不同，南方人和北方人也有不同的相貌特征和性格特点。南方人神态高雅，说话轻，鼻音重。北方人比较粗犷，说话重；淮河流域的人神态凝重，声音不响亮；陕西人神态深沉，声音缺少节奏感。年龄不同的人相貌也有所不同，年轻人脸色干枯不好，老年人面色娇嫩不好。

如果一个人的脸色发黄，而印堂、鼻头部位发灰发暗，说明最近他有麻烦的事。脸色发青，说明身体有病；脸色发白，说明心里有烦忧的事；脸色发红，说明由于说话不当而惹下祸患；脸色发黑，说明会丢官，而且可能会有生命危险。如果脸色暗淡，而印堂和鼻头有黄色，并且眼睛发亮，说明此人差的运气已经到尽头了，将会有好事发生了。

一个人有几分精神，就有几分福分。看一个人的神色就会知道一个人这一天的吉凶。

第六节　论三停气色

一、论三停吉气

1. 上停吉气

天庭下方约二公分处是官禄宫，在八卦中属于离位，此宫主管一个人的事业成败和与上司的关系。横着看，此宫与坤位和巽位相连，高大宽阔有角为好。额头是南方的离位，它左边是巽位，右边是坤位，上边与天中相连，下面一直到印堂，旁边是日角和月角。驿马位掌管一个人的旅行外出，应该长得丰满为好。山林在日角和月角外面，距耳朵上高两厘米的地方，应该润泽干净并带红黄色为好，这样此人才会外出时平安，没有什么灾祸发生。如果出现红色，说明会有争论和官司；出现白色，此人会有生命危险或受伤；出现青色，此人可能丢官或受到惊吓；出现黑色，此人会有牢狱之灾。

出现黄色并带有一些紫气，像花或豆似的点点的斑痕，这是吉祥的象征。这种气色出现在额头，则是帝王之相。黄色说明此人会发达显贵，能做大官。如果紫气比较浓的话，一个月、二个月或一年内此人会发达。如果紫气像铜钱状，像月牙状，说明此人三十五天内能发达。如果没有紫气，只有浅黄色，那么此人可以积累很多财富。总之，紫气是贵气，如果有人身上出现紫气，那么此人能得到君王或贵人的提携。天中部出现紫气，说明此人会做四品大官；印堂部位出现紫气，说明此人会做五品官。如果一个人黄气中带着紫气，像仰月一样，上面与天庭、眉上、边庭和驿马相应，下面与鼻头相应，说明此人六十天内会受到上司的赏识而升官，或能得到一笔奖赏，或喜得贵子等喜事发生。如果呈红黄色，说明此人的运气和普通人一样，会得一些意外的财富或喜结良缘或喜得贵子。天中部位有圆光出现，此人七十天内能升官；从高广到三台有黄白圆光出现，并且细如钱发，说明此人七十天就能升官或见到君主等贵人。日角和月角常有黄气围绕，说明此人三年内会升大官；如果还有紫气出现的话，说明此人会在国家重要部门任职，参与国事。如果高广部位有持续的黄气，说明此人会获得国家丰厚的俸禄；从高广部位到印堂、眉毛上面，到边地、驿马和鼻头，出现点点的黄气，像钱、月牙或丝状，说明此人家中的孩子考学能考入理想的大学，自己能升官，并且发财，喜事一件接着一件发生；这些喜事要么在一个月内应验，要么在两个月内应验。

如果一个人的气色像桂花或鱼鳞状，并且带着一些紫气，还有像豆、丝一样的祥云，印堂部位也有这种气色，说明此人一定能升大官，上学的孩子能考进一流的大学，普通百姓也会发财，战士会英勇过人。如果紫气很浓的话，好运会在农历初一或初七应验；紫气稍淡，好运也会在农历初二初三或初七应验。印堂部位出现紫气是大吉相，就是有一些让人心烦的小事发生，也不可能对他造成影响，此人会一步步地上升，最后直至成功。上停部位出现丝路，说明此人会升官并加薪；额头上出现红黄色的丝路，说明此人财运很好，能挣大钱。奏书指眉头，此部位浓厚、明亮，说明此人一定吉祥如意。最忌讳的是此处出现红色。眉毛是罗计星，左眉主管生男和财运，右眉主管娶妻和家产。如果此部位有明亮的黄光，说明此人会好事一件接着一件发生，财源滚滚而来。反之，此部位出现红色，说明可能会有官司上门；出现白气，父亲可能会有灾病；出现青黑色气体，会有烦心的事或牢狱之灾，或兄弟有灾祸。

2. 中停吉气

中停管辖的部位很多。印堂是一个人的命门，应平滑润泽、丰隆饱满。鼻子部位的年上和山根是疾厄宫，应丰满隆起；鼻子是一个人的财禄宫，应该生得大而且笔挺，不能有偏斜。眉毛是兄弟宫，应长而有形，并且秀气；眼眶是子女宫，应平满，塌陷不好；眼尾是妻妾宫，应光莹明亮，干枯下陷并且昏暗无光不好；耳朵也叫命门，是福寿宫，应该长得高大并且左右对称；天仓在日月角后面，地库在地阁旁边，是田产宫，应该长得丰厚整齐。月孛丰隆有光泽，说明此人身体很好，一生不会得大病，不会受到疾病的困扰。年寿润泽的人一年内会平平安安，万事吉祥。印堂丰隆并呈有黄气笼罩，会频频有好事发生；印堂部位呈豆子大小状的紫气，说明会健康长寿。如果印堂部位一年之内总是有紫气环绕，并呈黄色，说明此人百事百顺，做生意会发财，打官司会赢，得重病了能死里逃生，转危为安。如果印堂部位出现珠状的黄气，说明此人会升官，能考上好的大学，平时能发大财，在七十四天内都可以应验。印堂部位的黄气中有隐隐的紫气出现，并且紫气呈丝状、点状，说明此人会连升好几级；家中有学子能考上好的大学，会生一个孝顺的孩子，能发大财，但这些好事都是以南方为吉方。另外，可能会发生一些小的不愉快，但都不会造成很大的影响。天中出现像仰月形的紫气，鼻梁上出现树叶形状的黄气，说明此人会发大财。山根、年上、寿上一直到眼睛出现黄气，说明此人能得到国家重要官员的接见，并委以重任。印堂出现明黄色，从两眉到边地和驿马鼻头部位都出现明亮晶莹的气色，说明此人最适合做官。如果眉毛上下、印堂和鼻头、两颧骨部位有黄色，并有像碎米一样的紫气，说明此人能当大官。印堂部位出现红黄色，山根有青色的斑点，鼻头发红，这是不好的面相，说明会有不好的事发生。耳朵和悬壁呈暗黑色，此人就是有官做也最好别做，而且出门时要注意安全，不要生病。想当官的话，要看鼻子两边的光色，如果鼻头、法令、廷尉出现黄色，整个鼻梁向上一直到印堂部位都是呈黄色，如果这个人做官，一定会有实权，有威望，否则只能是个小官。眼睛上部的太阳、中阳和少阳部位黄气很浓，这是喜气，会升官发财。眉毛下面是太阳，如果此部位有紫气笼罩，说明此人人丁兴旺，会有很多子孙；如果此处很明亮干净，并经常呈明黄色，说明此人财运很好。新婚的人，眉毛下面黄色加重，并隐隐地出现红紫气，说明会生一个能当大官的儿子，这个部位最忌讳的是出现暗色，并带灰色，如果印堂、鼻头和两颧骨都发暗色，说明此人会丢官、破财，并且家里也会发生很多不幸的事情，让人不得安宁。山根和日角部位有黄气出现，此人会名满天下。从山根部位向上一直到天中部位呈紫气，说明此人会升大官。黄色代表快乐，如果一个人山根和年上、寿上部位呈黄色并有光泽，说明此人平安顺利，生活幸福，即使有病也会很快痊愈。此部位阴暗，会有很多事都不遂人意。此部位出现红色，说明家人会有生命危险。此部位出现青色，说明此人心里担忧的事很多。

　　鼻头上一直到印堂部位闪亮，像金光一样，能得到丰厚的国家俸禄，能娶到贤惠的妻子，能生一个将来发达显贵的儿子。鼻头到山根、印堂部位，向上一直到天庭，有黄气笼罩，说明在21、28日时有喜事发生，或发财，或娶妻，或生贵子等等。如果三阳部位也出现喜气，则会发大财，是大贵相。如果只有一部分出现黄气，鼻尖上有一点点紫气，说明此人有财运。明堂部位有亮光的人会云开日，甲匮两旁部位润泽并呈黄色，说明此人会财源广进。如果只有鼻头部位有一点点闪光，其他都不顺畅，说明此人不能一下子显达，但会慢慢地发迹。

鼻子是面部最高的部位，又叫明堂，明堂应该生得丰隆笔挺。

鼻梁两边是甲匮，如果丰满圆润，说明此人不仅有财富，而且寿命很长。眼角、天仓、神光、天门和玄武合起来称作金神，如果一个人鼻翼明亮发光，金神并有黄紫气出现，这是好运的征兆，说明此人做什么事都会很顺利。鱼尾、奸门出现红色，说明此人有捕盗的功劳；三阳、印堂、鼻头、边驿旁呈明莹色，说明此人是武官，并会捕盗成功。为官有喜事发生，敌兵败逃都会在二七日发生，很灵验，没有一点差错。在玄武、印堂和鼻头部位出现青黑色，说明会由于犯事而失掉官位。

如果妇女天中左右部位出现像花一样的紫色斑点，这是大贵相，说明不久会被封为诰命夫人，并且长寿。鱼尾红润，说明会有佳人相伴。眼下卧蚕部位饱满润泽，龙穴出现黄洞，能生贵子。右眼被称为凤池，如果此部位发红，此人会生一个漂亮乖巧的女儿。眼睛下面出现青黄气，主此人也是生女儿。印堂部位没有一点光泽，说明此人就是生了孩子也会死亡。三宫出现青色，说明此人心里有很多心烦的事。眼睛下面出现黑色，克子女。眼下出现红黄色，叫阴鸷纹，阴鸷纹上面与福堂、边驿、三阳和泥沙相连。一个人出现阴鸷纹，这是吉祥有福的征兆，说明此人不仅会生一个将来能富贵显达的儿子，而且子孙满堂，能尽享天伦之乐。人的左眼下出现阴鸷纹，会生贵子，人的右眼下出现阴鸷纹，会生贵女。有口诀说：眼下有紫气，儿女会富贵显达。

3. 下停吉气

下停掌管一个人晚年的命运吉凶。地阁主管田宅，应该长得饱满方圆，与鼻子、鼻头相应和为好。两颊和嘴唇主管奴仆和马匹，与天仓相应和为好。口部棱角分明像角弓一样，说明此人会衣食富足。人中明显像破竹，嘴唇红润像抹了朱砂，说明此人会福寿双全。

兰台部位有紫气笼罩，说明此人一个月内会得到高官的召见。在法令纹内和兰台外是食仓，如果此处出现向上的紫气，此人也会在一个月内得到高官的召见，并赐予官位。嘴角出现两道黄光，此人在一百天内会升职当大官，并且考试能取得高分，这还要结合印堂和鼻头部位来看。兰台下面和人中旁边是帐下，如果有钱状的紫气出现，说明此人在二十天内会出人头地，一举成名。遇到灾祸能不能避开，还要看鼻头。鼻头平滑有光泽像镜子一样，一年内都是这样，说明此人在三五年内一定会遇到贵人，而发达显贵。法令纹下面是内厨，如果此部位出现像半月形的黄色，说明此人会吃珍贵佳肴。法令纹如果呈紫色，说明会增加奴仆，这些都会在三个月内应验。另外，还会得到国家领导人召见。如果有黄色从左边进入口内，说明会生一个男孩，从右边进入口内，会生一个女孩。地阁出现红黄色，说明会添房产和家产，奴仆也要增加。学堂部位明净，说明会得到贵人提携。

二、论三停凶气

1. 上停凶气

神气清爽像明月和秋波，面有滞气像有浓云和薄雾笼罩，似醉非醉，似睡非睡，这些面相的人都不可能发达显贵。一个人的神气应该内敛，而不应外露，情绪外露的人不会长寿。一个人的神色应光亮而不应光亮很短，这种面相的人也不会长寿。眼光上仰的人很傲气，眼光向下垂的人很愚蠢，看人时斜视的人很奸诈狡猾，看人时眼睛怒视的人性情凶恶。目光像水一样流转，不管是男人还是女人，长有这种面相都是很淫荡。目光像火的人，性情很凶残，对人狠毒。眼珠里面有红丝的人，不会有好结果。眼睛像蛇眼一样的人内心狠毒。眼睛昏暗无神，并且眼白很多的人心狠手辣；眼睛发红瞳孔发金色的人会暴亡。眼角下垂的人会夫妻分离。眼睛呈三角形的人，克骨肉。毛发浓密，说明身体健康，会成为体育健儿。头长得小的人，就不可能发达显贵。

面如土色，没有一点生气，像土塑的一样，这种面相的人会早亡。外貌像烟尘一样的人也一定会生活坎坷。脸上总是露着悲伤表情的人也一定贫寒困苦。血液不鲜红无光彩的人，命贫贱。发怒时面容铁青的人心地险恶像鬼一样凶狠。面色红艳的人寿命像鲜花一样短。面色像枯骨一样发白的人不久就会死亡。面色发黑像炭一样也不久就会死亡。面色发青像被染了一样的人有晦气。青色代表有忧虑的事，呈现在面容上要么呈珠状的斑点，要么有明显的痕迹和纹理。天中部位光润并且呈现青色的人，一定会被高官召见；反之，出现枯萎色，说明此人在受高官召见时会招来杀身之祸。额头发青，此人在六十日内会有忧伤的事发生，使其内心受到惊扰。眉毛下面发青，此人半月内会有虚惊；印堂出现点点的青气，此人会破财，或有灾难发生。山根和年上、寿上发青，此人会生病；鼻头发青，是木克土，此人会处处不顺。人中部位出现青色的人会破财，地阁部位出现青色的人会犯水灾；勾陈或元武部位出现青色的人，有灾难发生。黑色代表死亡，有牢狱之灾或破财。额头上有黑雾笼罩，说明此人在一百天内会得怪病，并且会导致死亡。脸上有黑雾笼罩的人七天内就会死亡。印堂和耳门部位发暗的人七天内也会死亡。山根和年上、寿上出现黑色，此人会得一场大病。鼻头发黑的人会丢掉官位，而且还会生病，严重的话还会有牢狱之灾，在二三七时应验。人中和口唇部位出现黑色，此人七天内就会死亡。承浆部位出现黑色，此人要么由于醉酒死亡，要么由于溺水身亡。地阁出现黑色，会有水灾和牢狱之灾，并且家中的牲畜会有损害，很多事都很不顺利，一直到冬天这种情形才会有所好转。

脸色由粉色变白色，此人一定会有丧事；面部像涂了粉一样没有一点光泽也会死人脸上像有火光照耀的人会频频有灾祸发生，如果火光分散在脸上各部位，也是不好的面相。天中和天庭部位出现点点的红色，说明会有火灾或兵灾。一个人的眼睛下部出现疝气，生疽，妇人生产时会难产。满面发红并呈火色，毛孔中有针状的青点和红丝，这叫火中烟，说明主人病危了。鼻头、颧骨和额头出现火气，并有青点相杂，这叫薄纱染皂，如果比较重说明此人内有毒气，如果少说明此人很劳累。印堂、眉毛下面和悬壁都呈现红色，而且红色很重，此人一定会瘫痪。眉头出现红色的横纹，此人在九十天内一定死亡。额头上出现红色火点，此人一个月内可能会死亡。额头布满条状的红色，此人会有官司，有青气笼罩，也一定会有灾祸发生。有青气一直通到天庭部位，此人九十天内会有无法预料的灾祸发生。从发际到印堂部位出现青气，不管病情轻重，此人在六十天内会死亡。青气到鼻梁、人中部位，此人七天内就会死亡。一个人满面呈现青气，一天内就会死亡。满身出现青气，立即会死亡。天庭部位出现青色的斑点，要防备发生瘟疫；华盖有黑气，要防备突然病倒。天岳在天中的旁边，年上出现黑气，与天岳相应，说明此人无法逃脱厄运。天中和天岳都有浓浓黑色笼罩，会虚弱而死。从鼻梁到天庭部位一直有黑色的雾气笼罩，此人一定死亡。额头昏暗，会一生不顺，很难发达显贵，寿命也不长。

边庭有晦暗之气，耳朵边也发暗，此人办事一定很不顺利，处处受阻。两太阳、驿马和耳朵前面的悬壁部位气色发暗，说明此人办事多不顺利。如果有黑气出现就会破财，并有牢狱之灾。额头部位出现黑色的斑点，说明此人得了不治之症。如果黑色的斑点像麻子一样细小，并在周边有红色相杂，此人一定会死于异乡。眉上方一寸的位置叫四杀，此处发青，会有生命危险；此处黄润，是吉相，可以带兵出外打仗，一定能胜利；此部位出现黑气是凶兆。驿马部位应该黄润，如果此部位出现白色，并向上一直到额头，说明此人会半路无功而退。驿马有黑气笼罩，外出时有灾。天庭部位出现白气，此人一定会死于途中；天庭出现像梅花一样的粉团，父母有灾。正面部位出现梨花状的斑点，兄弟有灾，可能会死亡。左眉出现像白链一样的白光，父母有灾，右眉出现，母亲有灾。印堂有丝状的粉气，不是亲人有伤亡，就是自己丧命。满脸雀斑，并呈火焰状白色，有丧事发生。天仓部位及周围出现雪状的白色，此人会有生命危险。如果从天仓到太阳和驿马部位都有白气相环绕，说明一定会有刑伤。泪堂有像锡光一样的痕迹，这叫丧门，主此人会有丧事发生。耳朵前面向口部有白气，这叫白虎，如果白气很长的话，一定会有死亡之灾。

2. 中停与下停凶气

眉头部位有血红色的人，会有飞来横祸。山根部位出现红色，要防备有血光之灾。命门一直到山根部位有红色，会死于刑场，在六十天或一年内应验。鼻头发红说明此人会为了生计到处奔波，并且肺部有病变。鼻头上仰外翻，此人是酒鬼，会经常有不顺心的事发生。在鼻头上有红色的细纹像蛆一样聚集，会有官司之灾。如果红色的细纹像草根一样，则会有火灾。法令出现红色的条状细纹，奴仆会受到虚惊。面上有红色，两眼有红烟色的人，痢疾很严重。颧骨上出现赤青，唇发白，恐怕此人有中风的病症。面部有红气，并有青色的斑点，嘴唇发白，瞳孔发黄，要防备因中风而死亡。眼睛下面出现虫状的红色，女人出现此相要防备难产和牢狱之灾。眼眶周围出现艳红色的女人淫荡，并且嫉妒心强。女子满面红艳，则是桃花面，会犯刑克。孕妇如果颧骨出现火红色，一定会难产。人中部位出现青色，并有黑色的烟气笼罩，此人的性命危在旦夕。眉毛下面黑暗，说明家宅不宁。印堂、鼻头和颧骨不明亮，此人一定会丢掉官职，并会破财，或飞来横祸。从眼睛下面可以知道女人的子宫是否健康，眼下呈乌黑色，说明子宫有病变。如果天中和鼻头部位都出现黑色，此人一家会死亡。在眼角出现像弓一样的黑气，说明此人会有财物的丢失，九十天内会应验。颧骨出现青黑色，并有晦气相生，此人会被流放到偏僻的地方。如果是女人的话，则会难产。鼻梁两侧是黄旗，此处出现漆黑色，说明此人有灾祸；有黑气，有火灾。眼角有青筋暴出，或有青和红筋缠绕，口部有乱纹缠绕并进入口内，此人一定会死于他乡或饿死。

下停部位干燥，并出现相互交织的赤黑色，再加上印堂和鼻头有晦气，要防止财物损失，奴仆和家畜可能会损失，也要注意防止盗贼入室。地阁到腮部有黑气，相学上叫五克。女人面色黑黄，是月经不调的原因。眼眶灰暗湿润，有崩中带下之灾祸。鼻梁有青筋暴露，女人生有这种面相，会心狠手辣，能杀死自己的丈夫。面色发青的人淫荡。鱼尾出现微黄色，此人会由于狡诈等其他不当手段得到一些利益。鱼尾微微发青，妻妾会有灾祸。奸门部位出现赤色，会有是非；出现黑色会失去配偶。太阳部位出现黑色，夫妇不和，经常争吵。脸呈青黑色，夫妇会反目成仇。太阳和太阴呈青色，眼睛下面出现红点，说明此人常和妻子争吵。年上和寿上出现红色豆状，也会有灾祸发生。中央鼻子一直到年上呈青色，会有水灾。印堂部位有点点的青色，会丢官或失财。两眉出现碧色，文才没有一点长进，反而倒退，其他也是事事不顺利。山根出现青色，相术上叫勾陈杀，说明此人生性多疑，但没有大碍。玄武有三种情况：耳朵和鱼尾一直到奸门部位出现青痕，说明妻子有病；出现黑色或白色，会克妻子；在鱼尾斜上驿马部位，车马会受到惊吓；在眉毛上出现，一直到牛角，会损牛马。眼睛下面呈青色为螣蛇杀，表明大多有惊扰的事发生。在两眼角和鼻头有二神动，当官的会受罚，平民百姓会破财。大眦小眦和眼下都呈青气，朱雀和鼻头、眉间和额头有红点，年上和寿上有青气，此人一定会坐牢。鼻头是土星，叫天罗，呈青色，是土中有木，十年会散尽家产；如果出现青黑色，会克子女。鼻头单薄尖削，山根气色不佳的人会多灾。山根是月孛，如果出现青黑色，常年昏暗不散，说明此人多病。正面有青色，叫行尸，说明此人活不长了。

吉气大多从鼻头发出，黑气大多来自耳朵前面，这叫命门，和肾相连，肤色应该洁白晶莹。黑色是肾的本色，此部位出现黑色，说明肾出现了病变，如果黑色过了耳朵、鼻子和嘴巴，此人一定会死亡。黑色从耳朵旁一直到鱼尾，不要走水路，否则会有灾祸发生。黑纹主水灾，要么淹死，要么病死。从寿上、鼻头和归来部位出现灰黑色，要注意破财。归来在法令纹旁边，从年上和寿上到此部位有黑气，说明此人是酒肉好色之徒，灾祸也会由此而生。黑气从兰台到此部位，此人会丢官破财。山根部位有烟雾笼罩，此人会破财，丢掉官位，还有盗窃的事发生，三十天内会应验。年上和寿上部位有黑色，像指头一样大小，这叫鬼印，如果鼻子出冷气，此人即刻就会死亡。寿中有鬼印，此人也活不长。年上有黑油产生，此人活不了几天。耳朵下面出现黑气，像乌云入海，这叫流魂。黑气从命门进入口内，一定要防水灾，七天内可应验。有雾遮住悬壁，家人和奴仆都不会兴旺。仓库低黑，不会有太多家产。鼻门发黑干燥，做什么事都不会成功。口周围有红气或红点的人会招惹是非。口角发白发干，立即就会得大病。耳朵和肾相连，耳轮焦黑，说明肾出现了病变。如果再加上命门和年寿都发黑的话，此人必死无疑。长期得病的人如果唇部出现红色，再治也没有成效了。幼儿面色出现异常，有时发青，有时发白，有时发黑，有时发红，说明此幼儿命在旦夕。法令纹入口的人会像梁武帝一样即使命里很富贵，但最后也免不了饿死。嘴边生乱纹的人会绝后。鱼尾纹短的人克妻子，鱼尾纹只有一条且生的很短，说明会克死一个妻子。鱼尾纹很长的人是劳碌命。眼睛长，眼睛下面有乱纹，生的孩子不孝顺。奸门部位有长的纹理进入鬓角，说明此人会死于他乡。

第七章　面痣断法

第一节　痣的分类

痣是皮肤上稍稍凸起的斑点，有褐色、青色和红色的。色素细胞集中在皮肤表层形成的痣是褐色的；色素细胞散布在真皮深层所形成的痣是青色的；毛细血管扩张所形成的痣是红色的，是血管痣。医学研究表明，有些带色素的痣存在癌变的可能。

《柳庄神相全编》中提到："痣若山林、峰仞，不可不高。""凡高者（凸出）为痣，平者为点，青黄者为斑。凡斑点不宜生面上。书云：面多斑点，恐非寿者之人。正谓此也。"

痣又分为显痣与隐痣。在面上的为显痣，显是明显的意思；在身上看不见的痣叫隐痣。痣上长毫毛，就像山上有草木一样，这是妙痣，长这种痣的人是富裕和有教养之人。长在胸上的痣，是有智慧的象征；长在肚子上的痣，为当官食禄的象征。

关于痣的颜色，面相术认为"黑而墨，赤如朱，硬圆高者大贵，中平小贵"。具体地说，红色的痣，色泽好而丰圆隆起的为跪拜痣。帝王中有此痣，是吉利之痣。茶褐色的或黑色的痣都为死痣，为不吉利之相。所谓"黑者凶，红者吉，红在黑旁，化凶为吉。"

头面生红痣，主富贵寿。眼白有黑痣，主奸淫。龙宫有黑痣，必主子难养。龙宫有红痣，必主富贵。奸门有黑痣，是妻刑、冲凶。法令地阁，不论何处有黑痣者，主凶。黑痣锁口，主绝食。唇舌有黑痣，主谎言。口有红痣有酒食。面部忽生黑痣，病危之痣。额上有黑痣，主刑克。耳有黑痣，主聪明。

面痣吉凶图

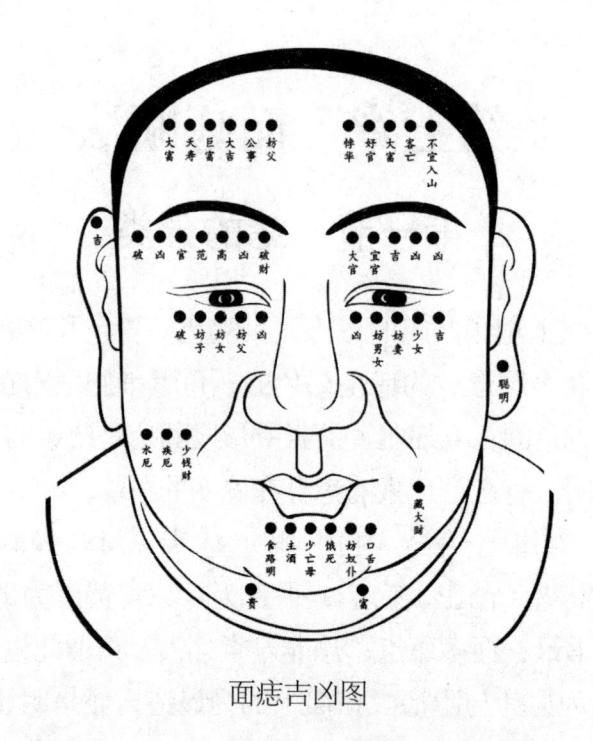

第二节　男性面痣吉凶图解

一、图解（1）

1号位置有痣的人，痣为红色，是吉利面相。

2号位置有痣的人，脾气暴躁。

3号位置有痣的人，会妨害自己的父亲。

4号位置有痣的人，痴迷于做官，会步步向上攀。

5号位置有痣的人，喜欢处理公务。

6号位置有痣的人，痣的色泽好，是大富的面相。

7号位置有痣的人，痣是红色，是大吉的面相。

8号位置有痣的人，会终年在外奔波，难以成家，容易客死异乡。

9号位置有痣的人，红色痣是有财运的征兆，如果善于经营生意，就会拥有巨大的财富。

10号位置有痣的人，不能从事有冒险性质的活动，如爬山登高，否则会有性命危险。

11号位置有痣的人，性情孤僻、狭隘，有自杀倾向，不是好的面相。

12号位置有痣的人，痣的色泽好，是财运亨通的大富之相。

13号位置有痣的人，红色痣，就是官运亨通的征兆。

14号位置有痣的人，花钱大手大脚，是破财的面相。

15号位置有痣的人，颜色是红色的，有官运。

16号位置有痣的人，性情残暴、凶恶。

17号位置有痣的人，痣红色且明亮，是大吉的面相。

18号位置有痣的人，痣为红色，是富有面相。

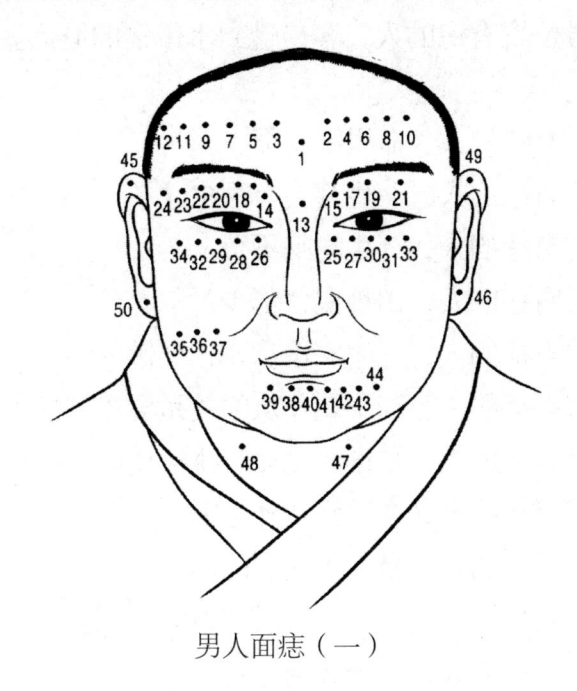

男人面痣（一）

19号位置有痣的人，性情凶暴。

20号位置有痣的人，容易遭到厄运，此痣不吉。

21号位置有痣的人，性情凶恶残暴，是凶痣。

22号位置有痣的人，红色，会为官。

24号位置有痣的人，是破落衰败的面相。

25号位置有痣的人，性情凶狠。

26号位置有痣的人，凶恶残暴。

27号位置有痣的人，会妨害男子。

28号位置有痣的人，会对自己的父亲不利。

29号位置有痣的人，会妨害女子。

30号位置有痣的人，会妨害自己的妻子。

31号位置有痣的人，后代子孙中多生女孩。

32号位置有痣的人，会对自己的儿子不利。

33号位置有痣的人，是大吉大利的面相。

34号位置有痣的人，是破败的面相。

35、36号位置有痣的人，容易遭到水带来的厄运。坐船、游泳时要小心防备。

37号位置有痣的人，命里财富很少。

38号位置有痣的人，一生都会有酒食之福。

39号位置有痣的人，一生吃喝不愁。

40号位置有痣的人，田地屋舍都少。

41号位置有痣的人，一生家境贫寒，会饿死。

42号位置有痣的人，与下属仆从的关系会受到妨碍。

43号位置有痣的人，是搬弄是非、挑拨离间的多嘴之人。

44号位置有痣的人，会得到意外之财。

45号位置有痣的人，是大吉大利的面相。

46号位置有痣的人，是头脑灵活清晰的面相。

47号位置有痣的人，大吉大利。

48号位置有痣的人，是富贵显要，有地位的面相。

49号位置有痣的人，是大富的面相。

50号位置有痣的人，是孝敬父母长辈的人。

二、图解（2）

1号位置有痣的人，会对父母不利。

2号位置有痣的人，性格暴躁。

3号位置有痣的人，善于经营，是大富的面相。

4号位置有痣的人，到处漂泊，容易客死于他乡。

5号位置有痣的人，出入都不宜，外出时要小心遇到麻烦。

6号位置有痣的人，是显要富贵的面相。

7号位置有痣的人，是大贵的面相。

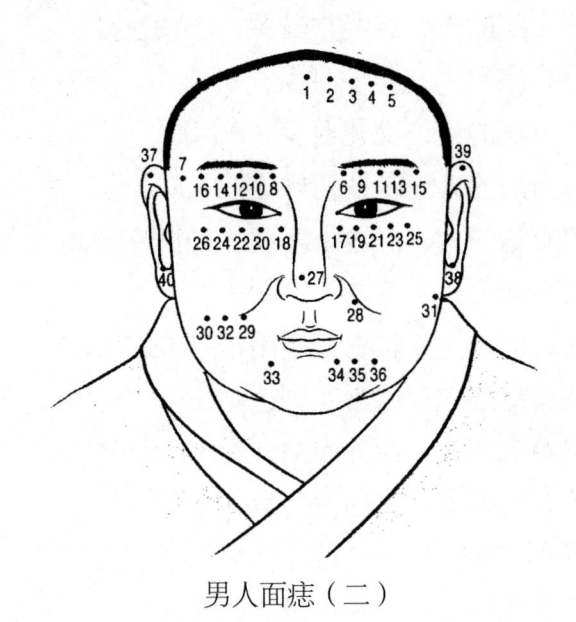

男人面痣（二）

8号位置有痣的人，办事经常不顺。

9号位置有痣的人，有官运。

10号位置有痣的人，是大吉大利的面相。

11、12号位置有痣的人，小心防备由水带来的灾祸。

13号位置有痣的人，性情凶狠残暴。

14号位置有痣的人，不是心地善良之人。

15号位置有痣的人，花钱大手大脚，是破财的面相。

16号位置有痣的人，《麻衣相书》说是无财的征兆，《袁柳庄神相》认为是有财的征兆。两者说法不一。

17号位置有痣的人，是性情凶恶之人。

18号位置有痣的人，是性情凶恶且会妨害妻子的面相。

19号位置有痣的人，会丧儿子。

20号位置有痣的人，《麻衣相书》说是丧女儿的面相，《袁柳庄神相》说是丧父亲的面相。

21号位置有痣的人，《麻衣相书》说不会生女儿，《袁柳庄神相》认为是没有后代的面相。

22号位置有痣的人，会经常啼哭，心情忧郁。

23号位置有痣的人，儿子很少。

24号位置有痣的人，女儿很少。

25号位置有痣的人，是性情奸诈的人。

26号位置有痣的人，沉溺于淫欲，是性格放荡的人。

27号位置有痣的人，性情凶恶的人。

28号位置有痣的人，容易遭到由水带来的灾难。

29号位置有痣的人，经常有厄运。

30号位置有痣的人，在外漂泊，易客死异乡。

31号位置有痣的人，容易得到意外之财。

32号位置有痣的人，不应该养牛马。

33号位置有痣的人，是聪明灵活的人。

34号位置有痣的人，溺于美酒，经常会大醉。

35号位置有痣的人，是大吉大利的面相。

36号位置有痣的人，心地善良。

37号位置有痣的人，是大吉大利的面相。

38号位置有痣的人，聪明伶俐。

39号位置有痣的人，《麻衣相书》认为吉利，《袁柳庄神相》认为是凶恶。

40号位置有痣的人，孝敬父母。

第三节　女性面痣吉凶图解

1号位置有痣的人，会成为大官的夫人，是大贵的面相。

2号位置有痣的人，会有多次婚姻，是克害丈夫的面相。

3号位置有痣的人，会对父母不利。

4号位置有痣的人，是勤俭持家之人，家境小康。

5号位置有痣的人，是会改嫁的面相。

6号位置有痣的人，对家中亲人不利。

7号位置有痣的人，会妨害父亲和丈夫。

8号位置有痣的人，会远嫁异乡，容易客死他乡。

9号位置有痣的人，是克夫的面相。

10号位置有痣的人，生产时容易遇到危险。

12号位置有痣的人，是大吉大利的面相。

13号位置有痣的人，会对丈夫不利。

14号位置有痣的人，对丈夫有利。

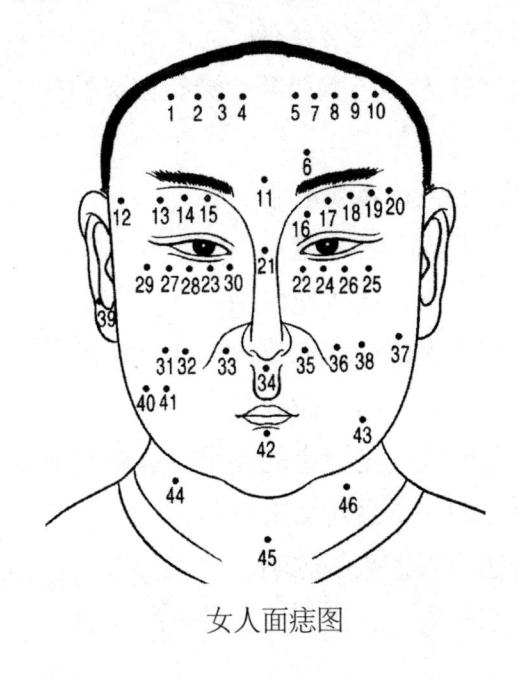

女人面痣图

15号位置有痣的人，会由于伤害丈夫、偷盗、奸淫的事情入狱。

16号位置有痣的人，可能会从事纺织业，或是以养蚕为业。

17号位置有痣的人，会把后代培养成才，就好像孟母一样。

18号位置有痣的人，对丈夫有利，是帮夫之相。

19号位置有痣的人，会对丈夫的事业不利。

20号位置有痣的人，是长寿的面相。

21号位置有痣的人，会遭到由火带来的灾难，需要小心。

22号位置有痣的人，性格凶恶狠毒。

23号位置有痣的人，命里儿子少。

24号位置有痣的人，会对儿子不利。

25号位置有痣的人，会做出奸淫之事。

26号位置有痣的人，有哭夫痣，会妨害丈夫。

27号位置有痣的人，做任何事都会吉利。

28号位置有痣的人，性情风流。

29号位置有痣的人，有偷盗的习惯。

30号位置有痣的人，经常会有厄运。

31号位置有痣的人，心胸狭窄，会有自尽的危险。还预示着他会客死他乡。

32号位置有痣的人，嫉妒心强。

33号位置有痣的人，容易遭到由水带来的灾祸。

34号位置有痣的人，会生双胞胎。

35号位置有痣的人，性情残暴，可能会伤害儿子。

36号位置有痣的人，喜欢搬弄是非。

37号位置有痣的人，是贤惠的妻子，尊重爱护丈夫。

38号位置有痣的人，会对丈夫不利。

39号位置有痣的人，头脑聪明。

40号位置有痣的人，会遭到由水带来的灾祸。

41号位置有痣的人，一生贫苦。

42号位置有痣的人，不善于持家，家境贫寒。

43号位置有痣的人，会对奴仆下人不利。

44号位置有痣的人，是大富大贵的面相。

45号位置有痣的人，会谋害丈夫。

46号位置有痣的人，会对自己不利。

第八章 身体相法

第一节 六府三才三停

一、六府

六府是指上二府、中二府、下二府。

上二府，自辅角到天仓部位的两辅骨。

中二府，自命门到虎耳部位。

下二府，自颐骨到地阁。

天仓峻起和地阁方圆的人，有才能，多财富和福禄。六府长得丰隆饱满，没有缺陷和斑痕，并且相辅相成，财富两旺。反之，六府长得支离破碎、互不相衬的人，多曲折坎坷。

二、三才

三才是指额头、鼻子和下巴。

额头是天，应该长得丰圆润泽，有天者贵。

鼻子是人面部的中心，应该长得端正整齐，有人者寿。

下巴是地，应该长得宽阔方圆，有地者富。

三、三停

上停是指从发际到印堂的部分。从此处能看出一个人早年的运气、先天才智、祖上荫德及父母对其成长所创造的条件等。上停长的人能发达显贵，额头宽广润泽，没有一个黑点瘢痕的人，年少时生活幸福温暖，才智双全，这是好的面相。

中停是指从山根到鼻头的部位，包括眉毛、眼睛、鼻子和面颊。从此处能看出一个人从青年壮年的运气，可以推知此人一生命运的好坏。中停长，近君王。中停长为好，并且应该匀称端正，没有斑痕。这样才能表明此人才智优于常人，做事情有恒心和毅力，能成就一番事业。

下停是指从人中至地阁的部位，即指从鼻子下部到下巴。从此处可以看出一个人晚年的运气。下停应该生得宽阔饱满，也就是我们常说的地阁方圆。如果一个人下巴长得尖削，说明此人晚年会有不可预知的灾祸降临，使其只能凄凉度日，直至死亡。

三停应该长得比例协调、均匀，各占面部的三分之一，才能一生衣食无忧；否则，有可能会是孤苦伶仃、死亡或贫贱等不祥的命运。

1. 上停部位

上停部位，主要掌管一个人早年的运气吉凶。

天中：

是指从额头正中最上方，离发际约一厘米处。从此处可以看出祖先及亲人的情况。天中应该长得清晰、明亮、洁净，没有瘢痕等。否则，说明此人没有得到祖上荫德庇护和父母的爱护，早年生活困苦。与天中大略平行的有：天岳、左厢、右厢、内府、高广、尺阳、武库、军门和边地。

天庭：

额头部天中下面没有发际的地方是天庭，其大约有一厘米宽，从此处可以看出一个人的事业、官运和诉讼等。天庭长得丰隆饱满，说明此人一定能大富大贵，事业顺利，官运亨通，万事吉祥。与天庭大略平行的有：日角、月角、龙角、天府、房心、父墓、上墓、四煞、战堂、驿马和吊庭。

司空：

天庭下面大约两厘米处是司空。此处应该平坦无纹，不可有任何疤痕，如有骨隆起，气色明亮，具备当官之相。但若有纹痕、疤痕、黑痣者，就不是好相，事业会多不顺，灾难频频，病痛也多，较易破财。

与司空大略平行的有：额角、上卿、少府、交友、道中、交额、重眉、山林、圣贤。

中正：

位于司空下面大约一厘米处。

司空和中正合称官禄宫，是十二宫之一，从此处可以看出一个人的事业、官司和上司的关系等。此处长得丰隆饱满，明亮润泽，没有瘢痕。说些此人事业顺利，官运亨通，与人打官司能胜诉，万事吉祥，生活美满幸福。

印堂：

中正下面大约一厘米处的双眉之间是印堂，这是面相中非常重要的部位。从它的色泽就能看出一个人的吉凶祸福。印堂的大吉相是长得丰厚饱满、光明如镜、没有瘢痕。当一个人运气好时，此处一般会变得红润有光泽。如果此处暗淡无光，说明此人最近不顺利。如果此处暗淡，而天庭、中正部位明亮润泽；或天中、天庭暗淡，而印堂光洁，则说明此人命运吉凶各半，所以应处处谨慎小心，做事考虑周全，把握好时机与分寸，做出正确的抉择，就能取得成功。一般来说，印堂、天中、天庭等部位都明亮润泽，而此人还是一事无成，说明其是一个懦弱无能的平庸之辈。

上面我们谈论的是上停的几个重要部位，另外还有一些部位对人的命运也有一定的影响，它们分别是：天墓、日角、战堂、边地、福堂、华盖、高广、驿马、山林、交通、交友和交涉等。

天墓：

天中的两侧是天墓，从此处可以看出祖先的情况，明亮润泽为吉相。

日月角：

两眉上面额头较高的地方是日、月角。日角代表父亲，男左女右，即男子的日角在左边，女子的日角在右边。月角代表母亲，男右女左。日、月角长得均匀，说明此人一生平安顺利。日角或月角长有黑痣，说明其双亲有可能会分离；有伤痕，说明此人年幼时没有得到父母的悉心爱护。如果一个人的日、月角长得很凸出显眼，说明此人年少时生活很艰辛，从而养成了独立的个性，性刚能干，大了能有所作为。反之，如果日角和月角长得不均匀，高低不一，说明此人双亲中会有一方先故去。男人的日角高，说明他的父亲先去世；女人日角高，说明她的母亲先去世。古代相术师认为，"日角，隆准"是帝王的面相。总体来说，日角和月角长得好，命运一定好，是大贵相。

战堂：

天墓下面是战堂。此处如果发暗，说明此人可能会有意外的灾祸发生。

福堂：

两眉上面中间位置是福堂。从此处能看出一个人的吉凶祸福。福堂部位明亮润泽，或呈明黄色，说明此人有福气，有财运，万事顺利吉祥。

华盖：

福堂旁边是华盖。如果华盖笼罩着一层黑气，那么此人有可能会得暴病危及生命安全，或者会有大的灾祸发生。

边地：

边地又叫边城，在额角和发际旁边。

高广：

高广位于天岳旁边。

驿马：

驿马位于边地下面。边地、高广和驿马等合称迁移宫。从此可以看出此人搬家、外出旅行的情况。如果此处长得凹凸不平，说明此人搬家或外出旅行不顺利。

山林：

山林位于日角和月角外侧耳朵上面大约两厘米处。

交通：

交通在日角和月角下面，从此处同样可以看出一个人外出旅行的情况。

交涉：

交涉在司空和中正的旁边。从此处同样可以看出人与人的交往情况。

交友：

交友在眉头上面，从此处可以看出一个人的人际关系是否良好。此处饱满润泽，说明此人有很多朋友，人际关系良好。如果此处有伤痕，说明此人知心朋友很少，平时与人不能有效沟通，容易发生摩擦，而且别人与其交往是为了利益关系，大都不是交心的朋友。

2. 中停部位

山根：

山根位于鼻子从低处开始至高起的眉毛中间部位，大约占整个鼻子的1/3。山根主管一个人的智力、荣辱和疾病等。此处润泽没有皱纹，说明此人一生身体健康，不会受疾病的困扰。此处有黑痣或疤痕等，说明此人一生不顺，会有灾祸发生。此处呈淡灰色，说明此人身体有病。此处呈青色，说明此人有生命危险。

年上和寿上：

山根下面是年上和寿上，年上与寿上合称为年寿，大约占鼻子中间的1/3。从年寿部位可以看出一个人的斗志和意志力，而且可以看出一个人中年的运气。如果年寿高高隆起，并且隆起处有粗纹横切而过，说明此人将有厄运降临，从原来的一帆风顺转入挫折迭起的困境。

准头：

准头位于年上和寿上下面，即鼻子下部的鼻尖部位，大约占整个鼻子的1/3。从准头可以看出一个人的财运、自尊心和爱情。鼻头是人面部最高的部位，应该长得方正，整个面部才会显得有气势。如果准头长得圆润多肉，没有瘢痕，说明此人聪明而且财运很好，还能得到真正的爱情。鼻头尖削，说明此人攻击性很强，命运不太好。一个人鼻子很长，鼻头又很尖，说明此人精明能干，但权力欲太强，会不择手段地赚取金钱，还很小气。鼻头圆、鼻翼下垂的人，很会处世，有良好的人际关系。鼻头圆且鼻翼也鼓圆的人，财运很好，并且爱情运极佳，能得到自己称心如意的爱人。

兰台（金匮）与廷尉（甲匮）：

兰台和廷尉指的是鼻翼，左侧鼻翼是兰台，主文官，像御史；右侧鼻翼是廷尉，主武官，像侍卫。兰台与廷尉又分别叫金匮和甲匮，从此处可以看出一个人金钱的多少等。金匮和甲匮长得宽阔有肉，没有瘢痕，左右对称，说明此人精力旺盛，意志力强，能得到下属的拥戴，能存很多钱。反之，则说明此人性格内向，朋友很少，手头拮据。

夫座与妻座：

夫座与妻座是指分布在山根和年上的附近部位。从夫座与妻座可以看出一个人的感情是否顺利。男人左侧是妻座，女人右侧是夫座，如果此处鲜明润泽，没有瘢痕，说明与恋人或对象的感情融洽。如果此处发灰发暗，则说明与恋人或对象的感情不和，有可能会分手。

贼盗：

贼盗指颧骨下面的部位。如果贼盗部位有瘢痕，说明此人会丢失财物，而且很容易被骗。

命门：

命门指鬓角和奸门之间的部位，即耳朵前部，从此处可以看出一个人的健康情况等。如果命门有黑雾笼罩，说明此人的病情已很严重，生命已到了尽头。命门有痣或疤痕的人，容易得急病。此处发白，说明此人病危了。此处到腮骨呈暗灰色，说明此人心里有无法与外人诉说的难言之隐。

鱼尾、奸门：

鱼尾指眼角，奸门在鱼尾的旁边。从此处可以看出一个人的夫妻感情或一个人与情人的关系。此处暗淡无光，说明与恋人感情不好，或外面有情人。

3. 下停部位

下停中轴线上有一个重要的部位：从人中、水星、承浆到地阁。

人中：

人中是指鼻子与嘴唇之间凹下的部位。人中部位关系着人的寿命、财运、子嗣等。

水星：

水星就是人的口。从水星可以看出人意志力的强弱、婚姻状况、感情、财运，以及性欲等。

承浆：

承浆就是下嘴唇的下面凹下的部位，在水星的正下方。从承浆部位可以看出人的健康、酒量、印信等方面的事情。

地阁：

地阁就是下巴的部位。地阁方圆，是财富的象征，得地者必富。从地阁部位可以看出一个人的居住情况、财运、意志力和忍耐力的强弱，以及晚年的运气等。

法令：

法令是从鼻子两侧引出的弧线到嘴角的部位。从法令可以看出一个人的职业、地位，以及是否有官运。

地库：

地库就是法令圈内的部位。从地库可以看出一个人的土地、屋舍的情况。地库呈灰色，象征土地与田宅有麻烦；呈现白色或是凹陷，是将要失去土地的征兆。

下墓：

法令线上的部位称作下墓。下墓呈现淡白色，表示亲人朋友病重，如果白色继续扩大，是亲人朋友生命垂危的征兆。下墓距离法令纹近，则是关系亲近的亲戚有病；距离法令纹远，是关系较为疏远的亲人朋友有病。

奴仆：

下墓之下的部位称为奴仆。从这里可以看出一个人与家里仆人的关系。

悬壁：

悬壁就是耳朵根部的位置。悬壁处有疤痕的人，心里藏有很深的秘密，或是什么事情都放不下。

大海：

大海就是地库外侧的位置。从大海部位可以看出乘船出行以及工作方面的事情。大海呈现灰白色，出外时要注意安全。

面相端庄、丰满最好。呈现红、黄、白、银等气色的，都是富贵的面相；呈现青黑的气色，此人生活贫寒，寿命不长。

相书上有诗是这样说的：天庭高耸，与司空一齐；中正广阔，印堂清爽；山根部位没有断开，年上和寿上广阔；鼻头圆齐有肉，人中方正有形；口呈四字形一样广阔，承浆广阔；地阁方圆，与仓库相呼应。山林圆满，驿马丰隆；日角和月角高耸凸出，边地很平坦。三阴和三阳肉多饱满，鱼尾长；从正面看，颧骨凸出有形，显得面部很有神采。兰台平满，法令纹方正，金匮有微微的黄色，三阴和三阳不枯焦，五岳和四渎没有缺陷瘢痕，整个面部各部位比例协调匀称，这便是上吉的面相，一定有享不尽的荣华富贵。

第二节　气色蕴藏的命运玄机

1. 占五脏安

　　心善三阳光点点，脾安鼻准见黄明；
　　丹田无病耳轮赤，寿上黄光六府明。

　　三阳部位有点点的亮光，说明此人心地善良。鼻头和脾脏相连，如果一个人鼻头呈明黄色，说明脾脏没有病变。耳朵和丹田相连，如果耳轮红润，说明此人丹田没有病变。寿上和六腑相连，如果此处呈黄色并光亮，说明六腑运行良好。

2. 占五脏病

　　脾病准头如血点，肾邪耳畔黑烟生；
　　心病只看年上赤，肝病须观眼下黄。

　　鼻头和脾脏相连，如果鼻头出现血点，说明脾脏有病变。耳朵和肾脏相连，如果耳朵肤色发黑呈黑烟状，说明肾脏有邪气。年上和心脏相连，此处出现赤红色，说明心脏有病变。眼睛下部和肝脏相连，此处出现黄色，说明此人有肝病。

3. 占死气

　　鱼尾相牵入太阴，游魂无定死将临；
　　黑侵口耳如烟雾，不日形躯入水津。

　　从眼尾一直到眼睛里有黑色的阴气笼罩，说明此人死到临头了。嘴巴、耳朵出现像烟雾一样的黑色，此人会溺水而死。

4. 父母孝服

　　印堂额上白气发，刑狱之上发亦然；
　　天中白气与丧服，当忧父母入黄泉。

　　印堂、额头、天中和刑狱出现白气，说明其父母会死亡。

5. 夫妇分别

> 面上忽然右颧青，此妻合主病相萦；
> 若不生离须病死，不然夫妇别离情。

面部右颧骨发青，说明此人的妻子会生病，就是不病死，也会与其分离。

6. 占婚姻

> 龙宫鱼尾红黄紫，纳采成婚貌亦好；
> 或暗或明青与黑，时闻争竞不堪言。
> 蚕下黄光卧隐明，贵人欲娶女为婚；
> 有妻必是多贤德，生子登科入帝阍。

眼眶又叫龙宫，此处和鱼尾出现红黄紫气，说明此人会娶一个相貌非常漂亮的妻子。如果此处发暗或发青发黑，会夫妻不和，经常争吵不止。卧蚕部位出现黄光，说明此人会娶一个贤惠有教养的女人为妻，并且会生一个贵子，能在国家部门任要职。

7. 占妊娠

> 凤池水位知生女，土火龙宫定是男；
> 黯淡不明知黑雾，子应难保母难堪。

孕妇凤池部位水汪汪的，说明此人会生一个女孩。眼眶龙宫位出现红黄色，说明此人会生一个男孩；如果此处暗淡像有黑色的烟雾笼罩，胎儿难保住，并且孕妇也有生命危险。

8. 占夜梦

> 命门黑盛多船水，年寿炎炎烟火焚；
> 白见陂池登险路，青临离位见山林。

命门部位黑气很盛，此人做梦时大多会见到船行在水上。年上和寿上呈赤红色，像火烧一样，此人做梦时大多会见到焚烧的烟火。陂池部位出现白色，此人在梦中大多会走险路。离位出现青色，此人在做梦时大多会梦见山林。

9. 占破财

> 地阁烟生田宅毁，更从地阁侵仓库；
> 印堂黑暗金匮昏，悬壁无光金玉去。

地阁部位有黑烟笼罩，说明此人田宅会有损失。要是从地阁一直到仓库、印堂和悬壁等部位，都有黑烟笼罩，并且昏暗无光，此人财产会受很大损失，几乎破产。

10. 占夫财

> 青匮纷纷忽然黑，有此须当损家财；
> 须防忧失财和物，免被贼人刑害灾。

青匮部位气色忽然变黑，说明此人家财产会有损失，而且还要注意盗贼入室盗窃财物，并被盗贼伤害。

11. 占狱讼

> 凡人狱讼以何期，帝座乘黄更赤脂；
> 或生青黑咸池畔，变吉成凶定可知。

帝座部位出现黄色，并且有像胭脂一样的赤红色出现，或在咸池部位出现青黑色，说明此人会有由吉转凶的灾祸发生。

12. 占亨通

> 三阳红紫心神喜，阴位微红福德生；
> 或见准头并印内，等闲明润是亨通。

三阳部位呈紫色的喜气，说明此人心里一定有好事。三阴部位、鼻头和印堂部位都出现微微的红色，说明此人德行各方面都亨通，富贵显达。

13. 占发达

> 四德蒙蒙尚尘埃，惟有中央气色开；
> 万物定知生土内，应须财禄此年来。

五官其他四个部分都似乎有尘埃笼罩，只有中央的鼻子，或印堂部位气色很好，此人一定会发大财，并会有俸禄。

14. 加官进职

春见天中位上青，年并井灶不同形；
谁知官职从此盛，只恐看人学未精。
若逢中正至年黄，知君进达受衣冠；
但向庶人增吉庆，多应礼会意安欢。
井灶纷纷黄色生，定知新近得官荣；
远行又得丰财帛，遇美应知乐称情。

春季时天中部位出现青色，年上和井灶也有所不同，此人会升官。中正到年上出现黄色，此人会升官。普通人也会多有喜庆的事发生。井灶出现黄色，此人最近会做官，出门远行会发财，并会遇到美人以身相许。

15. 占印信

欲占印信及文书，华盖印堂验实虚；
黄色黄光为定得，黑光黑色定应无。

一个人的华盖和印堂部位出现黄色或黄光，此人一定可以掌管印信和文书；如果出现黑色或黑光，则此人就会与印信和文书无缘了。

16. 占行人

欲问行人早晚归，虎眉黄色称心时；
青路色应多不意，隔月经年未有期。

长期出门在外的人，如果虎眉位出现黄色，则其会在恰当的时间平安归来；出现青色，则说明外出的人有意外的事发生，隔半个月或一年也不可能回来。

17. 占病及官事

> 印堂黑色连年起，在位失官并病至；
> 此色更教官事厄，忽然干枯身必否。

印堂一直到年上出现黑色，说明此人会丢掉官位，并且会得病。面色忽然干枯，则说明此人会有生命危险。

18. 占男女

> 青色看生眼欲周，君家男女定堪忧；
> 若浑黄色须怀孕，黑盛困危须早除。

眼睛周围出现青色，此人家中的男女要注意安全；如果出现黄色，此人会怀孕；如果出现很浓的黑色，则说明此人会有祸患发生，应该注意防范，争取早日消除。

19. 占酒食

> 饮食之部食厨帐，色似流星口短疑；
> 下来朝口为天阳，色重无人可疗饥。

食厨部位掌管一个人的饮食，此处气色像流星一样一闪就消失了，说明此人不会有口舌之福。食厨下垂朝向口部，这叫天阳，气色很重者，没有人可为其治好饥饿的毛病。

20. 占捕捉

> 七门俱暗应难获，眉上红黄尽可谋；
> 更得印堂微见紫，自然成喜不须求。

两眉、两奸门、两命门和鼻梁叫七门。一个人七门都昏暗无光，说明此人捕捉很难成功。眉上呈红黄色，说明此人可以谋划捕捉的事。印堂出现微微的紫色，捕捉就很容易成功了。

21. 占失文字

> 华盖明堂生赤色，忽成昏暗又无光；
> 于斯必主文字失，更及忧生病卧床。

华盖和明堂部位呈赤红色，如果此部位忽然变得昏暗无光，说明此人文字有失，并有可能会忧愁过度而生病，卧床不起。

22. 占失火

> 手上发赤脉，人中色亦入；
> 事在半年间，延火来烧屋。

手上现出赤色的脉络，人中也出现赤色，说明此人半年内家里会发生火灾。

23. 占水厄

> 赤色发井灶，其人有水灾；
> 临河须谨慎，立便见悲哀。

井灶部位出现赤色，说明此人会遭遇火灾，所以最好不要靠近江河等有水的地方，如果下水，易溺水身亡。

24. 占妻病

> 鱼尾共奸门，其间赤色同；
> 青枯来寿上，眼下赤同论。

鱼尾、奸门、寿上和眼下都出现赤色，说明妻子有病。

25. 占妨妻

> 辅骨气如黑，宜防妻病毙；
> 三七日当忧，哭泣知胸臆。

两眉的棱骨又叫辅骨，如果此处出现黑气，说明妻子生病，并有生命危险，三至七天内一定要注意不要使病情恶化，否则会有不幸的事发生。

26. 占兄弟

> 年上青色起，必主兄弟灾；
> 更还兼白气，三日后同来。

年上出现青色，说明此人的兄弟有灾祸，如果再有白气出现，三天后就可应验。

第三节　面相各部与人生运势

1. 论髭髯

胡子也分吉凶祸福。嘴唇上边的胡须，主管俸禄；嘴唇下边的胡须，主管官位。有禄无官的人富有，有福气，寿命也很长。有官无禄的人贫贱，能把财产散尽，最后弄得妻离子散。即使五官长得方正也没有用，此人还是贫寒命，但却会长寿。如果一个人上下唇的胡须都生得很好，这是五福齐全的好相貌。毛发弯曲的人贫穷，会从事很苦的差事，死相。胡须发黑而且长得清秀，说明此人富贵双全。毛发光滑有光的人有福，干燥的人生活多挫折困苦；发直发硬，说明性子刚烈，守不住财；柔软，说明此人性格温柔；发红，说明此人克他人，孤苦无依；头发卷曲，胡须发红，说明此人是贫贱命；毛发黑亮富有光泽，说明此人富贵双全。

2. 论鱼尾

眼角生有鱼尾纹，说明此人荣贵并且很富有，是功名的象征。如果鱼尾纹和太阴相照应，说明此人晚年时会取得功名。

3. 论颈项

颈项以肥短或瘦长为佳。颈项向上支撑着脑袋，下面由四肢躯体支撑，是脑袋和身体的桥梁。所以颈项生得挺直并且光润，这是大贵相。颈项生得丰圆结实，这是大富相。从侧面看，颈部很小，发红并显得瘦弱，这不是好的面相。胖人的脖子生得短为好，瘦人的脖子生得长为好，如果不是这样，说明此人不是贫贱就是早年夭亡。脖子太长像鹅的脖子，或很粗大像樱木，或很瘦小像酒瓶，这都不是好的面相。如果一个人长得很瘦，脖子上有喉结明显凸出，说明此人生活很困苦，总是遭遇挫折，只能勉强度日。胖人喉结凸出，会招惹横祸。脖子后面有肉很厚，说明此人很富有；脖子后面有皮绦状，这叫寿绦，说明此人会长寿。脖子短但很方正，这是福禄相。脖子长得歪斜并像鸟的脖子一样瘦弱，说明此人性格懦弱，生活贫苦。脖子上有斑点等疤痕，说明此人是卑鄙的小人，生活也多挫折。颈向前的人性情和善，是吉相。颈向后仰并显得很僵硬的人性格懦弱，是凶相。颈生得端正挺直，说明此人很正直，但没有福。颈向一边偏像马的脖子，说明会有灾祸。脖子像衣袖一样呈圆叠状，说明此人有福有寿。脖子圆粗像老虎的脖子，说明此人很善良，但福气很薄。脖子圆并且长，像鹤的脖子，说明此人生活很清贫。脖子很圆很肥像燕子的脖子，说明此人高贵。脖子与脑袋不相称，说明此人贫贱，会短命而死。脖子挺立与脑袋相称，说明此人清且贵。

　　胖人的脖子短，瘦人的脖子长，这两种面相的人年少时就能发达显贵，名扬四海。反之，胖人的脖子长，瘦人的脖子短，吉凶就不好说了，这种面相的人大多都会背井离乡。

4. 论背

　　背部丰隆为贵。从背部的厚薄可以看出一个人的安危吉凶，从背部的丰隆或是塌陷，可以看出一个人的富贵贫贱。背部生得广阔而且平坦的人，一生平安，很少有灾祸发生，是有福的人。背部有偏斜或缺陷的人，一生多灾，生活贫困无助。背部有骨隆起像趴在什么东西上，说明此人会当大官，俸禄优厚。背部像三甲一样的人，高贵而且长寿。背部丰厚有凸起的人，多子多孙，富贵双全。背部偏斜显得有些单薄，并且有塌陷的人，贫寒孤独。背部方正且很长的人有智慧，而且也很有福气。背部短而且显得萎缩的人，缺乏见识，命贫贱。背部圆厚，像团扇一样，这是大贵相。背部有洼很深像沟渠一样的人，贫穷至极。从前面看身体向后凸，从后面看身体向前倾的人，不贵则富。

　　背部长得长好，长得短不好；长得丰厚好，长得单薄不好。背部有坑陷，这是贫贱人的面相。背部平阔丰厚，说明此人一生平安快乐。背部像背有重物，这是大贵相。唐朝相士袁天罡给马周看相，看他的背部就像背有重物似的，说他日后会显达。后来不出所料，马周果然位至丞相。背部丰厚并有凸起的人晚年有福；还有一种说法，就是子孙多。

5. 论腰

腰部是腹部的靠山，可以保护腹部。所以腰部应生得端正挺直，宽阔丰厚，这是有福禄的人。如果腰部偏斜并且下陷，狭窄而且单薄，这是卑贱的人。腰部生得短而且单薄的人，做事情有成功也有失败。腰部长而且宽广的人，一生会有福禄。腰部挺直而且丰厚的人富贵。腰部细小单薄的人是贫贱命。腰部有凹陷的人贫穷下贱。腰部有弯曲像袅一样，说明此人性情恶劣，并且淫荡成性。腰部长得像蜥蜴一样，说明此人性情宽厚和善。腰像黄蜂一样细小，说明此人性情卑鄙奸邪。如果一个人的臀部向上高高抬起，而腰部向下陷，说明此人是下贱命。如果腰高高抬起，臀部向下陷，此人生活贫穷。腰应生得端正平阔，臀部应平圆，这样才相称。

走路时腰部和缓轻盈，坐下或起立时腰部挺直并且很平，向前看时腰部像背着东西，向后看时腰部呈甲形，这都是好的面相。有背没有腰，此人一开始时事业没有什么起色，中年时还会有困厄阻碍。有腰而背部不明显，此人年轻时会受困，中年运气亨通，但由于突然间飞黄腾达，让人很不习惯，所以会多生忧虑。腰部和背部都生得很好的人，富贵双全，荣辱不能使其受影响，利害也不能动其意志。这是腰部和背部生得好的面相。

腰部和背部呈甲字形，像背负着重物，行走时却很轻便，坐下时也很挺直而且平整，这都是好的面相。腰部明显而背部不明显的人，中年时会发达；背部明显而腰部不明显的人，年轻时就能发达显贵。

6. 论腹

腹部像人身上的火炉，装着肠胃，并能消化食物，所以应该长得圆而且长，厚而且坚，并呈下垂状，皮厚而且清秀为好。腹部圆实向下的人有富贵，并且长寿。腹部下坠的人有智慧，能看透一切道理。腹部属阴，能包藏万物，姿势应呈下垂状，这是大贵相。腹部向上收起的人，愚蠢且下贱。腹部向上收起并且很短的人，缺衣少食。腹部像有个婴儿，有很好的名声，人尽皆知。腹部皮很厚，此人很少得病，命贵。腹部皮很薄，此人会经常生病，命贱。

许负说："腹部很小，并呈下垂状，这是大富的人。腹部很长很大，呈下垂状，会声名远扬。腹部像有婴儿，名声显赫，威震海内外。腹部很小并向上提起，像麻雀的腹部，此人贫贱，连住的地方都没有。腹部似三甲，背部像三壬，说明此人积蓄了很多财富。腹部肚脐向外凸出，此人会早死。"

每个人的面貌体形各不相同，只要相称就是好的面相。腹部很大并厚呈下垂状的人衣食富足。从一个人的腹部是看不出此人的吉凶祸福的，需要认真仔细来看才能分辨出来。

7. 论胸乳

胸部是人很重要的部位，胸部长得平坦广阔，说明此人神态安详，心平气和；胸部长得倾斜塌陷，说明此人才智短浅，气量狭小。所以胸部应长得平坦而且长，宽阔厚实，此人才会才智高，福禄双全。如果胸部短小而有凸起，狭小而单薄，说明此人是贫困浅薄的人。胸部很宽阔能容下一个人的身体，此人会富贵。胸部比面部短，此人贫贱。胸部突然耸起，说明此人愚蠢下贱；胸部低洼并倾斜，此人贫苦。胸部平阔像有砥石，说明此人是英雄豪杰。胸部狭窄像土堆，说明此人性情顽劣，智力迟钝。胸部瘦骨嶙峋，骨瘦如柴，说明此人贫穷。胸部凹陷像水槽一样，此人贫穷，而且心肠狠毒。胸部有痣，此人会到万里之外的地方当兵。胸部有毛，此人会声名远扬。胸部宽阔而长，此人很容易积累很多财富。胸部狭窄而长，此人谋划什么事都很难成功。胸部的骨骼和肉长得很匀称，此人仁厚而且富有智慧。胸部骨骼和肉高低不平的人，很愚蠢，而且心肠狠毒。

乳房在胸部的左右两边，汇聚了全身血脉的精华，可以哺养孩子，从此处也能看出一个人的贫富贵贱。乳房宽阔达一尺二寸，是大贵相。乳头小的人，命中贫贱。乳头有弯曲的人，很难抚养孩子。乳头向上仰，其孩子会像玉一样宝贵。乳头向下低垂，其孩子命像烂泥一样贱。乳头方大且壮，此人有福而且长寿。乳头发白发黄，此人命贫贱，而且会绝后。乳头发紫像桑葚一样，此人富贵，并且多子孙。乳头细小像悬针一样，此人很贫穷，身无分文。乳房单薄没有肉，此人衣食不保。乳房厚实有肉，此人财富丰隆。乳头生毛，此人想法很多。乳头有痣，一定能生一个贵子。

8. 论心

一个人心肠好，相貌不好，相貌也会变得好看。一个人相貌好，心肠不好，相貌也会慢慢变得丑陋。这句话虽然很简单，但说出了人间精妙的道理。心是五脏的中心，五脏的主宰神，从一个人的形体是不可能看得出来的。心脏应长得宽阔、平坦、博大、厚实，不能坑坑洼洼、高低不平，也不能狭窄有偏斜。心脏宽阔、博大的人，智慧和思虑都很深。心脏长得狭窄的人，愚蠢，见识浅陋。心脏处生有毫毛，此人性情刚烈豪放。心脏处有骨头凹陷，说明此人很贪婪。

心脏是身体的中心，五官的先神，合、止、智、虑的元神，心脏宽博平厚，此人也一定能荣禄显达。心脏有坑洼偏斜，此人贫困柔弱，会年少而死。心地善良的人有大福，心地险恶的人有灾祸相缠。所以人心地应该坦然。先看一个人举止言行，接下来才能看他的心田。一个人的行为举止和智慧藏在他的神气里。相面师只能看一个人的面相，不能完全看出他心里在想什么。心脏宽平的人有荣禄福贵，心脏狭隘的人贫穷，没有财福。平时不声不响的人，心机很重；

说话时不经过大脑脱口而出的人心底没有一点私心；最可怕的是那些笑着发怒的人，他们的口唇很刻薄，说出的话也是很不可信的。

9. 论脐

肚脐与一个人的筋络、血脉和五脏有关。肚脐长得深而且广阔，此人有智慧，是有福的人。肚脐长得浅而且狭窄，此人愚蠢浅薄。肚脐向上长，此人有福气有智慧；肚脐向下长，此人贫贱愚蠢。肚脐长得低，此人思虑很远；肚脐长得高，此人没有胆识。肚脐长得很大，能容下一个李子，此人会声名远扬。肚脐向外凸出，并且浅小，这不是善良的面相。

10. 论行

从一个人行走的姿势能够看出此人进退的节操，也能看出一个人的贫富贵贱。一个人经常做善事，就像船在顺水中航行一样，一直会很顺利。作恶多端的人就像逆行的船只，一定会有漂泊和溺水的祸患。贵人行走的时候，像流水一样自然，身体不左右摇晃。小人行走的时候，像在火上走一样，脚轻身重。人行走的时候，高昂着头不好，拿东西时侧着身子不好，也不要折着脚。头抬得太高，说明此人太亢奋，太卑贱了，会有弯曲。太急了则暴，太慢了则愚。在和人打交道周旋时不失其节操，进退中能保持风度，是大贵人。脚跟不着地的人，是贫贱的人，早死。走路很快，像跑一样的人，会为了生计远走他乡。一般说来，行走时脚部最好不要弯折，头部最好不要下垂；走路应急促，身子应挺直，起步时应大而阔，身体微向前倾没有一点阻碍的，这是贵人相。像龙和老虎一样行走的人，是大贵人。像鹅和鸭子一样行走的人，是小富豪。像鹤一样行走的人，聪明。像老鼠一样行走的人，疑心重，并且思虑的东西很多。像牛一样行走的人，是巨富。像蛇一样行走的人，很狠毒，寿命短。像麻雀一样行走的人，衣食不保。像喜鹊一样行走的人，孤独。像乌龟一样行走的人，长寿。像马一样行走的人，很辛苦劳累。行走像行云流水，这是贵人相。行走很沉稳的人，能荣贵。行走很轻并且急促的人，贫贱。行走呈跳跃状的人，孤独。行走头不低垂不高昂的人，富贵双全。

相师许负说："要看一个人行走的姿势是吉是凶，需要让他先走十步，随即叫他回头。此人向左转头，说明此人会有官职；向右转头，此人没有官职，并且衣食不保。行走像龟一样的人，聪明而且长寿。行走像鹿像马一样的人，会生活得很辛苦。走路时不低着头，也不高昂着头，这是富贵相，行走时两脚互相碰撞，此人会早死。相人行走的吉凶，还要看他站定时的姿势。此人站定，让他行走，如果他先抬左脚，说明此人尊贵；先抬右脚，说明此人贫贱。走路时头低着的人，多思虑。行走时常自言自语的人，卑贱。走路进在半步内身体就出现一仰一俯的姿态，这是下贱相。"

11. 论坐

行走属阳，坐姿属阴，阳主动，阴主静。坐下时凝然不动，这是有德行的人的表现。坐下时摇动膝部，此人会散尽家里的财产。坐定后会把头转过去，坐姿像狗，一点都不端正，这是贪婪的浅薄小人。一个人的相貌不够恭顺，姿态不够谨慎，这叫筋缓肉流，是短寿的面相。坐下时应像山一样稳重，行走时像流水一样轻快，身体稳重为好，步子舒缓为好，这是好的行相和坐相。坐下时像钉石或像山一样的人，大贵。

12. 论卧

睡卧是一个人休息时的姿势。躺下时精神安然宁静，一动不动，这是有福有寿的人。卧着时像狗一样蜷曲着身子，这是上等相；像龙一样弯曲着身子，这是贵人相。睡着时口张着的人短命。睡着时咬牙的人会死于战场。睡熟后眼睛张开着，会在外出的途中恶死。睡熟后胡言乱语的人是奴仆命。睡觉时仰躺着像尸体一样的人贫苦，并且短命。睡熟后鼾声如雷的人愚蠢，容易死亡。面向下把整个面部都压住的人，会饥饿而死。沾床就能睡着的人命贱，但活得很顽强。侧卧而睡的人吉祥长寿。睡觉时总是翻来覆去的人心里不稳定，脑子里很乱。睡眠时间很短但思维很清醒的人大贵。睡眠时间很长的人神气混浊，是贫贱命。睡熟后很容易惊醒的人聪明敏捷。睡熟后再大的声响也不能惊醒的人愚蠢顽劣。呼吸均匀的人长寿。呼气多、吸气少的人寿命短。睡眠时发出嘘嘘声的人随时会死亡。睡熟后身子仍然轻轻地摇动的人，说明睡得不安稳，是下等人的面相。

睡熟后像乌龟呼吸一样，气息从耳朵里面进出，这是大贵相。睡眠很轻容易醒的人很聪明。睡熟后像猪一样，鼾声如雷的人贫贱。睡熟后躺着像尸体，呼吸很粗，像在吼叫，睡不安稳，总是辗转反侧；或摇动，这都是下贱人的面相。

躺下时呼吸均匀，恬静自然，很轻，睡了一个晚上都觉察不出；熟睡后手里像抓着东西一样，这是大贵相。熟睡后像猪一样气息不和，此人贫穷，缺衣少食，为了生计到处奔波忙碌。经常在睡眠中说梦话的人，平时跟人说话时经常胡言乱语。

13. 论食

人们只有通过饮食，气血才能强壮，性命才能维持。饮食失节的人性情暴躁，不和缓。在吃东西时，夹食物时徐缓有度，咀嚼食物时慢而有容，下咽时缓慢，开口时急快，坐姿端庄，脑袋平正，吃东西很快但不是暴食，或慢但不是太缓，很有节奏，这都是好的面相。所以，吃东西时要少说话，咀嚼食物时不要发怒。吃饭快的人容易发胖，吃饭慢的人瘦。吃饭少的人容易发胖，性子很宽厚。吃得很多却不胖的人性子很乱不平和。吃饭很急的人性情很暴躁。吃东西慢的人性情温和。吃饭时仰着头的人贫贱。吃东西时像啄食一样的人贫穷。吃东西时闭着口的人性格单纯温和。吃东西时口唇颤动的人不讲义气。吃东西时牙齿外露的人生活很辛苦，并且短命。吃东西时掉饭渣的人会饿死在途中。像老鼠吃相的人命贱；像马吃相的人贫贱；像牛吃相的人有福禄；像羊吃相的人尊荣；像老虎吃相的人是将帅，能掌大权。像猴子吃相的人会当大官。吃东西时脸色总是在变的人，一生穷困，衣食不保。吃东西时动作应快而不应慢，应安详不应急躁，咀嚼食物时不要发出声响，吞咽食物时也不发出响声，这才是好的吃相。

14. 论德

如果一个人能效忠于君主，孝顺父母，这是有德行的人的主要表现。如果此人活着时没有得到好的回报，会留下阴德，惠及子孙。善于看相的人会先看一个人的德行，再看他的形貌。所以说，一个人有好的德行，形貌长得丑陋，这并不妨碍他是一个正人君子。形貌长得好看，却作恶多端，好的相貌也不能掩盖他的小人本性。荀子说："给人相面不如看他的心地是否善良，看他心地是否善良不如看他为人处世的方式。做人应该多行善事。"

一个人的外在形象就像材料，德行则像器具。好的形象再加上有好的德行，就会变成好的人品，此人命运就会吉祥多福。反之，就是白白浪费了好的材料，此人的命运也不会好。所以，看一个人命运好坏，外形关系不大，德行比较重要。相人是否有德行有九条标准：一是能包容，二是乐善，三是好施，四是能举荐人才，五是能保持常态，六是不忘他人的好处，七是勤劳，八是爱惜物品，九是很谦虚。

有的人相貌堂堂，一表人才却心狠手辣，表里不一；有的体貌轻盈，短小精悍，却心地善良助人为乐。怎样从一个人的相貌而得出他的命运是富贵还是贫贱呢？没有其他的办法，首先是看他的修养，然后看他的形貌。

15. 论善

一个人的心地是否善良，能反映在他的相貌中，相貌是心的外表。外表端正的人心地也会善良，外表崎曲的人，心地也会恶毒。所以说，看一个人外表，就能知道他的心地了。

脑袋高耸坚挺，额头方正宽阔，眉毛稀疏秀气，眼睛细长清秀，耳廓平厚，鼻梁高耸笔挺，心地宽广，背部丰隆厚实，人中分明，口唇端正，气色和顺，呼吸均匀，声音圆润宽广，体形端正峻拔，肤色明亮有光泽，说话有条有理，饮食有节制，进退符合礼仪，行走坐下有风度，这是贵人相，说明此人心地善良，会经常做好事。

16. 论恶

　　如果一个人脑袋尖，额头窄，眉毛浓厚，毛发枯焦，耳朵侧反，舌头外露，口大唇薄，眼睛内有红色血丝，眼白多，眼黑少，神色惊慌，脸部像有尘土敷面，鼻头尖，地阁尖削。这些都是恶人的面相。

　　眼睛像羊目黑多白少，耳朵小嘴唇宽，都是恶人的面相。牙齿和鼻子歪斜的人心胸狭窄；鼻头单薄的人，性情卑贱。眼睛长得像蜂目一样的人，内心狠毒；说话声音像豺狼的人会害人。

　　相貌丑恶与心地丑恶的人是邻居，平时就尽干些伤天害理的事。豺狼声音与蜂眼睛的人很恶毒，最好不要与这种面相的人打交道，因为这种人不是别人害他，就是他去害别人，成天生活在恐怖中，冤冤相报没有尽头。

17. 论年少荣昌

　　耳朵部位的肤色像凝脂，比面部还白；眉毛稀疏清秀，并呈月牙状的弯曲；腹部像有婴儿，肚脐很大能容下李子；学堂丰隆，与额头相称；日角光隆，驿马肥厚；司空平满；面有神光，显出威严；骨头坚硬，肉很实在；行走矫健飞快；眼睛黑亮如点漆，耳门很宽；寿上丰隆润泽，看东西时像老虎的眼光，狮子鼻；四渎和印堂部位很清明；肤色薄并呈黄色，说明此人年少时就能荣昌。

18. 论蹇难命运

　　形体瘦削、骨骼外露的人多有磨难。面色像火一样赤红，肩部尖削向上耸起像鸢一样；气色变化无常，随着语气而变化，面色蒙上了一层尘土；体形丰满，但脑袋尖削，有筋外露，眼睛环顾四周时没有一点精神，神色昏迷；眉毛压眼，眉尾有旋；行走时步子很重；眉头总是皱着，口小，山根有断开；吞咽东西像噎住了一样；喉结粗大凸出；肌肤冰冷像铁；声音像破锣声没有一点底气；面上像涂了一层膏一样苍白；胸部和臀部外露；形貌枯干。以上这些都是不好的面相，说明此人命运多有曲折。

19. 论忠信慈孝

当门两颗牙齿叫学堂，长得整齐而且大，说明此人讲信用；如果再洁白，气色温和呈明黄色，说明此人慈善，而且孝顺。

20. 论愚僻凶暴

眼睛细长深邃，下斜并会偷窥人，说明此人性情隐僻；人中方正广阔，冷笑时露出两颧骨，脖子后面有肉凸起，静坐时不说话，口却自动张开，经常摇头弄舌，胸部长得窄小，熟睡后经常说梦话，这些面相怎么可能是贤能人士的面相呢？眉毛歪斜如草状散乱，并且还逆着长；皮肉横生的人性情刚烈暴躁；从睫毛下偷着看人，眼神叛逆；声音像豺狼，眼睛像蜂眼；肩向上耸起像鸢；嘴唇宽大像老虎的嘴唇；眼睛里出现条状的血丝；声音像破锣；形体干枯。以上这些面相都主凶，说明此人心地奸险，一定会恶死。

21. 论形相带杀

相形带杀有五种情况：眼带杀、神带杀、声带杀、形带杀、性带杀。眼睛里有赤红色的血丝，这是眼带杀；神色昏暗迷醉，这是神带杀；声音像破锣一样，这叫声带杀；肢体有残缺或伤破，这叫形带杀；心地恶毒，总是害人，这叫性带杀。这些面相的人都不得善终。

22. 论相疾病缠身

如果一个人的面部出现烟尘状的黑色，说明此人精力枯竭了，不久就会死亡。天仓布满暗黄色，面色干枯，说明此人脾脏有病变，不久就会死亡。皮肤很薄，面色苍白，胸部高起，呼吸不畅，毛发枯焦，胡须发红，就是有像扁鹊一样的名医也不能使其起死回生了。气发虚，嘴唇焦枯，眼肉干，说明肝脏出了病变，如果面部出现赤红，鼻头发酸，此人神经错乱，一定是心脏有病变，脉红见血，此人会死亡，更不会有后代了。

23. 论婴儿面相

　　刚出生的婴儿哭声连续不断，说明此儿长寿。婴儿哭声断了后又再哭，说明此儿不会长寿。额头有旋纹，此儿年轻时就能发达显贵。枕骨还没有长成时，此小儿就能说话了，说明此儿口才好。眼睛大而且有神，此小儿的富贵不可限量。婴儿囟门不合，八岁时会有灾祸。好几岁了还不会说话的小儿有大福，一定能成为栋梁之才。阴部萎缩像没有一样，会早夭。五岳有偏斜，是不吉的面相。身上总是有冷汗，活不长。全身柔软像没有骨头一样，活不长。肚脐很小并且生得低，也会早死。过早就会走路了，过早就能坐了，或很早就学会说话了，很早就长牙齿，这样的婴儿都很难养成。头出现四破，啼哭时声音很散，也不会成人。经常摇手和脚，不听大人教导，小便像膏状，会早死。肉虚浮于骨头上，也会早死。阴部很大，囊皮有皱，并且很坚实，此小儿有福并且长寿。

24. 论儿童面相

　　面浮不紧，此小儿会夭亡，很难养成。头长得圆，骨头高耸，此小儿很好养成，并且对父母都有利。额头方而长，没有凶险，喜事一件接着一件。山根出现青气，此小儿会有大灾。阴囊像荔枝一样结实，此小儿也会长得很结实。面肉虚浮，很难养大成人。头扁没有脑子，骨骼常常有响声，眼睛无神，也没有一点精神，会很快学会走路，但难养成人。面色发紧，而且结实，此小儿好养。声音响亮，神采清爽，形体端正，此小儿好养。鼻梁低小，早年时会有一些小灾。发际压眉，命硬，能克死父母，最后剩下一个人孤苦无依。发际高阔的小儿一定很聪明。气短声音急促的小儿一定会夭亡。面部没有颧骨向内凹陷，在家很难养活，只有送给他人抱养才能成人。面部只有鼻子高高耸起，骨多肉少，眼角和嘴角低垂，两眉散乱，此小儿长大后与妻子感情不和。额头上出现横纹，不管男孩还是女孩，都会克死亲人，最后孤苦伶仃。泪堂部位出现黑痣，此小儿将来结婚生子，其孩子会受到刑克。眉毛短小盖不住眼睛，会散财。眼睛很小，神采外露，会夭亡。头重脚轻，晚年时会孤苦伶仃。上宽下尖，此小儿会早死。脖子比面部白，衣食富足。神色有余，大于形体，此小儿长大会荣贵显达。玉枕骨也叫玉环，如果骨头高起，此小儿会高寿。玉枕骨很平，不能长大成人。玉枕骨下陷像坑状，此小儿活不过八岁。

喜欢玩耍，神气很足，此小儿一定会富贵显达。说话时声音气弱，又不喜欢玩耍，神色不足，说明此小儿有病，气弱，活不长。脖子上有寿绦出现，此小儿富贵而且长寿。很早就学会走路的婴儿富贵。很晚才学会说话的小儿也富贵。八岁时穿着整齐，声音响亮，眉清目秀，带着一种脱俗的气质，此小儿会富贵双全，并且长寿。反之，穿着不齐整，很脏很乱，声音不清晰，寿命长，但是贫贱命。口角常流口水，此小儿是奴婢命。脸上有旋毛，会克父母。阴部像截筒，这是大贵相。阴部很大，此小儿愚蠢。

小儿的声音像乌鸦的叫声，说明其会富贵荣华。声音像破锣，说明其会家破人亡。哭泣时像啼鸣一样，孤独没有兄弟，也会克父亲，离开母亲。

小儿瘦小，五官生得细小紧促，皮肤很紧，肉紧贴在骨头上，此小儿一定会早死。

第九章　相术解析

第一节　七种面相类型解析

一、圆形

　　肌肉厚实而浑圆的脸孔，性格如其外貌般温和。脸形圆的人，体型多半带浑圆感。

　　圆形的人待人温和，与任何人都能相处融洽，性格和顺、亲切。但有时也具有任性及自扫门前雪的个人主义的一面。脸形圆的男性在金钱方面有些吝啬。

　　和圆形人相处的要领是成为好的听众。如果你的男朋友是圆形脸的人，可以和他共享用餐、兴趣、运动等的愉悦，而女方是圆脸型最好采取倾听其谈话的乖顺态度。这种脸型的人具有协调性，天生难以抗拒他人的请求。

二、蛋形

　　外表的特征瘦长而下颚呈圆弧状，额头清晰而广圆。女性有蛋形脸，多半是美女。蛋形脸的人，具有顺应性，若是职业妇女，也能兼顾工作与家庭，而且富有理性，在混乱的事态中绝不会慌张失措，能做出正确的判断。情绪极为稳定，很少高低起伏，多半会获得旁人的信赖。但是，思虑非常细腻，会为一点小事而变得消沉、落寞。

　　蛋形脸的人，会将公私划分得极为清楚，并奉为信条。在与人交往当中，绝不会有贸然的行为。

　　在工作上端庄有礼、又具有创造力，然而欠缺执著的耐力。自尊心相当强，如果部属或年幼者以不逊言词指责其过失时，其会勃然大怒。

若欲与蛋形脸的上司和平相处，最好是抬举对方，不可指责。

三、四角形

方正的脸型特征是下巴四角形、脸颊骨发达、口大唇薄。运动员常见的面相。

态度积极、意志坚强，即使碰到困难也不气馁。

正义感强，但缺乏融通性，在职场上很容易和上司或部属发生意见冲突。这种脸形的人，具有老大气质，有事相求必定鼎力相助。

四、细长形

脸形长，下巴呈四角型，而鼻、口小的人，心思细腻，对细微琐事顾虑周到，具有研究的热忱，擅长与人交际。

通情达理，但是很难表白自己的真心本意，因此在工作上感到费力。

细长脸形的男性似乎对性爱的追求强过一般人，技巧也出类拔萃，是天生的花花公子。

细长脸形的女性，在性方面较生涩，但在心灵深处却渴望性关系。

五、本垒形

颧骨到下巴的线条非常明显，体格健壮带有阳刚之气。

热心于研究，又具有耐性。在交际上没有特殊的恶念，能与任何人打成一片，对他人体贴，有同情心，不会将自己内在感情表露在外，因而受到众人喜欢。

本垒形的男性不会拈花惹草，只对单一的女性钟爱，作为妻子的人可以放心。但是本垒形的女性却恰好相反，喜欢和很多男性来往，在性方面表现极其大胆。

六、混合形

混合形的特征是脸孔整体有棱有角或额头小、颧骨宽大。

顽固、不服输、神经质、爱慕虚荣，似乎找不到一处优点。但在各方面表现都很积极，做任何事都能展现相应的能力，当政治家或影视明星、秘书会有更好的发展。

混合形的人会与志趣相投的人融洽相处，然而只要有一点不满意则会全盘否定对方。

畏惧权势又喜欢受人吹捧。

混合形的男性有病态性爱的倾向，而女性则对性行为有憎恶的倾向，被男性背叛或产生不信任感时，很可能成为同性恋。

七、倒三角形

额头宽而下巴窄，呈倒三角形的脸孔。整体脸孔小，而身体也细瘦、娇小。倒三角形脸相的人，做事一丝不苟，但有怪癖的性格，凡事不顺己意时，都会焦躁不安。从事科学、医学等技术研究，成功的可能性极高，但会因其过于自信或狂妄自大而招致失败。

第二节　面相十二宫解析

一、命宫

命宫就是印堂，位置在两眉中间、山根之上，主管人的财运、官运、疾病和运气。印堂的吉利信息主要表现为，印堂明亮、光明如镜、明润、平整、印堂宽阔、印堂饱满、色泽红润。

其凶的信息主要表现为，印堂窄小、凹陷多纹、有伤痕、肉瘤、色泽黑暗、没有光泽。如果印堂有乱纹出现，必主贫寒、下贱、克妻、破尽家财。印堂气色青、黄、虚、赤者，主刑伤。色泽发白，主家里或亲属丧服哭悲。发黑，主身亡。发红、黄，为吉兆也。

二、财帛宫

财帛主管人的财运，也叫财星，在鼻准。耸直丰隆，如截筒鼻、悬胆鼻，中正不偏斜，色泽明黄，主其一生财旺富足。

如鼻尖无肉，偏窄枯削，鼻孔外露，鼻孔朝天，若忽然枯焦，色泽不正，则财帛消失，还须防病灾。

三、兄弟宫

眉毛为兄弟宫，代表姐妹、兄弟。眉清秀而疏，形如新月，兄弟姐妹多且团结；眉毛清秀而长，超过眼睛，兄弟姐妹多且关系好。

眉毛短粗、逆散，眉毛中间断开，则主兄弟分散，互相妒害。

眉如兄弟软轻长，兄弟生成四五强，两角不齐须异母，交连黄薄丧他乡。

四、迁移宫

迁移宫位居眉角，号为天仓。是观看旅行、移居、外迁的部位。迁移宫明润洁净，没有杂纹、疤痕，利远行和婚姻；迁移宫低陷、缺陷、有疤纹，则常招惹是非。若迁移宫丰盈隆满，而且有光彩，则必无忧虑之患，一帆风顺。

五、官禄宫

官禄位于眉心正中，表示一个人的事业成败。官禄宫光明莹净，红润饱满，必显通达，官运超过长辈。

若有疤痕、黑痣，则与领导不合，有官司或招惹是非。

六、福德宫

福德宫位居于天仓，若与地阁相连，五星朝拱，则平生福禄滔滔，享用不尽；若天地相互对应，德行必全，五福俱来。

若下颏圆阔，而额头狭窄，则早年吃苦；如额头阔，下颏尖尖，则老年必定有不顺，若眉高目耸，则一生平平；若眉毛下压，而耳朵上掀，则福禄德行俱差。

七、田宅宫

田宅位于两眼之上、眉毛之下的眼眉之间。赤色眼脉侵犯眼睛的人，年轻时会倾家荡产，到老年连饭都吃不上；如果眼睛黑又亮，如点漆一般，则终生不愁吃穿。田宅宫表示遗产、家族关系、田地等。田宅宽而有肉、色润莹黄的人，能继承家业，有亲朋上司提升；如果是凤目高眉，则家产丰盈；如果是火眼水轮，则会败尽家业。

八、男女宫

男女宫位居两眼之下，包括卧蚕与泪堂。男女宫表示男女感情和子女方面等，太阳、中阳、少阳平满的人，儿孙福禄双全，荣华富贵；卧蚕柔软而鼓起的人，有人性的魅力，子女成行。

泪堂深深凹陷，则不吉利，将来必为鳏夫或寡妇。男女宫有黑痣，黑痣为子女操劳之相。女右侧、男左侧有黑痣之人，男孩辛苦；女左侧、男右侧有黑痣的人为女孩辛苦。如果人中部位平平，则儿孙不孝，难得终老。男女宫气色光润无滞，有紫气生好儿女，色赤主难产；色青右主生女，色青左主生男。

九、奴仆宫

奴仆位居地阁，与水星相连。若下颏圆润丰满，则必定有成群的人侍立在自己身边。如奴仆宫肉多，气色红润，无疤痕黑痣，无纹理破陷，则官运亨通，口是四字形状，是作威作福之貌。

如奴仆宫瘦削少肉，或有伤疤、黑痣，即使行官运，也必与下属关系紧张，晚景凄凉。

十、疾厄宫

疾厄宫位于山根的下部。此宫暗示健康、疾病、责任心、荣誉感。如果鼻子高隆丰盈，则一生福禄无穷，色泽明黄有光彩，定是五福俱全。山根高隆丰满者，聪明智慧、才华横溢，主青云直上，富且贵，家庭和睦，得享天年。

山根低下凹陷者，智能偏低，为下贱之相，终身贫困不得志，且多疾病缠身，短命而死。

十一、妻妾宫

妻妾宫位居鱼尾，又称奸门。妻妾宫光滑润泽，没有皱纹，必定夫妻和美。妻妾宫与男女情欲、夫妻关系的状态有关，光滑平润纹线稀少者，夫妇和睦，婚姻幸福，而且妻有帮夫运，必致家财万贯，夫贵妻荣。

奸门深陷或鱼尾纹过多者，夫妻不合，或分道扬镳，或夫克妻死。鱼尾颜色枯黑无光，表示性方面有病。若鱼尾有黑痣或斜纹，主妻多淫，四处偷情。

十二、相貌宫

相貌是面部各部位的总称。视人相貌，一定要先看五岳，后看三停。五岳者，鼻为中岳嵩山，右颧为东岳泰山，左颧为西岳华山，额为南岳衡山，颏为北岳恒山。如果此人五岳丰盈，三停相等，则一生富贵，一生永保平安显达。

如果五岳歪斜，一生贫困，三停不匀，贫贱寿短。额头管人的早年运气，鼻子管中年，地库管晚年运气。

第三节　五官与三停解析

五官就是指人头部重要的五个部位，即眉毛为保寿官，眼睛为监察官，鼻子为审辨官，口为出纳官，耳朵为采听官。

在看相的时候，五官相当重要，是衡量一个人运势好坏信息的重点。一个人的五官端正、清秀、搭配合理，其一生不愁吃穿，富贵终身。

如果五官的组合不理想，或一官好，或二官好，那么这个人的运势就会出现时好时坏的情况，具体时间用三停来衡量。三停：上停管三十岁以前的运势，中停管三十一至五十岁运势，下停管五十一岁以后的运势。为人看相，要五官三停兼看，虽然人的五官端正，但三停不匀称，缺乏神气，印堂发黑，脸色没有光泽，手掌硕大且满手茧子，也不能断为富贵相。因为一些人的面相五官会迷惑别人，即使眼大、鼻大、口阔，穿戴打扮又整齐大方，表面看去很像一个企业的大老板，也不能随便下断语。看相时下断语一定要活，不能照着书本死搬硬套，有些断语是可以硬套的，但有些断语是靠临场的发挥，如人的一个动作，一个眼神，一个举止，都可能反映出被测人的信息。心随相动，相随心生，首先不要心急，要观察他身上的信息，看他的身上、面上、手上有没有特定的信息，还要分析这些信息的真假，符合他本身的情况。

第四节　五岳与四渎解析

人面部的五岳，就如自然中的五岳，各有千秋。若生得挺拔灵秀，好似名山胜景，则一生富贵。

额头为南岳衡山；下巴为北岳恒山；鼻子为中岳嵩山；右颧为东岳泰山；左颧为西岳华山。

面部的四渎就如自然中的四条河，耳为长江，目为黄河，口为淮河，鼻为济河。若四渎源远流长，捱岸不动，则财源滚滚；如东逝水，则会大富大贵。耳为长江，耳孔要深而宽阔，但口处要紧缩，则才能聪明灵慧，家运昌隆；目为黄河，眼窝内陷，眼线绵长者高寿而富贵，眼光有神多能显贵，眼光昏浊散漫者不会发达；口为淮水，口要方大平阔，上下唇要吻合，方为吉相，上下唇不协调就会家业破败；鼻子为济水，鼻子如悬胆，丰隆莹润，鼻孔不朝天、不破损，主大贵。

看相要分男左女右。一至七岁，男子看左耳，女子看右耳，又称金星，耳的轮廓要分明，色泽宜红润，不宜发青色，耳轮不宜灰暗，色红润说明身体无病。

八至十四岁，看右耳木星。耳轮廓要分明，气色宜红润。十五岁前后看相，由于小孩骨骼未发育成熟，头与身体的比例与成人不一样，头大面孔小，眼睛在脸部的中间，眼睛明显较小而鼻子较短。如用三停的方法就不成比例，因此小孩看相只能看耳朵轮廓和耳垂珠，色泽红润的人从小聪明，生活优裕幸福，早运好；白灰者，身体有病，寿命短。

第五节　眼睛解析

1.大眼睛的人性格外向，小眼睛的人性格内向。

2.眼睛黑珠多，白珠少，静静闪出灼灼的光芒，主发达富贵。

3.眼睛凸出的人，贪婪小气、淫荡。若是女人眼睛凸出，则为孤苦之命，多主婚姻不顺。

4.眼睛大而无神的人，一生下贱，一事无成。

5.三角眼的人，心胸窄小，心狠手辣，喜欢记仇，报复心强，狡诈。

6.三白眼、四白眼的人，个性极强，六亲不认。女人有三白四白眼者，敢杀夫。

7.桃花眼是上下都是双眼皮的人，眼里含水，必犯桃花。

8.眼头破缺，必散家财。

9.眼睛小且白眼珠又多的人，终身贫困。

10.眼睛细长且有秀气，是福贵之相。

11.眼睛圆或短，又小，为贱命之相。

12.眼睛里的白眼珠有红色血丝或紫色的血丝，主横灾破财。眼睛里布满红血丝的人，将有病或有灾。

13.黄眼珠的人，性格暴躁，六亲无力，不可深交。

14.眼睛凹陷的人多生女儿，难生儿子。眼睛凹陷的人，高傲阴险，欲望过高。

15.两眼有神，深黑光亮，别人不敢仰视，必是当官之人。

16.左右两眼高低不同，中年以后婚姻易变。左高为男人当家，右高为女人当家。女人反断。

17. 两只眼睛大小不一样，为雌雄眼。左眼大丈夫当家，右眼大男人怕老婆；女人有此眼睛，性情不稳，喜怒无常。有雌雄眼的人对神秘文化特别感兴趣，如星、相、占、卜等。

18. 两眼距离超宽的人，目光短小，器量不大，妒嫉心重。如果女人两只眼睛距离越宽，则禁不住男人的诱惑，容易失身。

19. 眼大的人，思想灵活，领悟力高。但眼大的人没有持久性。眼大的男性易被女人喜欢。

20. 小眼睛的人做事机灵，心眼多，反应快，应变能力强，自私，以自我为中心。

21. 凸眼的人观察力敏锐，嘴能说。凸眼睛的女性，婚姻容易失败，守寡。二婚之相。

22. 大眼女性较开放，不隐瞒任何事情，个性比较开朗。眼睛小的女人，计谋多，做事认真，会管理钱财。但大眼睛的女人禁不住男人、金钱的诱惑，比不上眼睛小的女人机警、稳重。

男人眼睛大，富有精力，充满干劲，胆识也大，容易成功；男人眼睛小，对任何事情不容易抓住机会，而且好色。

23. 眼睛的外侧眼角称奸门。奸门开叉，必犯桃花。

24. 生男生女，主要看眼角、人中、嘴角。生男孩，眼角要向上，人中要深长且有棱，嘴角宜上翘；生女孩，嘴角宜下弯。看眼下子女宫，男左女右观看，左边色泽明黄生男孩，右边色泽青暗生女孩。女子反断。有眼力者，准确率达 95% 以上。

25. 眼睛近乎于圆形，带黄色，为高官之相。

26. 眼睛不正，眼神不稳，经常转来转去，游移不定，是个淫荡、贪婪、手脚不干净、喜欢偷窃的人。眼睛歪斜，小人也。

27. 女人子女宫丰隆，必生儿子。

28. 女人的眼睛白眼珠多，黑眼珠少，主淫荡，喜欢偷听、偷看、心眼窄小、不守妇德。

29. 蛇眼的人，必心肠狠毒。

30. 眼角向下的人，脾气不好，婚姻不顺；眼角向上挑的人，比较有福气，但脾气不好，个性强烈。

31. 左眼为日（代表父亲），右眼为月（代表母亲）。男左女右。

32. 眼内白多黑少，女人杀夫，男人愚笨。眼珠发黄且有红血丝侵入眼内，女子必定克夫。

眼睛是人体的重要器官，眼睛可以决定人的一生，所以掌握眼睛的相法至关重要。以上招法，百叫百准，如果能结合面相其他部位的好坏综合判断，就可以成为相法高手。眼睛可以看出一个人是温柔还是恶毒，是冷淡还是热情，是憎恶还是友善，是悲愁还是欢喜，喜怒哀乐都能从眼睛中体现出来。观其人，先看其眼，因眼能传神，眼睛最能显示一个人的内在能力与品格，眼睛可以观察出一个人的个性与精神。

眼睛清秀，双眼对称，眼睛周围没有疤痕、痣与肉瘤；眼睛窄而长或大而圆，上下眼皮干净，无瑕疵；瞳孔位于中央，黑眼珠要多，白眼珠要少，漆黑发亮、闪烁。瞳孔的色彩稳定。具备了这几点，才算为完美的眼睛。

第六节　鼻子解析

鼻子是人脸面的支柱，是五岳中的中岳，是中央戊己土。鼻子代表人的财运，左右两侧的鼻翼是财库，鼻柱的左边叫左库，右边叫右库。鼻子两侧的财库长的高且端正的人，一定能攒钱。鼻相短、曲、尖、小的人，胸无大志，而且家中贫穷；鼻头缺破，破财孤独。鼻相是相当重要的，看相一定要综合审视一个人身体的全部信息，不能只看某个方位的局部信息，比如相法中说，鼻大有财是对的，但在中国历史上有记载，有一些伟人的鼻子很小而财气很大。所以断相之法，一定要综合运用，看人身上好的信息，还有坏的信息，综合好坏信息后才可以铁口直断，这是符合现代相法的大宗之法。

1. 鼻子的形状如悬胆和截筒者，富贵、幸福、有财。

2. 准头尖小（也就是鼻头下部尖细）者，心眼多，财不旺。

3. 鼻子上长有黑痣或伤疤者，运势不佳，做事受阻。

4. 鼻子露孔者，贫穷、身体欠佳。

5. 鼻如鹰嘴，心狠手辣。

6. 鼻子长的人，做事认真、死板，能专心工作。但顽固、不温柔。鼻子短的人，明朗开放，少自信，依赖性强，轻率，但和蔼可亲。

7. 鼻子高的人，冷静、自尊心强，追求名誉和地位。鼻子低的人，态度消极、自卑，容易受他人影响，虚荣心强。

8. 鼻子粗的人，体力佳、态度积极、体贴、有忍耐力、有度量，是物质、金钱、食欲、性欲本能强的人，财运旺。

9. 鼻梁无骨，短命、身体不好。

10. 鼻子有三道弯的人，一生贫困孤独。

11. 鼻子上有二处塌陷的人，注定骨肉要分离。

12. 鼻子不正的人，向左或向右弯斜，存不住钱财，财来财去，大起大落。

13. 准头丰隆耸起，色泽红润，又圆又肥，其人必富。

14. 准头有垂肉（下垂），其人必好色。

15. 鼻梁不直，鼻尖歪斜的人，必心眼坏。

16. 鼻子上出现横线或长红血丝，必有病灾或血光之灾。

17. 从女性的鼻子可观察其丈夫。女人鼻大，又无陷坑、疤痕，其夫必是有能力之人。

18. 鼻梁狭窄，像刀剑一般，此人必劳苦。鼻梁大而平扁的，必是老谋深算之才。

19. 鼻上无肉的人，性格顽固，沉迷酒色财气。

20. 鼻大有肉的人，性格温和，聪慧，乐于助人。

21. 准头左右的小鼻（兰台、廷尉），肉厚而圆，鼻孔不朝上、不外露，富贵之相。小鼻的相法很重要，小鼻薄无肉者孤苦，财运不佳。

22. 鼻梁山根低的女人，是性方面的天才，特别喜欢性生活。

23. 山根低的人脾气不好，性格古怪、倔强。

24. 女性的鼻子低，择偶困难；女性鼻低，丈夫的运势极差。

25. 鼻孔向上的人，懂交际，不易存钱、圆滑。

26. 鼻孔大的人，性格、心胸宽大，财来财去，挣多花多。鼻孔小的人，心眼小、吝啬、节约、多疑、小气，很难有好的运势。

27. 段鼻（鼻子中央部位突起）的人，个性倔强，独断专行。段鼻的女人，多数婚姻破裂。

28. 鼻子发黑，近期要生病或破财。

29. 鼻梁过高者，六亲难靠，一生不积财。

30. 鼻上有凸、陷、凹、缺或有纹痕，主婚姻失败，不积财。

31. 鼻子向左偏先伤父，鼻子向右偏先伤母。男左女右。配合日月角和悬针纹看，百叫百准。

32. 鼻子准头发黑，有病、有灾、破财。鼻子准头色泽黄红色，主财运好，事事顺利。黄明者，有财发；白者，要破财。

鼻子的相法，以准头为准。准头要高而肥壮，丰隆挺直，鼻梁宜直，不宜弯曲，鼻梁也不宜扁低。塌鼻子、鹰嘴鼻子、钩鼻子，准头无肉，准头多肉，鼻孔外露，鼻翼过薄过小，都非吉相。

第七节　口（嘴）相解析

口是大海，容纳百川，上通五岳，下通全身，百谷以接万物，饮食而通五脏造化，祸福之柄，赏罚之所出，是非交会的地方，又是说话的门，心的窗户，所以人的行为端正不乱说话叫做口德，诽谤多言叫做口贼。掀开嘴唇，露出牙齿，就会泄露真气，寿命不会长，所以嘴应厚且宽，唇应端正，牙齿应整齐。所以把深藏端方、润厚红阔叫做有大的美德，只有红方阔大而不周正、扩大而不知叫敛，黑而不红，尖而不隐藏，偏倚而又斜小，薄而且下垂的人是穷命，凶夭的命相。口像四字，钱财富足。唇如涂口红，文章写得漂亮。口如朱唇，必是忠厚老实之人。口不见唇，威震三军。牙像狗，嘴像鸟，阴险多诈。口低而嘴角下垂，脾气、运势不好。口如吹火，无粮孤独。纵纹入口，饿死无疑。口如鼠食，喜欢奸谗、妒嫉。口如马嘴，饥饿的穷人。口能放进拳头，出入将相。口如缩囊，孤独少粮。龙唇凤口，不可为友。口宽舌大，田粮富足。口宽舌薄，喜欢音乐。唇红须白，老来万事亨通。唇发青，必定早夭。

一、相口四十一法

1. 口大方正，颜色如涂口红，大吉之相。

2. 口大的人，性格开放，器量大，有领导才能，做事成功。

3. 口小的人，做事小心翼翼、消极、心胸狭窄。

4. 口如吹火的人，孤苦，运势不佳。

5. 嘴角向上的人，性格开朗，嘴角向下的人，脾气不好。

6. 嘴唇上纹多的人，孤苦、奔波之命。但此人社交能力强。

7. 笑时露上牙龈的人，风流。若是女子，则禁不住男人和金钱的诱惑。

8. 嘴唇黑紫的人，心地狠毒。

9. 嘴唇薄的人，能说会道，应变能力强。

10. 嘴角向上的人，幸福、开心。嘴角向下的人，阴森怪异，脾气古怪，很难与人相处，抱怨生活，顽固、固执、财运不佳。

11. 嘴角上有黑痣的人，喜欢吃喝。

12. 口大的人，性格外向，做事大胆。口小的人，性格内向，做事守旧，胆小。

13. 嘴唇厚的女人，对爱情有浓厚的兴趣。女人嘴唇有痣不愁吃穿。

14. 嘴唇过薄的人，喜欢奉承，不可为友。

15. 不论男女，下唇厚的人，性欲强盛。

16. 嘴唇时常紧闭，对贞操极为重视。女人口唇不紧闭，而且笑时露出上牙龈，此人对男女之事很随便，百发百中。

17. 口唇上下都宽厚者，性格纯朴，温顺，忠诚，有耐心。

18. 男人口大吃四方，女人口大吃空亡。其实，口大的女性更胆大，放荡。

19. 嘴唇青黑色，有灾、无财，运气不好，身体有毛病。

20. 嘴唇无棱角的人（棱角不分明），爱吃贪睡，没有上进心，脑袋不灵活。

21. 女人嘴大，扁平，嘴唇没有棱角，好色。

22. 上下唇长相不协调，上下不一样，也没有好运，贫寒。上唇代表父亲，上唇长对父不利，下唇长对母不利。

23. 嘴唇平坦，没有丰隆凸起，一生运势飘泊。

24. 下唇突出者，克妻，妻子多病，凡事都精打细算。

25. 口角线长且微微上翘的人，人品好，运势佳。

26. 嘴歪斜的人，消极，喜欢和别人使心眼子。

27. 唇长的人，竞争力强，自身能力强，现实主人。唇短的人，富于幻想，没有果断力，遇事犹豫、动摇不定。

28. 女人的嘴小，性格内向、爱美、温柔多情。

29. 不论男女，口的形状偏斜、偏薄、露齿，人缘差，容易招惹是非。

30. 嘴唇光滑无纹的人，性格孤僻。有自恋倾向。

31. 嘴唇发白的人，贫穷，不顺利，有阻隔，或身体有疾病。

32. 唇厚但嘴小的女人，经不起男人的诱惑。女性嘴大，而且嘴角向下弯曲，有男人性格。

33. 口如吹火的男人，喜欢狡辩，自我夸张，做事虎头蛇尾，没有意志力，难成大器。口如吹火的女人，说话不考虑后果，是长舌妇。

34. 上唇遮盖下唇叫鹰嘴。意志坚定，有决断力，但性情不稳。

35. 口张开或说话的时候不露牙齿，一定富贵发达，容易成功。

36. 嘴小唇薄，身体不好，事业上没有进展，但能说会道。

37. 嘴唇干燥的人，适应能力特别强，但比较情绪化。

38. 嘴唇特别松弛的人，身体不好，性情懒散。

39. 口大而无收。即口很大，但没有收敛，是贫贱命。

40. 口角发黄的人要得病，嘴角赤色的人要有凶灾。

41. 嘴形大的女性，大胆、开放，养小白脸。

二、相牙齿十六法

1. 牙齿大的人，精力充沛，行动大胆，诚实，财旺。牙齿小的人，忍耐力强，感情丰富，做事认真，人缘好，但身体差。

2. 左右门牙不对称或两门牙中间开缝者，婚姻不顺或是晚婚之人。

3. 牙齿整齐且门牙大的人，有责任感，做事情容易成功。

4. 牙齿向旁边弯曲的人，会说大话，不可靠。

5. 牙齿排列不整齐，乱齿多且长，性情不稳，容易发火，比较自私，婚姻生活不如意。

6. 牙齿掉落的人，不论男女，四十五岁以内一定婚姻不顺或财运不好，一定红杏出墙。

7. 牙齿不整齐的女人，风流、多淫。

8. 牙齿向外凸出的人，喜欢说假话。牙齿向里凹入的人，个性阴险，心眼多，适合做助理、秘书工作。

9. 牙齿、门牙有空隙的人，难以积蓄财富，父母中会有一个人早亡，即使健在，也会分居。

10. 牙齿排列整齐又小，属于小气之人，一毛不拔。

11. 在门牙中间长一颗小牙的，此人运势不佳，但有桃花运。

12. 牙齿如石榴一般密而整齐的人，有财运、开心。

13. 牙齿黄或黑，容易遇到不测，或遇到不顺心的事。牙齿黑再有缝，一生不积财或是身体有病。

14. 牙齿尖小或短或长狗牙，又不齐者，凶恶，容易犯罪，乃偷盗之人。整天胡说八道，不讲信誉。

15. 牙齿大而密齐，整齐又长，润白又方阔，并且坚固的人，必定富贵。

16. 牙齿又大又漏、又小又尖、又斜又稀、又薄又缺，为万事不顺之信息。

第八节　印堂解析

印堂即命宫，位于两眉之间、山根之上。为人看相，印堂部位的信息很重要。从印堂的宽窄、色泽，可以看出一个人的运气好坏、祸福吉凶。印堂主掌天印，颜色明润则运势好，颜色乌黑则有凶灾等。

1. 印堂饱满、光明如镜的人，春风得意。

2. 印堂过窄过低者，奔波受苦，中下之命。

3. 印堂有伤疤（瘤子等），贫穷之命，中年运受阻而且克妻。

4. 无论男女，印堂有斩子剑，都是命硬之人。男子克妻伤子，女人克夫克子。

5. 女人有斩子剑克夫克子，第一胎定是女孩，第二胎一定生儿子。

6. 印堂有川字纹的人，大成大败，漂泊他乡，奔波之命。

7. 印堂有八字纹且眉短的女人，必克夫。

8. 男人印堂斩子剑靠左边克父，靠右边克母，还要参看日月角。女人印堂斩子剑靠左边先克母，靠右边先克父。还要参看日月角。

9. 印堂有痣且痣不凸出肉皮表面，为少年得志。

10. 印堂宽高者，财运旺盛；印堂窄低者，命运受阻，一生事业时好时坏。

11. 印堂颜色红黄明润的人，目前一帆风顺，事业成功。

12. 印堂颜色发黑、发青的人，目前事事不顺，破财且病灾。

13. 印堂有十字纹者，主官运佳。

14. 印堂有两条纹向上，为鹤足纹，当官之人。

15. 印堂饱满、丰隆、宽阔，颜色红黄、有光泽、光明如镜，此人一生万事如意，官运亨通。

16. 印堂出现刀疤或大的肉痣，为破相，事业终会破败。

17. 印堂、驿马、耳门明亮，必升官和有好的消息传来。

18. 印堂白色，家中或亲友近期会有死亡之人。

19. 印堂青色、暗色是霉运的暗示，近期最好不要投资、旅行。

20. 印堂鼓起的人，老板相也。

第九节　人中解析

中医学上人中称为"水沟"，是一个极为重要的穴位，人遇到中风、晕倒，用手指掐此穴，可使人清醒。面相学中，人中代表人的子孙、寿命、健康，等等，也是一个非常重要的部位。

1. 人中圆宽，长寿之人。

2. 人中短促狭窄的人，财运不旺，短寿。

3. 人中上部窄下部宽，子孙旺盛。人中上部宽下部窄，子孙不旺。人中上下都窄的人，身体差，文化低。

4. 人中垂直、沟深，人中收坡，必生男孩。人中下至嘴唇开坡，必生女孩。人中平坦，少子女，生孩子也是女孩。

5. 人中中部有一条横线的人，多抱养他人子孙。若女人有一细微横纹，则主子宫做过手术，为子宫受伤也。

6. 人中歪斜不正的人，财运不佳，失信。

7. 人中下垂、宽、阔、深、长的人，忠诚，可以为友。

8. 人中从上到下都狭窄的人，有病，子孙稀少，财运不旺。

9. 人中宽广、深阔、色泽亮丽者，必是老板、有钱之人。

10. 人中歪斜不正，女性子宫也会偏左或偏右，很难怀孕。

11. 人中短的人，喜欢别人赞美，百发百中。谁赞美她，谁就有大收获。

12. 人中上部有黑痣的人，风流、性欲强。人中下部有痣的人，多生女儿。

13. 人中出现深度横纹，没有子女。

14. 人中平坦没有凹陷，多生女孩，财运不佳。

15. 男性人中向左偏先克父，向右偏先克母。男左女右。

16. 人中宽、长、深者，性格开朗，器量大，道德观念强，意志力及生命力旺盛，生殖能力强，子女多。

17. 人中窄、短、浅的人，性格固执，意志力弱，生活能力低，财运不佳，子女少，身体虚弱。百叫百准。

18. 人中有横筋的人，结婚运极差。

19. 人中部位不长胡须的男人，与父母无缘；人中中部有黑痣，为孩子劳苦。

20. 人中太宽者，没耐性，智力较低，子孙不旺。

21. 人中上下窄中间宽者，一辈子疾病缠身，无出人头地之日。

22. 人中出现黑气色，自己和子女近期必有灾。

第十节　眉毛解析

古相书曰："眉者，媚也，为两目之华盖，一面之仪表。且谓目之英华，主贤愚之辨也。"因此，眉毛适宜长又细、平、阔，眉毛长且秀气的人聪明，眉毛粗又浓、逆又乱或短的人性情凶顽。相术认为眉为胆的灵苗，是保寿官，主兄弟之事；眉为君，目为臣，为一个人的个性、寿命、贤愚、贵贱的象征。眉毛秀朗、细平、阔秀、修长、形如弯月者，为长寿、尊贵之相；眉毛浓逆、乱短者，为不吉之相。

一、眉毛吉凶断法

1. 眉毛短的人，财运差，为贫穷之相。眉毛短的女人，必定克夫，婚姻不顺。百发百中。

2. 眉毛有山者，即眉毛的头部竖起，必是当官之人或老板。

3. 女性浓眉且眉尾上扬，也称竖眉，必犯桃花，脾气不好，婚姻不顺，也是克夫命。

4. 左右眉毛高低不同，一定是同父异母的兄弟。男人左眉高，自己在家地位高，右眉高老婆在家说了算。男左女右。

5. 眉毛有彩者，事业成功，大吉之相。眉毛中有二三根特别长的眉毛，而且还特别有光泽，称为彩。

6. 眉粗浓而无疵的人，身体健康，好色。眉毛乱者，好色。

7. 眉细如柳叶者，风流多情，必犯桃花。

8. 眉里有伤疤，兄弟姐妹不合，有灾。

9. 眉骨棱起的人，凶恶、好色。

10. 眉毛里有痣为草里藏珠，聪明，有智慧。眉毛里有痣，手臂一定有痣。

11. 不论男女，哪方有第三者插入，哪方的眉毛必定油光发亮。夫妻之间，可以随时观察自己的配偶，百叫百准。

12. 眉毛盖不住眉棱骨，为白虎眉，女必克夫。

13. 眉毛短且逆生，个性刚强，脾气暴躁，兄弟不和睦。

14. 眉毛疏散，一生财运低沉。

15. 男人有女性的眉毛，一生桃花旺，常为感情烦恼，适合被女人包养。

16. 眉心太窄的人，做事斤斤计较，心胸狭窄，固执，败多成少。

17. 眉长而清秀，发达、扬名、长寿。

18. 眉毛粗而浓，而且中间连在一起，个性刚强，人缘差。女人则婚姻不顺。

19. 粗乱、浓厚的大眉，为偷盗之人。

20. 眉毛异样，兄弟异娘；眉毛乱生，兄弟无情；眉型微弯，兄弟有二三。

21. 眉毛稀少，眼睛又凸，此人必破财，早死。

22. 眉头紧锁的人，心事烦多，性格内向。

23. 眉毛压眼的人无大财，但有艺术天才，多才多艺。与眼合断。

24. 眉毛像刀剑的人，积极果断，脾气不好，性格顽强，容易得罪别人。

25. 八字眉的人，能积累财富，可以成为政治家、企业家、大老板。

26. 新月眉（眉细而清秀），运气好，家庭幸福，聪明，扬名四海。

27. 一字眉的人，性格倔强，勇于行动，意志坚定。

28. 眉毛粗而肥直，为狮子眉。有狮子眉者，中年以后必有成就。

29. 眉头细、眉尾宽，为扫帚眉。此人一生运气比较平稳，没有大起大落，兄弟之情淡薄，但晚景不够理想稍差。

30. 眉秀而长，如同剑形，为剑眉。剑眉之人有胆识，有领导才能，文武兼备，使人肃然起敬。即使出身不好，也有出人头地之日，长寿。

31. 淡眉：眉毛颜色非常淡，一辈子很难有大的发展，平淡无奇。

32. 眉毛离眼很高的人，性格刚烈，但眉长过目者有财。

二、相眉断兄弟个数

1. 一字眉，兄弟一个。

2. 狮子眉，兄弟二至四个。大狮子眉四个，小狮子眉二个。

3. 八字眉，兄弟一个。眉毛长过目，兄弟五六个。

4. 眉尾展开的地方和眼平行对直，姐妹兄弟三人。

5. 眉尾展开和眼平行 2/3 处，为姐妹兄弟二个。

6. 大眉中间部分有逆眉回钩者，为兄弟四人。

7. 眉尾展开，在眼尾线以后的眉梢出现第二小眉长约两厘米左右，可断兄弟姐妹六个。

8. 眉尾展开，在眼尾线后的眉梢出现第二小眉长约 1.5 厘米左右，可断兄弟姐妹五人。若眉如扫帚，则可断兄弟七八个。

9. 眉尾开叉，且眉毛超过眼梢，可断兄弟姐妹七至八个。

第十一节　耳朵解析

在五官中，耳朵为采听官；在五星中，耳为金星、木星；四渎中，耳为江渎。耳朵是人的听觉器官，对人生的影响意义相当重要，从耳相可看出人的聪明愚笨、健康强弱、寿命长短、能力与财力及少年时代的家庭境况。

1. 耳白过面的人，必名扬天下。

2. 双耳贴脑的人富贵、发达。老板、企业家，大多数是双耳贴脑的发达、富贵相。

3. 耳大垂珠（耳垂大）者，财源广进。

4. 耳朵红润，做官之相；耳朵发黑之人，财运不旺。

5. 耳垂上有痣，中年以后发大财，必生贵子。

6. 耳门宽大的人有远见，性格开朗，聪明智慧，长寿。

7. 耳门小者，财运不佳，短寿。

8. 耳垂的形状如夜明珠，必发大财。

9. 耳轮莹洁如玉的人，必有建树。耳朵色泽比肌肤红润的男性好色，百分之百准验。

10. 耳内生毫，必定长寿。

11. 耳垂上有横纹的人，必定有心脑血管或糖尿病。

12. 耳大的人，诚实、肯干。耳小的人机灵、聪明。

13. 两耳尖像兔子、老鼠的耳朵，一生是个穷光蛋。

14. 耳朵太薄，且没骨的人，身体必多疾病。

15. 右耳代表母亲，左耳代表父亲，右耳比左耳小，先死母后死父。百发百中。女人左右反断。

16. 耳朵高过眉毛或耳高过目的人，一生不受穷。百分之百准验。

17. 耳朵像立锥且无耳垂的人，必做经理、老板、高官。

18. 耳朵发青、发黑，皮肤又粗糙的人，漂泊无财。

19. 从正面看，耳朵向前照的人，贫穷、无财。

20. 耳孔大的人聪明，心胸宽阔。耳孔太小的人，不聪明，胆量小。

21. 大耳特征，大又圆，色泽红润，两耳有垂珠，棱角分明主吉。耳朵黑、青、小、薄、粗糙，不吉。

22. 金耳富贵，可以做高官。水耳也富贵，生意之人。木耳贫穷。火耳孤寿。土耳富贵。

23. 虎耳主奸，猪耳贫破，鼠耳好偷。

第十二节　颧骨解析

颧骨主管一个人的权势与命运。下面介绍详断颧骨之法。

1. 女人颧骨高，脾气不好，杀夫不用刀。不死则离，或婚姻不顺。

2. 男子颧骨高大，必定成英豪。女人颧骨高大，好色。

3. 男人颧骨上长痣或生破颧纹，左边主克自己，右边主克妻子。在社会中失去名誉和地位，破财。

4. 女人颧骨有痣，有艳遇且好色，克夫；女人颧骨有破颧纹，克夫。右边克自己，左边克丈夫。

5. 男人颧骨上有疤痕，左克自己运势，右克妻子运势。女人左右反断。

6. 女人颧骨暗凸，颧骨在面相上占的面积大，必克夫（百发百中）。

7. 颧骨高凸，眼角、嘴角下垂的女人，脾气暴躁，喜欢与人吵架。

8. 颧骨凸起无肉，孤独，婚姻必败。

9. 颧骨肌肉鼓起丰满，感情细腻，性格温厚，健康，财运旺，人缘好。

10. 颧骨塌陷者，运势低沉，事业发展慢，情绪反复不定。

11. 颧骨高，鼻子低，成败各半。

12. 女人颧骨高，妇夺夫权。颧骨现青色、白色，兄弟间有口舌；颧骨有紫色，有大喜；颧骨颜色发红，会有意外伤害；颧骨现黑色，破财、失权势和地位。

第十三节　额头解析

头为君，额为臣。天中、天庭、司空、中正、印堂这五个关键部位都在额部，并统帅面部的其他各部位。额头饱满，峻如其壁，宽广如覆，五个部位都端正明净，不但聪明而且有福气，为尊贵之相；相反，额头坑陷者贫贱，低覆者愚笨，额面窄小者危厄。

由于脸部肌肉会随着岁月的流逝而发生变化,因此额部会随着年龄的增长出现一些皱纹。在相术中,这些皱纹具有命禄的意义,额头方阔丰隆有好纹者富贵,额头狭窄缺陷有恶纹者贫贱。

1. 额宽广,直如立壁,必做官、当老板。

2. 额头高大、横阔者,必有发达之日。

3. 额尖、额窄的人,孤苦。女性额尖、颧凸,称为三颧面,必克夫。

4. 头发压额,以印堂为中心画直线分开。男子头发压左额者先克父,头发压右额者先克母。女子反断。

5. 额头宽广无纹,且色泽黄润明亮,必春风得意。

6. 额头有乱纹者必贫穷,疾病缠身。

7. 额头上日月角,男子左为日,右为月。男子日角有横纹,必定先克父,主父亲身体不好;月角有横纹者,必先克母。女性左右反断。

8. 额头阔、宽广,日月角突起者,此人必是当官之人,老板或有钱人。

9. 额头中部隆起,衣食不愁;额头中部塌陷,儿女必有灾。

10. 女人额骨中正部位高,两头低,必有二次婚。

11. 额头左右横向宽阔者,做事大胆,成功人士。额头上下纵向长者,做事保守,心情悠闲。额部上下纵向短者,脾气一定不好,人际关系差。

12. M型额的男女,思想新潮,无论做什么事情都容易成功。

13. 额部狭窄,此人做什么事眼光必短浅。

14. 额部有三条皱纹的人,生活现实、认真。额头三纹代表天、人、地。额头有天、人二条纹共存者,必先死母,男女同论。额头有人、地二条纹共存者,必先死父,男女同论。

15. 额头圆的人,必聪明,能存住钱,办事圆滑。

16. 额头宽的女人,积极肯干,做事有魄力,有胆量。

17. 额头窄小的人，做事保守，思前想后，喜欢安静的生活。

18. 额高的男性聪明；额头高的女性克夫，婚姻不顺。

19. 额头上有痣、伤疤，在少年时代身体多病，在中年时代工作、生活中有阻隔，命运时好时坏。

20. 额头肉厚，皮肤发红黄明润或红光闪闪，一定心想事成。

21. 额头出现黑色，丢官、生病，目前走败运。

22. 额头出现白色，此人必要破财，如若赌博，必输无疑。

23. 在事业中，如天纹长得好，能得到领导器重；人纹长得好，独立能力强，自己开拓命运；地纹长得好，与自己的部下关系好，得人心。

第十四节　下巴解析

下巴也称为下颚，就是口以下的部位。下巴主管人的晚年运势，同时也体现人的性格、意志、夫妻运、财运、意志力等，所以下巴对人生有重要影响。

1. 下巴宽阔、肉厚者，为老板、做官之相。下巴小者，克妻伤子。

2. 下巴向前凸出的人，个性顽固，见谁都不服气。下巴凸出的男人，好色。

3. 下巴承浆部位出现坑陷和横纹，呈现黑色，必有水灾。孩子有此相，要禁止他去河边游泳。

4. 双下巴的人，必定中年得福。

5. 女人下巴圆宽，略超过上半部分，必有黄昏之恋或中年必有红杏出墙之事。

6. 下巴歪斜的人，情绪必不稳定，喜怒无常，爱走极端。男人下巴向左歪斜，自己晚年不好；下巴向右歪，克妻。女人左右反断。

7. 下巴尖又略长的女人，必性欲望过强。

8. 下巴尖长且有一双桃花眼的女人，必是别人的小秘。

9. 下巴圆肥的女人，阴道自然跳动，为最性感女人。

10. 下巴内缩的人，性格必内向，做事不易成功，晚年运很差。下巴短的人，短寿。

11. 下巴有刀伤、黑痣，晚年孤苦。中年财运也差。

12. 下巴左右部分为地库，肉圆、宽、厚者有财可存，尖、窄、陷者，钱财存不住，有钱就花。

13. 下巴尖的人，气质高雅，能说会道，喜欢走动，适合辅佐别人或跟随别人任副职，或在技术部门、演艺界工作。

14. 下巴宽圆的男人，思路开阔，财运旺，善于创业。喜欢享受美女和金钱带给人的快乐。

15. 下巴小的人，伤妻克子。

16. 下巴尖翘的人，性格古怪，脾气不好，没有爱心，凡事以自我为中心。

第十五节　山根解析

山根在印堂之下，与年上、寿上合为疾病宫。山根部位也称夫妻座，主管夫妻感情、性格、病灾等。山根光明、洁净，为大吉之象；山根黑暗，大凶之象。

1. 山根低者，倔强，脾气不好，我行我素。山根过低者，为幼年发育不良，幼年多病。

2. 山根经常昏黑，必婚姻不顺，疾病缠身，灾祸连绵。

3. 山根低的女性，必喜欢性生活，也称性学高手。

4. 山根尖小者，婚姻必迟，生子必晚。

5. 山根过高者，性欲望强烈，好色。

6. 山根有横纹者，必婚姻不顺。横纹深者，必有伤灾、病灾。

7. 不论男女，山根有痣者，必犯桃花。

8. 山根有斩子剑穿透者，必离婚。

9. 山根高耸，色泽明黄、润泽，没有横纹、伤疤、黑痣，必夫妻和睦，身体健康。否则反断。

10. 山根出现红、黄、紫的色泽，必有喜事临门。

11. 山根枯白加蓝青色，必有牢狱之灾。

12. 山根黑色浓重，必有血光之灾。

第十六节　鱼尾（奸门）解析

鱼尾部位主要看夫妻之间关系的好坏，配合山根部位可以准确推断夫妻关系。鱼尾部位也叫奸门。

1. 不论男女，奸门分叉，多情，必犯桃花。

2. 男人左奸门鱼尾为自己，右边为老婆。左边光亮无纹，主自己对家庭负责，右边好主老婆对家庭负责。女人左右反断。

3. 男人左边奸门部位塌陷，主自己在外乱搞，右边塌陷主老婆在外乱搞。女人反断，百发百中。

4. 鱼尾有痣，必有外遇；鱼尾黑暗者，必有病灾。

5. 奸门部位有纹，色泽发青，夫妻必有口舌。

6. 男人左边奸门出现重黑色，自己重病；右边奸门现重色，为老婆重病。女人左右反断。

7. 奸门部位有十字纹，夫妻双方会经常打架，严重者一方会自杀。

8. 女人奸门丰隆高耸、色泽光明，必旺夫，旺子，发财。

9. 鱼尾青色加黑色，必因男女关系而招官非口舌。

10. 鱼尾多纹，情人一大堆。

11. 鱼尾奸门过厚的女人，无法得到丈夫的满足，必与第三者私通。

12. 鱼尾出现梅花状纹路，必定犯桃花，婚姻不顺。

13. 奸门低陷者常做新郎。

第十七节　法令解析

法令成八字且过口者，为大富之相。

法令不过口者，必贫穷。

法令弯勾入嘴者，必贫穷饿死。

法令线的看法，男左女右。男人左边看父亲，右边看母亲。克父克母，可从法令上看，还要结合日月角，才能掌握法令断父母的方法，百发百中，无一偏差。根据法令断自己的福祸吉凶和寿命，断法和父母断法类似，但不看日月角。

男人左侧法令线，主父亲。若左边法令断裂，则在28岁的时候父亲有灾，主自己本身克父；若右边法令断裂，则可断其克母。

法令也掌管自己的寿命，断法和父母的断法相同。

法令线上出现黑痣、伤疤、横纹、横线、三角块、四方块等标志，均是克父、克母的信息，父母必定有灾，百叫百准。法令入口，代表死亡；法令线上有痣、横线，代表有病；有伤疤，代表伤灾、手术；女人法令线过口者，必是女强人，容易成名。法令深长过口，魅力四射、气质超群，大福之人。

第十八节　田宅解析

眼睛上面、眉毛下面的部位，称为田宅。田宅是象征田地、家产等不动产的部位。田宅阔厚的人，有得天独厚的运势，能够继承双亲和配偶的财产；但田宅不能太厚，太厚即会形成"肉眼胞"，反而低贱。田宅薄小的人，难以继承祖产。

1. 田宅宽厚者，精力充沛，性格开朗，能够继承产业。

2. 田宅窄小、皮薄者，属自力更生，财运不旺的信息。

3. 田宅部位出现伤疤或黑痣的人，即使能继承财产，也是财来财去，难以积蓄。

4. 不论男女，田宅过厚者，必好色，犯桃花。

5. 田宅过高者，性欲旺盛。

6. 看不见田宅，眼窝深陷的人，聪明，是艺术人才。

7. 田宅无肉和过窄的人，心胸狭小。

8. 田宅无肉、狭小、薄，自己开拓事业。

9. 田宅宽阔且肉丰满的人，在职场上有被提升的机会。

第十九节 头发解析

头发生长在头颅的上面，是全身最高的地方。头发茂盛，是阳气舒展、气血旺盛的表现。头发与人的个性、智力、健康、富贵、贫贱、吉凶祸福等相互联系。

1. 无论男女，头发过密者，均为操劳命，一辈子贫穷。头发枯焦者，财运不佳、孤苦。

2. 头发天生枯黄的女人多克夫。

3. 头发柔软、细长，为上吉之相。头发味香者吉，味臭者贱。

4. 头发硬直的人，体质健康，精力充沛，固执，性格外向。头发细软的人，温柔优雅，感情细腻，敏锐，头脑好，性格内向。

5. 头发粗的人，个性强烈，脾气暴躁，有精力。头发细柔的人，聪明，但意志薄弱、消极，体力不佳。

6. 头发有光泽的人，事事顺心；头发无光泽者，疾病缠身。

7. 凸脑门、也就是头顶发少者，其他部位配合得当，必然发达。

8. 脑门头发稀少者，中年必发财、富贵。

9. 头发浓厚者，必定没官职，百发百中。秃头者，必定有病。

10. 年少白头的人，一生没有大事业，但五官长得好可以化解。

第二十节　声音解析

　　心动为性，性发为声，声的产生离不开气。声音的大小、长短、清浊和缓急，又与命禄有关。命贵之人，声出丹田之内，通过心气发于舌端，所以声音能体现人的富贵、贫贱和吉凶祸福。

　　1. 女人发男人声，有男人性格，此女命硬。

　　2. 男人发女人声，性格内向，为假女人，此男无福气。

　　3. 声大清脆的人，做事干练，雷厉风行。

　　4. 声音清脆、润泽、长远的人，运气好，有贵气。

　　5. 声音如破瓦片响者，必定下贱。

　　6. 声音如公鸡打鸣者，无财，夫妻破散。

　　7. 声音如狼吼、虎叫者，必心狠手毒。

　　8. 人的个子小而声音大，大吉；个子高大而声音小，内向懦弱，不吉。

　　9. 说话声音快急者，性格急躁，易得罪人。

　　10. 声音粗似哭泣者，婚姻、事业均不顺。声音暴躁者，一生奔波。

　　11. 五行声音：金声和润；木声高畅；水声圆急；火声焦烈；土声沉厚。

第二十一节　毫毛吉凶解析

　　1. 毫毛在额头上的人，会做高官。

　　2. 毫毛生在脸上的，是富贵之相，但会对妻子不利。

3. 毫毛生在耳朵上的，是大富之相。

4. 毫毛生在两臂上的，是习武之人。

5. 毫毛生在背部或是肛门上的人，心地善良，并且长寿。

6. 毫毛生在两乳上，是大富的征兆，会生富贵的儿子。

7. 毫毛生在两腋之下，是广有钱财的征兆。

8. 毫毛生在两眉处的，是大富的征兆。

第二十二节　不同地域人士相法解析

中国幅员辽阔，不同地域的人们相貌千差万别。在看相时，要注意各地域的相貌特点，不必深究它，如果有人反而与此特点不同，则是贵相。

太原人不相厚重：

太原属北方，风沙大，天气寒冷，当地人皮肤多粗糙厚实。饮食习惯以面食为主，身材多重实。

西域人不相鼻：

北方游牧民族因其身处苦寒之地，鼻骨都粗横而少肉，形不美，相面时不必认为是不好的鼻相。

淮人不相重：

淮水一带历史久远，当地人长相多敦实厚重，在相面时不能因其厚重就作吉论。

蜀人不相眼：

巴蜀之地古为少数民族聚居之地，当地人的眼相多异于汉民族，因此不宜在相面之时过分讲究眼相。

江西人不相色：

江西多山，气候冬冷夏热，古人认为在这样的气候下，江西人的皮肤色泽不如其他地域佳美，因此不以其色论江西人。

宋人不相口：

即现在河南人，古人认为当地人多善于辞令，因此在相面时不必仔细分析其嘴部的特征。

北方人不相背：

北方人多虎背熊腰，相对于其他地域的人来说，北方人的背相生得普遍较好，相面时不能论其有大贵之相。

鲁人不相轩昂：

山东人多高大雄伟，有"山东大汉"之称，相面时不能因为身材高大挺拔、气宇轩昂便作吉论。

闽人不相骨：

因为闽地多山，地域环境封闭，导致内部通婚，造成闽人在骨骼发展方面相对滞后，因此相面时不重骨相。

浙人不相清：

江浙一带为鱼米之乡，气候温暖湿润，景色秀丽，当地人多长得清秀温婉。古代美女西施即是此地人。

对不同地域之人采取不同的相面方法，充分反映了面相学对于因地制宜规律的使用，有一定的可取性。但这种方法并不适用于所有人，而且随着今人营养的全面与地域的融合，这种差别正在逐渐消失。

第十章　古代相术内涵

一、相面

　　相面是古老的相术，也是最为重要的相术。古代相术中，人的面部相理上取三才，下配五岳，俯仰天地之位，历代相士都把观察面相作为最基本的功夫。

　　关于判断一个人面相的吉凶善恶，古代相术认为面部的五岳、四渎要互相朝拱，三停各部位要生得丰满，形貌端正，神情静肃，心气平和，才是富贵相的基本要素。若五岳、四渎出现歪斜、形貌不端、面色昏暗等情况，则视为贫贱之相。面色像玉一样洁白光润，或者如漆一样黑亮，或者黄明如蒸熟的栗子，或紫如绛缯，这些都属于吉相；面色如火，如蒙尘埃，或因发怒变成青蓝色的，都属于贫苦、短命的凶相。面上的额、两颧隆起成三拳状，男人会克害子女，女人会克害丈夫，而且贫穷下贱。面如满月，神采似朝霞照人，男人可贵为公侯将相，女人定为贵夫人之命。面皮厚的人，秉性单纯，会富裕；面皮薄的人，生性敏锐，会贫穷。身材肥胖而脸瘦的人，寿命长，性子和缓；身材瘦削而脸胖的人，寿命不长，性子急躁。面部肤色白而身上肤色黑的人，性格变化无常，地位低贱；面部肤色黑而身上肤色白的人，为人稳重，一生富贵。

二、相头

　　头为五脏之主，百体之宗，头的形相与人的一生命运关系极为密切。从广义范围来说，头相包含着面相和骨相。全身三停比例相称，头部高而圆，藏虚而大，端庄，这才是富贵的头相。头骨以丰隆耸起、圆峻突出为好，头皮要厚，额头宜方。额头较短的人，头皮应长得厚一些，额头较长的人，面部应方正一些。额顶隆起，或头上有棱角突起，都预示一生富贵；额头倾陷的人命短；额头皮薄的人一生穷困潦倒；头发稀少，面皮薄紧，头小而颈长，头如蛇状屈曲，都是贫贱之相；行走时摇头，坐时低头，都不是好相。

牛头四方，富贵隆昌。虎头燕颔，福禄自来。象头高广，福禄长旺。虎头圆粗，富贵有余。獐头鼠目，休求福禄。蛇头扁薄，财物萧索。也就是说，人的头部长得像牛头、虎头、象头等，都是非富即贵的好头相，而长得像獐头、蛇头等，都是没有出息的头相。

各种头形吉凶论断

头处于身体之上，是整个人体最高的部位。头有贵相的人，性情自由自在，其人运途平顺。头形小而差的，则是性格随便又低贱的人。

1. 牛头：富贵。四方形，主富贵吉昌。
2. 虎头：巨富。高耸有势，主富贵无比。
3. 狗头：多挫折。尖圆，常遭受挫折伤害。
4. 鹿头：志强。脸型瘦长，志气雄强。

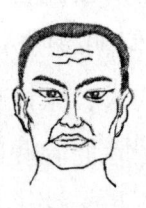

| 牛头 |  虎头 | 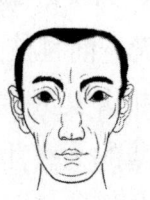 狗头 |  鹿头 |

5. 兔头：倔强。头细小，主倔强，志气顽劣。
6. 獭头：豁达。脸型横阔，主心意豁达。
7. 象头：长寿。脸型长达，主福多寿长。
8. 犀头：富贵。头骨高耸，富贵绵绵。

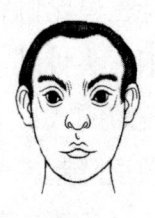

| 兔头 | 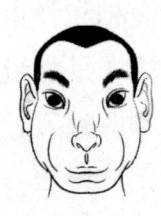 獭头 | 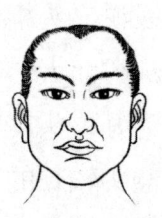 象头 | 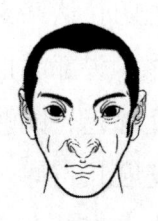 犀头 |

9. 驼头：福禄。头大且头发蓬松，主福大禄多。
10. 龟头：丰衣足食。头细小，只能丰衣足食而已。
11. 蛇头：少财。头扁平薄弱，主财产少。
12. 狐头：困顿。头尖锐，家计困顿。

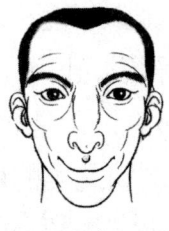

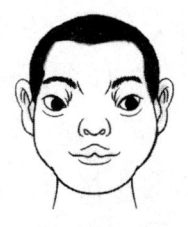

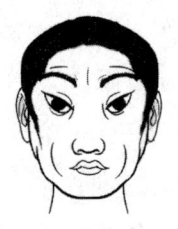

| 驼头 | 龟头 | 蛇头 | 狐头 |

三、相发

头发的长相与人的命运息息相关。人的头上长有头发，如同山丘上长有草木，草木太茂盛了，山丘就会被掩蔽得不分明。头发长得茂密细软，短而润泽，黑而有光，秀而带香，才是贵相。头发颜色黄或红，命运凶险。头发粗硬得像绳索一样，人的性格刚烈而孤独。头发打结并发出臭气，其人多困顿而贫贱。头发蓬乱，其人狡诈而贫苦。发际部位头发多，其人一生贫贱。发际高的人，性情和善。颈项后面头发高的人性情孤僻狠毒。头发长得细密的人血气充足，长得粗疏、干燥的人血气虚或浮薄。未到四十岁头发就已花白，叫做血虚，是典型的未老先衰现象，此人难以长寿。

四、相痣

在相学中，痣称为黑子，又称黑痣和朱痣。痣与人的贵贱吉凶紧密相关，相传汉高祖刘邦的左腿上有七十二颗黑痣，是帝王将相的标志。古人相痣一般按人形体的不同部位分为头面黑痣、身上黑痣和手足黑痣三大类，其中最受重视的是头面黑痣的相法。另外，男女面痣又各有不同的吉凶所属。

一个人身上长黑痣，就好像山上长树林，地上有山峰、丘陵一样。若山上的土质优良，土质肥沃，则树木枝繁叶茂；如果地上堆满污浊，那么形成高低不平的"恶阜"。因此，人有优良的身体素质，身上就会生出显示高贵的奇痣；人的身体素质差，身上就会生出暗示低贱的恶痣。所以，古代相学家常以黑子所在部位、数量及色泽看一个人贵贱吉凶。

头无恶骨，面无好痣，一般来说，痣不宜生长于显露部位。痣的颜色不同也有不同的预示，若痣像漆一样黑，或红得像朱砂一样，这都是吉祥的暗示；如果一个人脸上有赤色痣，则其多有口舌是非；如果脸上长有白色痣，则说明这个人心生忧惊，易遭刑罚之类的厄运；如果脸上长有黄色痣，则这个人有遗忘症，办事不牢。额上长有排列七星状黑痣的人，大富大贵；如果黑痣生在额上的天中、天庭、司空部位，或妨父，或妨母，或妨双亲，都是凶相。痣位于两个耳轮上有智慧，位于耳内的长寿，位于耳珠部位的必有财富。痣位于眼眩上的会做贼偷盗，位于眼睛上的多贫困。

五、相足

老子说："合抱之木，生于毫末；九层之台，起于垒土；千里之行，始于足下。"虽然足生在身体的最下方，但是承受力最大，能使人脚踏大地、头顶蓝天，因此传统的中国相术学以分析人的足部特征来测断一个人的运势。

通常而言，足要长形、端正、宽阔、细腻、柔软，才是富贵之相。歪斜、瘦薄、横短、粗硬，则是贫贱之相。瘦薄的人，足宽大，一生贫贱。横短之人，足肥厚，也将一生穷苦。足要有跟才是吉相，有跟的人，子孙受其福荫。足底平坦者，贫穷愚笨。足趾细长者，善良忠诚。足趾端正整齐者，性情豪爽。足肥厚方正者，拥有万贯家财。足排三指者，手握大权。总之，贵人的足小且厚，贱人的足薄且大。

足底有没有纹理，贵贱差别是很大的。足底没有纹理是愚顽下贱之相，足下柔软细腻且纹理较多的人富贵，足下粗硬且纹理较少的人贫贱。足底的纹理有若干种，并各有不同的寓意。足下有龟纹者，可受两千石的俸禄。足下有禽纹者，位居要职。足趾都有策纹者，位居丞相或御史。足下十字纹者，位居六部侍郎。足下有锦绣般纹理者，有丰厚食禄。足底有花树一样纹理者，家财丰盈。足有剪刀形纹理者，家财万贯。足底有人形纹理者，官位至尊。十个足趾都没有纹理者，散家财。

相足：

两足细腻、宽阔、柔软者富有。

两足突粗、歪斜、瘦薄者贫贱。

足坚厚者寿。

足细长者聪明。

足底有龟纹，为君子之相。

足底有纹理，能统领百官。

足面色泽清莹，性情忠诚，为人善良。

足面色泽白净，情趣多多，生活安逸。

足底有黑痣，能成大器，尽享富贵。

足中脚趾长，流浪四方。

虽肥厚但横短，聚财不易漏财多。

足背有黑痣，易被他人欺负。

足上毛发多，岁月多蹉跎。

足背筋外露，辛劳、贫困。

小脚趾有螺纹，性情倔强。

足底没纹理，多为穷贫嘴。

两足不匀称，一生穷困。

六、相形与神

人的形神是推断命运吉凶的重要依据，形神有余是福禄的象征，形神不足是灾祸的根源。所以，看相时一定要观察一个人是形神有余还是形神不足。

形，指的是人的外观形象。形有余，指的是形象完全符合相理要求，为上佳之相；形不足，指的是形相卑弱而有缺陷，不符合相理要求。即谓形有余，若有缺欠，即谓形不足。中国古代相学强调"天人合一"的理论观点，以人相符合自然属性为相理的最高准则，认为人是自然的缩影，应当符合自然的属性，才算符合相理。就其实质而言，完全符合自然的属性，即谓形有余，若有欠缺，即谓形不足。

神与形相对，是指人的精神气质。人的精神气质有清浊、柔弱、虚实以及藏露之分。形是神的外表，要知神，先看形；精合而后神生，神生而后形全。二者相互依存，密不可分。相神，即通过考察一个人的精神气质的特性与优劣，来测断其性格、涵养、寿夭和贵贱。眼睛为人的"神游之宫"，人的精神气质的特性、优劣，往往集中反映在人的眼神上，因此相神要特别注意观察人的眼神。

七、相气色

气色是指人的颜面和形体的色泽。相气色，就是通过观察颜面与形体的色泽，推断人的贤愚寿夭和贵贱穷通。

气色是气与色的结合，察气观色，是古代相术综合观看一个人精神面貌的一个重要内容。气和色的关系如同油与灯，油清而灯明，油浊而灯暗，油尽则灯灭。同理，人的气舒则色畅，气畅则色润，气畅色润者光泽华美夺目，福寿荣华。相反，禀气枯浊，其色必然昏暗不明，气偏色焦、气滞色枯、形如槁木、气促不均者，为禀气浅薄的贫贱不寿之相。气色的命理体系很复杂，有以气色配合阴阳五行与四季五方论人命运的九州八卦干支气色说，有以气色配合二十四节令的气色之说，还有专以十三部位气色来推人吉凶的流年运气之说，有些以气色与中医理论结合的说法在民间流传甚广。

四时气色就是一年四季的气色。每个季节，人的气色各有不同，所主的吉凶也各有差异。四时都有其本色（正色），即春青、夏赤、秋白、冬黑。其他气色与正色的关系，是根据五行生克原理构成的旺、相、休、囚、死，跟八字算命术的五行生克道理一样。比如春季属木，木色青，所以木旺、火相、水休、金囚、土死；秋天金旺、水相、土休、火囚、木死；冬季水旺、木相、金休、土囚、火死。春季，若人面部的某个位置显青、赤色，则处于旺、相状态，属于吉象，而显出白、黄色，则处于囚、死状态，因而属于凶象。其他以此类推。

一个人的气色是很难审察的，所以相人的气色时，要选择合适的时间，一般认为鸡鸣之后，天亮之前（拂晓时分）最好。因为此时人的心境宁静，血气还没有紊乱。

根据相学上的五类气色，并将气色与人的形态相结合，可将人的面相划分为木、土、火、金、水五种类型。木型人青，土型人黄、火型人赤、金型人白、水型人黑。

金型之人白，但面白而干枯无润为金滞，多贫困。

木型之人青，但面青而蓝晦无光为木滞，多灾厄。

水型之人黑，但面黑而烟雾蒙蒙为水滞，多是非。

火型之人赤，但面红而缟裹焦赤为火滞，多破财。

土型之人黄，但面黄而凝滞如泥为土滞，多疾病。

八、十字形面相

中国古代相术学将人的面相归纳为十个字，即以由、甲、申、田、同、王、圆、目、用、凤十个字，代表人的面相的十种类型，并依此判断人生的吉凶祸福。

1. 由字面相

特征：上细下大，即前额窄，腮骨大。

个性：家庭观念强、非常直率，倔强，不会忍耐。女性欠温柔，但可助夫兴家立业。

运势：从15至35岁，运气较差；35岁至死亡，运气较安定平稳。

2. 甲字面相

特征：上大下细，前额大而阔，鼻大直，而下巴尖小。

个性：思维敏捷，处事负责认真，早年运气好，晚景较差，骄傲，自尊心强，易与人相处。

运势：从出生之日至35岁，运气相当好。

由字面 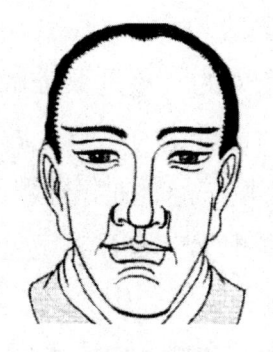　　　　　　　　甲字面

3. 申字面相

特征：上下皆小，中间较大，即前额窄，颧阔、下巴尖。

个性：双重性格，重感情，适应力较强，但缺乏自制力。

运势：从15至30岁，运气不好；31至50岁，运气较佳；51岁至死亡，运气转差。

4. 田字面相

特征：圆而带方，肥而有骨，即面短且阔，腮骨较方。

个性：稳重，理智，欲望强，野心大，办事计划非常实际，实行能力强。

运势：一生没有大波折，运气较平稳。

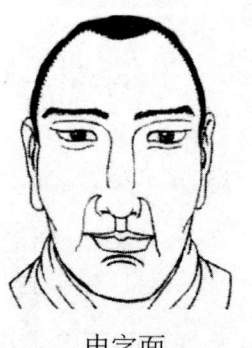

申字面 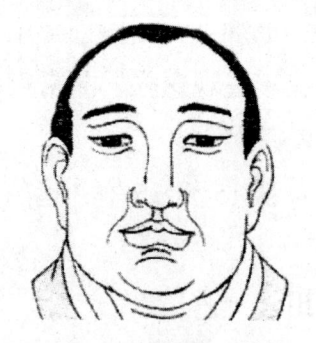　　　　　　　　田字面

5. 同字面相

特征：面形较方长，腮骨、颧骨较大，鼻直，前额低矮。

个性：体力好，善于吃苦，个性直率、坦白，做事认真负责，但过分重感情，易得罪人。

运势：一生富足，妻贤子贵，寿过八旬。

6. 王字面相

特征：瘦骨嶙峋，腮骨、颧骨、额头均大。

个性：固执，自高自大，做事缺乏周详计划，缺乏远见。

运势：一生波折较大，一年好，一年差。

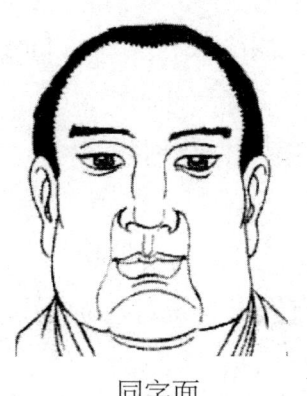

同字面 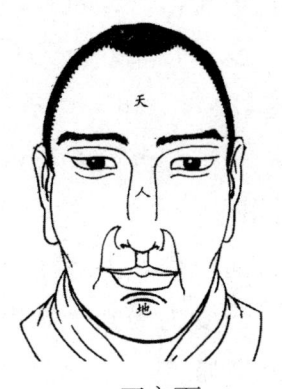　　　　　　　　王字面

7. 圆字面相

特征：面形圆而肥胖，鼻头较大。

个性：乐于助人，适应力较强，处事较镇定，忍耐力持久，做事不会斤斤计较。

运势：一生运气好，没有大波折。

8. 目字面相

特征：面形狭长，鼻直、天庭高狭，中部扁而小，地阁窄长。

个性：个性刚而倔强，脾气暴烈，做事死板，自高自大。

运势：一生多大波折及变化。

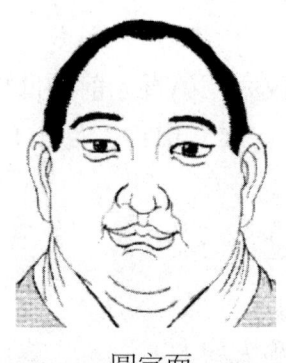

圆字面 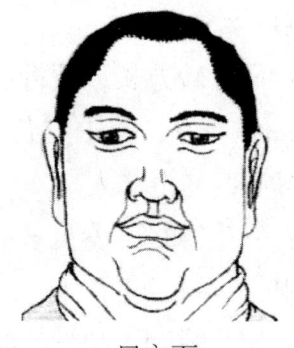 目字面

9. 用字面相

特征：歪面，一边面大，一边面细。

个性：双重性格。一方面喜说话，欲望强；另一方面易抑郁，缺乏自信心。

运势：一生波折较大，运气极不稳定，时好时坏。

10. 风字面相

特征：前额阔，福德宫较窄，腮骨突出，脑后见腮。

个性：应变力极强，做事负责，有远见，自尊心极强，力求实际，学习能力强。

运势：15至35岁，运气较好；35至50岁，波折大；50岁至晚年，较为安定。

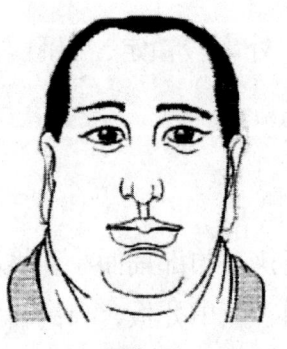

用字面 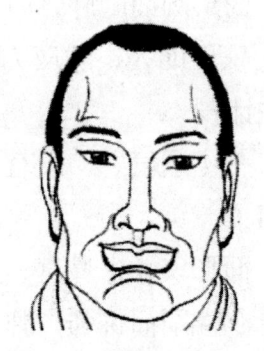 风字面

九、十二煞面相

凡面上有十二煞之人，多是心术不正的奸险之人。

十二煞凶相详解如下：

1. 孤独煞：额头上有汗毛的人，性格孤僻，不合群。

2. 天刑煞：左眼头有破损和青色纹痕，其人多易遭横祸。

3. 暗金煞：两眉尖又逆，但颧骨高耸，其人能败中求成。

4. 刀剑煞：眼中有红丝，两眼首尾尖，其人多凶祸之事。

5. 天狱煞：右眼头有破损，其人一生多灾多难。

6. 横亡煞：骨肉挤向两边，面肉横生，倾向于暴力，中年时有灾祸，更会累及双亲。

7. 内奸煞：男子太阳穴上有纹痕和斑痣，多淫欲。

8. 天罗煞：眉骨、鼻骨、颧骨三处尖凸起而透光，对妻子有影响。

9. 贪饕煞：鼻头弯曲如鹰嘴，其人贪心，不知足，作恶多端。

10. 短命煞：上唇反起而短促，露出牙齿，古人认为有这种相的人多客死他乡。

11. 悖逆煞：耳朵为兜风耳，且颜色发黑，为忤逆之人。

12. 破败煞：下巴倾陷内收，上唇反起，声音沙哑，其人家财丧失，没有挽救的余地。

十、相面部气色吉凶

不同季节，面上出现的五种颜色有不同的征兆。总的来说，每季出现的主色是最好的，春季青色、夏季赤色、秋季白色、冬季黑色。

五行相生： 金生水，水生木，木生火，火生土，土生金。

五行相克： 金克木，木克土，土克水，水克火，火克金。

面色各部不仅要看是否饱满，不凹陷，还要看其气色。气色常变，不同的气色是对近期运势的不同暗示。

春季气色： 青色，木旺，喜事将至；红色，木生火，妻子会带来好事；白色，金克木，有官事烦恼；黑色，水生木，二月时有死亡之事；黄色，木克土，有财运。

夏季气色： 红色，火旺，将遇贵人；青色，木生火，有父母的喜事；白色，火克金，有小人作祟；黑色，水生火，诸事不顺；黄色，火生土，有关于子孙的喜事。

秋季气色： 白色，金旺，有财将至；青色，金克木，捡到横财；红色，火克金，因诉讼的事破财；黑色，金生水，兄弟哭泣；黄色，土生金，父母受到封赏。

冬季气色： 黑色，水旺，警惕有官司发生；白色，金生水，得贵人扶持；紫色，水克火，有外财；青色，水生木，有关于父母的喜事；黄色，土克水，破财。

面部气色吉凶论：

驿马： 紫黄气，仆马至；光泽，得贵人。

金匮： 黑色，卖尽田宅；黄色，常得财帛。

印堂： 青色，得贵子；红色变紫，神光喜庆之事，赤色，近日防火；白色：一月有厄运；黑色：近期有疾病；黄气：喜事将近；紫色：飞来横财。

鱼尾： 青色，近期来灾；赤色，将有灾祸。

徐汤： 青色，懒惰，不爱学习；白色，没有知识和修养；黄色，聪明。

两颧： 青色，兄弟和妻子有灾祸；赤色，发怒；黑色，破财；黄色，接受恩惠；灰色，父母有灾厄；紫色，飞来横财。

司空： 黄色，近期有财运；红黄色，巨富。

太阳： 红光带黄，大财将至；紫色，近日可做官。

奸门： 赤色，生贵子；青色，防官事。

盗门： 赤色，有盗贼；青紫，得到暗中帮助；白色，主淫邪；赤色，遭口厄；白色，有书信到；黄色，归来有喜；青色，喜事将至。

天门： 紫色，财运将至；白色，妇人离去。

归来： 黑色，有官事；红气，财物突至；黄气，常得财利。

承浆： 紫色，纳妾或得才；黄色，聪明；青色，近日吉；赤色，常求人；白色，近日有哭泣之事；黑色，将失财。

甲匮： 黄色，财运将至。

地阁： 紫色，近期有财运。

十一、相颈项

颈项即脖子，是与身体的连接部分。颈项贵在光隆温润，这样的人可大贵，足以担负重任。

颈长如鹅： 脖子太长，如鹅脖子一样，意味着寿命不长。

脖短如猪： 脖子太短，如猪脖子一样，意味着有暴死的危险。

丰隆光润： 脖子丰隆光润、坚实，是大富大贵之相。

大如树干： 脖子赘肉隆起，大如树干，其人命运不好。

小如酒瓶： 脖子太小如同酒瓶，是不好的相格。

胖人与瘦人的颈项、体形有别，体形略胖的人，颈项以短为宜，体形略瘦的人，颈项以长为宜，若与此相反，不是贫穷就会早死。瘦人颈项宜长：瘦人的颈项本来适宜长，如果太短恐会带来祸殃。

喉结： 瘦人脖子上有喉结明显凸出，则生活困苦，很多挫折。胖人喉结凸出则招惹横祸。

寿绦： 颈下有皮如绦，是长寿相。且颈后肌肉丰满隆起的，显示有后福。

肥人颈项宜短： 肥人本来应当颈项偏短，如果肥人颈项过长，那么恐会死于非命。

十二、相腰背

名扬天下的英杰，首先须具备神强气足的条件，其次形态举止要端正庄严，宜腰圆背厚。

背形吉凶： 平阔，少灾难。丰满，富贵双全。偏狭，多灾多难。低陷，贫穷。背为一身的基址，人的安危都依赖于它，所以背的厚薄可以代表一个人的贫富。

腰形吉凶： 端直，福禄之人。阔厚，不富即贵。偏狭，贫贱之人。薄陷，做事多失败。腰圆主贵，腰为腹部的靠山，在背之下，是连通上下左右各部位的关口，所以有好背更要有好腰。

腰背陷、偏、曲，均为凶象。

十三、相胸部

人的胸部以平坦宽阔为贵，其人早年就可做官，久享俸禄，如果人的胸部坑陷浅窄的，那么多数是愚蠢下贱的人。

胸骨凸出的人，性情急躁凶暴。

胸上乳头上长毛的，显示财禄丰足，乳头像桑葚，预示财帛丰足。

胸形平坦宽阔，主其人早年做官，英明贤良，又将长享俸禄。

胸形坑陷浅窄，多数是愚蠢下贱的人。

十四、相肚脐

肚脐是五脏的总汇，是一身脉络所聚汇的地方，以深阔为吉，以浅凸为凶，根据不同的肚脐特征，有不同的吉凶福祸。

肚脐深广为贵： 肚脐深而且广阔，此人有智慧，是福相。

肚脐浅窄不吉： 肚脐长得浅而且狭窄，此人愚蠢浅薄。

腹圆大下垂为贵： 腹圆厚的人富足安乐，腹像垂下的袋子，声威震动四方。

脐能容物为吉： 脐深阔能容李子，主其人可以美名传至千里。

肚脐特征：

深且广阔，有智慧的福相；浅且狭窄，愚蠢浅薄。

向上长，有福气有智慧；向下长，贫贱愚蠢。

长得低，思虑深远；长得高，没有胆识。

肚脐大，声名远扬。

凸出且浅小，非善良之相。

十五、带杀五相

相形带杀有五种情况：眼带杀、神带杀、声带杀、形带杀、性带杀。这些面相的人都不得好死。

眼带杀：眼睛里有赤红色的血丝，这是眼带杀。

神带杀：神色昏暗迷醉，总像没睡醒，这是神带杀。

声带杀：声音像破锣一样沙哑，这是声带杀。

形带杀：肢体有残缺或伤破，这叫形带杀。

性带杀：心地恶毒，总是害人，这叫性带杀。

十六、从生活中看贵人

看人不仅看他的相貌，生活中的一言一行，也能体现一个人的性格，以下八种行为，就是为贵人所有。

1. 行走间步伐轻松，气色凝聚内敛，说话简洁，态度不轻率。
2. 待人接物自然得体，无局促之感，坐姿稳定。
3. 在外用餐时如在家中，不东张西望，保持平常的悠闲。
4. 言行间，表情沉着不易动容。
5. 人无完人，虽有恶念，但性情闲畅。
6. 离去时很快，不会流连回顾，步履稳健。
7. 街上碰见时，依然神情自若。
8. 谈吐简洁流畅，不表意复杂。

十七、论毛发

面相学上的毛发以头发、胡须、眉毛及睫毛作为对象，在此我们仅以头发和胡须进行详述。宜直顺黑亮，忌弯曲干燥。

发光滑黑亮：头发生得光滑具有光泽，主富贵双全。

唇上胡须主禄：有禄无官，富有福气，长寿。

发卷曲干枯：多挫折困苦。

唇下胡须主官：有官无禄，贫寒命，家财散尽，但长寿。

毛发弯曲： 贫穷，从事苦差事，死凶之相。
发黑且清秀： 富贵双全之相。
毛发光滑润泽： 生此毛发者有福。
毛发干燥： 生活多挫折困苦。
毛发发直发硬： 性子刚烈，守不住财。
毛发柔软： 性格温柔，得宠。
毛发发红： 克害他人，孤苦无依。

毛须发

第十一章　面相吉凶审辨图解

一、面相审气图

　　审气宜远不宜近。边城有气必圆耸，边城无气则生陷坑。山林有气必圆耸，山林无气则薄弱。天中有气则圆耸，天中无气则凹陷。

　　中正、印堂有气则圆满。日角有气，则额头方圆。月角无气，则额塌而冲。辅角有气，则丰满；辅角无气，则塌陷。

　　丘陵有气则圆起，且气下行插入两颧。鼻子有气，则山根起，年寿准头丰圆；鼻子无气，则断削，鼻孔仰且准头露骨。

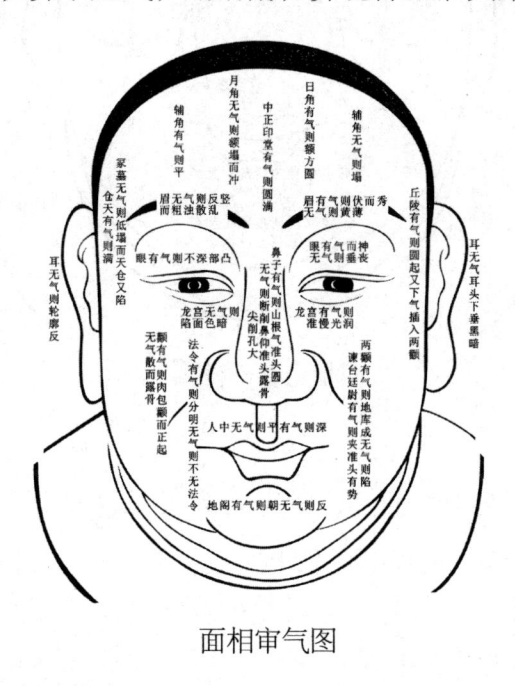

面相审气图

二、面相骨格部位图

　　驿马骨起主贵，鼻骨冲印主贵，颧骨上天仓主大富贵，地阁丰圆主大富福，额角平圆主大富贵，颧骨插天庭主大贵。

额头露骨早克亲，头偏亦然。额头尖削无福寿，低偏亦然。

眉露骨，刚勇，刑妻。山根断，刑妻，离乡，无祖业。鼻露骨，主青年刑妻，中年失子，女人主刑夫。

人中平满，子息艰难。露齿结喉，中运劫财，客死他乡。

地阁不朝，主刑子劫财；地阁朝，主晚年运旺。

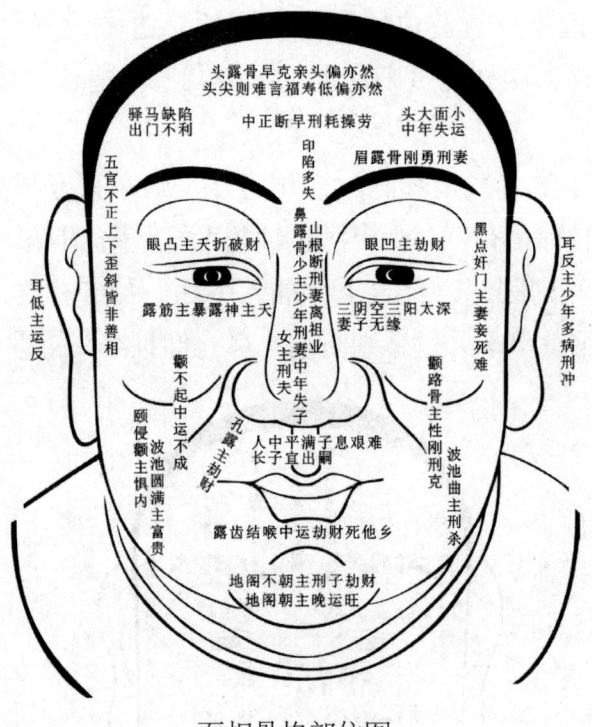

面相骨格部位图

三、蹇滞纹图

额上纹逆上者为亨通纹，顺下者为蹇滞纹。山根、年寿有纹如线过两边或二三条，主妻必产死。

印堂有青纹，主亲离，无祖业；有横纹，主忧惧、刑克。印堂有斜纹，男主多灾，女主淫妒。

山根有八字纹，主克妻。法令纹入口，主饿死。

女人额上有天罗纹，主无子，刑夫改嫁；中年以后另当别论。

驿马纹冲，不利出行。

面相蹇滞纹图

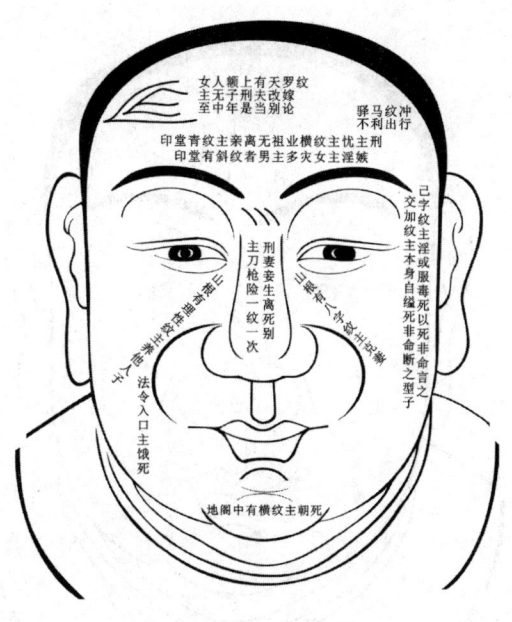

四、面无善筋图

面无善筋，耳无善筋，俱不利，左右同论。

额上多现青筋，主少年刑克，多病。山根现青筋，主少年多病灾，中年刑克。

年寿、准头有红筋，主早死。驿马部位有青筋，主不利出行。耳门有青筋，主刑妻妾，多病；耳内有青筋，主刑克多病。眼下有青筋，主刑克子嗣。鼻子兰台、廷尉有红白筋，主酒色。颧有红筋，主好色性暴。

五、面相审痣图

痣有颜色，黑者凶，红者吉。红痣在黑痣旁边，能化凶为吉。妇人额上有黑痣，主刑克，难于旺夫益子；妇人面上多雀斑，主淫欲少子。

额头生红痣，主得神佑。面部生红痣，主富贵寿考；生黑痣，主阻碍。

印堂有黑痣色明吉，主顺；色暗者，主滞。

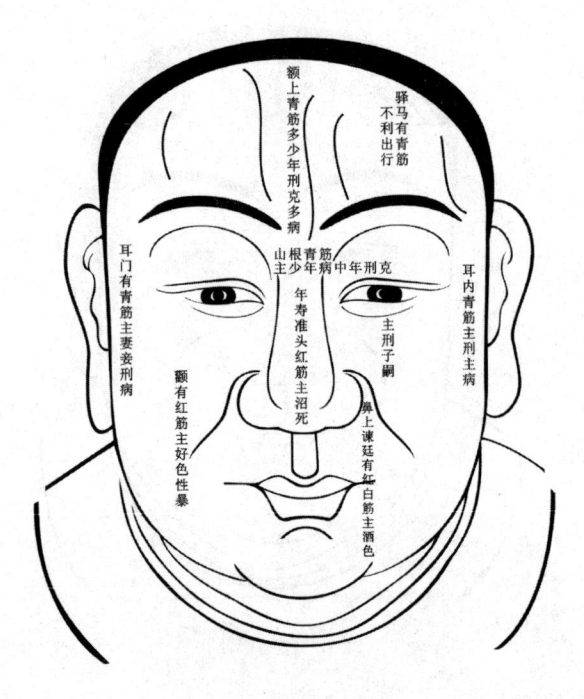

面无善筋图

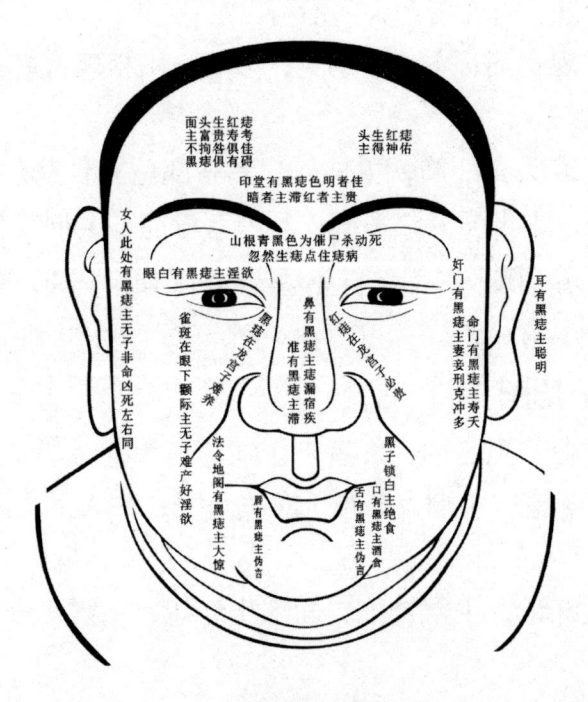

- 驿马有青筋不利出行
- 额上青筋多少年刑克多病
- 耳内青筋主刑主病
- 耳门有青筋主妻妾刑病
- 山根青筋主少年病准头红筋主沼死
- 青筋中年刑克
- 主刑子嗣
- 鼻上谦廷有红白筋主酒色
- 颧有红筋主好色性暴

面相审痣图

- 红痣寿考生贵俱佳
- 头生红痣主得神佑
- 面富不拘各俱有碍黑痣寿夭
- 印堂有黑痣色明者佳暗者主滞红者主贵
- 奸门有黑痣主妻刑克冲多
- 山根青黑色为催尸杀动死忽然生痣点住痣病
- 命门有黑痣主寿夭
- 耳有黑痣主聪明
- 女人此处有黑痣主无子非命凶死左右同
- 眼白有黑痣主淫欲
- 雀斑在眼下颧际主无子难产好淫欲
- 鼻有黑痣主漏宿疾准有黑痣主滞
- 黑子锁白主绝食口有黑痣主酒肴舌有黑痣主伪言
- 法令地阁有黑痣主大惊

印堂有红痣，色鲜者，主贵。

鼻梁有黑痣，主痔漏宿病；准头有黑痣，主运滞。

黑子锁口，主绝食。口唇有黑痣，主伪言。

法令、地阁有黑痣，主大惊。

六、四渎五岳九州八卦五星六曜天干地支图

天仓上府，两颧中府，两颐下府。上停为天，位于眉上发下；中停为人，在眉下准上；下停为地，在人中至地阁。

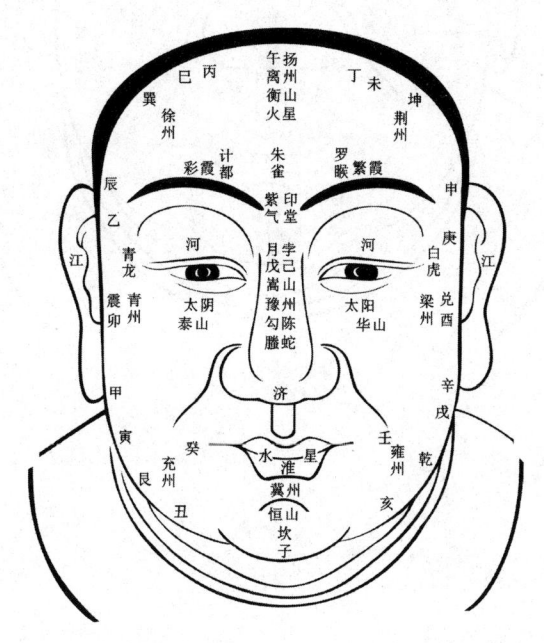

四渎五岳九州八卦五星六曜干支图

七、面无善纹图

额头右边有天罗纹，主刑死破耗，奔波劳碌，少子嗣。若天罗纹冲破奸门妻宫，主无子，防冲妻妾。

山根有悬针纹，主刑妻子，有志难伸。准头处有凶纹破，主破财并刑克。人中处有凶纹，主刑子。嘴角处有多纹如放射状，主贫困，无子。嘴唇上无纹，主寿夭，子稀，破财失官。

鱼尾有纹，主刑克妻妾。虎耳处有交加纹，主妻妾死于非命。

面无善纹图

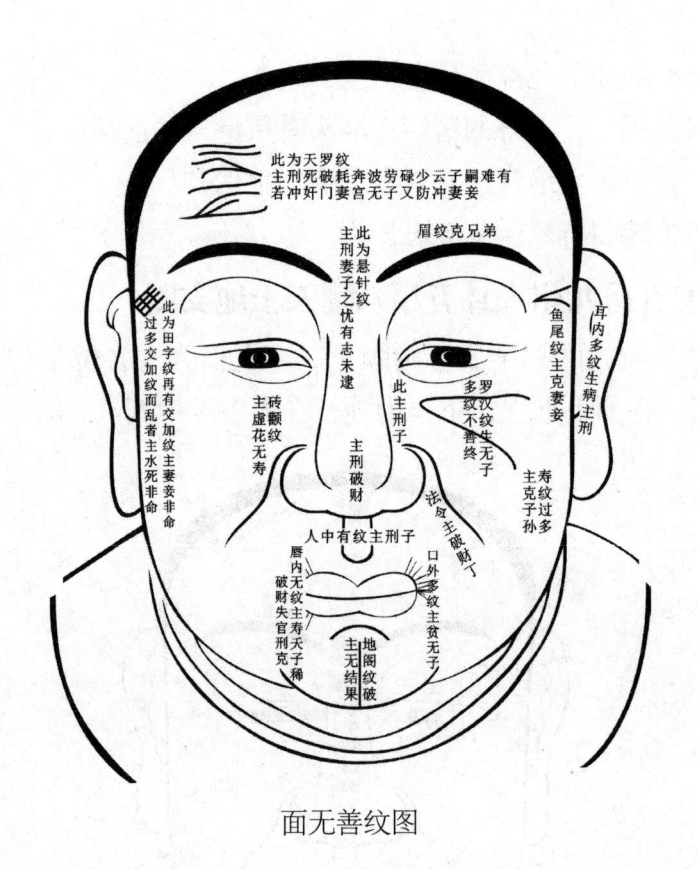

耳内多纹，主生病、刑克。

眼下有罗汉纹，主无子；纹多者，无得善终。颧上有纹破，主虚花无寿。面部纹路断法，男女同论。

八、须眉发鬓蹇滞图

左眉高，颐侵两颧，妻操夫权之格；右眉高于左眉，妾操妻位之格。眉薄黄，主病。眉上长痣，目上三阳陷，主运滞多病。眉连眉，克兄弟，夫妻缘短。眉头竖起，主刑克兄弟；眉短促，主兄弟少。眉尾毛下垂，主好色。眉连发，主中晚年必困。

井灶无毛，主贫。兰台廷尉不开，主困滞。人中无须，主招凶祸，诸事无功。

上嘴唇有须盖下唇者为闩，主寿元、财帛、子息均不利。上下嘴唇有须相连困口，晚景必困。

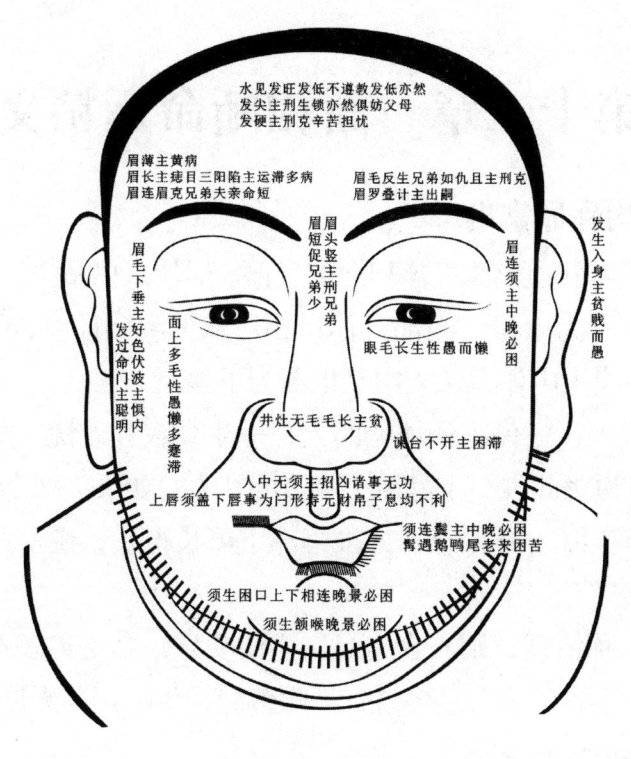

须眉发鬓蹇滞图

九、面相左侧与右侧图解

天仓与奸门同一位，横为天仓，直为奸门。辅角旁即驿马位。精舍、光殿，看整个眼眶，合天中。山根拆断，多主手足病。

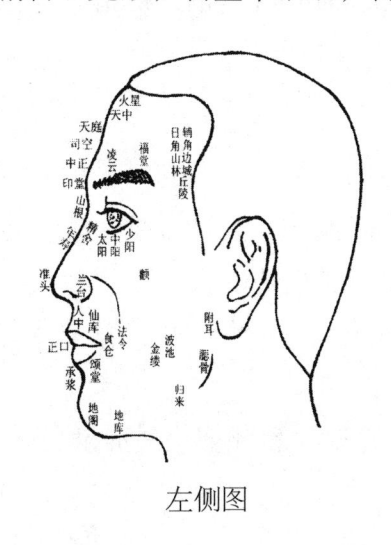

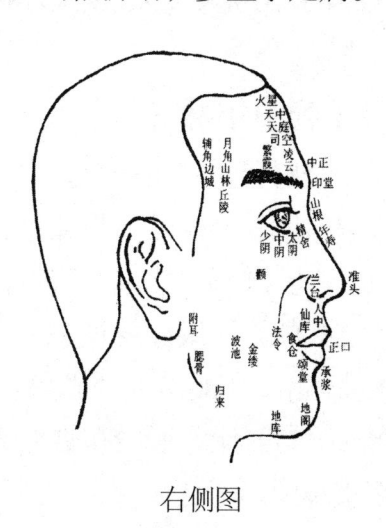

左侧图　　　　　　　　右侧图

第十二章　面相断命运精义

一、三停均称显富贵

人的三停分为形体三停和面部三停。形体三停是指：头为上停，腰为中停，脚为下停。面部三停是指：从发际到印堂部位为上停，从山根到鼻头为中停，从人中至地阁为下停。

大致说来，三停比例协调的人，一生会衣食无忧。如果中停腰部长得长，说明此人一定是君王身边的红人；如果头部上停长得长，说明此人年少时吉祥如意；如果脚部下停长得长，说明此人到老时会吉祥昌盛。

三停匀称协调，则衣食富足，生活安乐，富贵绵长；三停比例失调，参差不齐，则命运多舛，一生劳碌，生活困苦无助。

二、五岳呼应主富贵

人的面部五岳：左颧骨为西岳，右颧骨的东岳，额头为南岳，地阁为北岳，鼻子为中岳。五岳歪斜或缺损的人，一生贫贱。

五岳之中，中岳最为重要。中岳丰隆饱满，其他四岳也没有破损，以中岳为中心，形成众星环抱之势，为大吉之相，财富不求自来，天生富贵。

三、鼻子管中年财富

鼻子是财星，暗示一个人中年的运气，从一个人的鼻子可以看出此人中年以后的命运。鼻如悬胆，丰隆挺拔，大贵且富；鼻子方正挺拔，丰隆圆润，此人必富贵；鼻子方正挺拔的人，一定会钱财两旺。鼻孔朝天，或外露过多，或扭曲变小，一生贫寒；鼻子外翻上，歪曲偏斜，则此人是下贱命。

鼻子五行属土，所以在给土形人相命时，看此部位最准确。

富贵鼻型：

①悬胆鼻。准头丰圆如悬胆者，多财帛，是官相。

②狮子鼻。鼻子横张而扩大、丰隆有肉者，主其聪明富贵。

贫寒鼻型：

①朝天鼻。鼻孔朝天，主其人漏财，贫穷且性淫。

②鹰嘴鼻。鼻子尖细扁小，主其人贫寒且阴险狡诈。

从鼻子可以看出一个人的寿命长短。鼻梁低陷并弯曲，这种鼻相的人不是贫贱就是寿命短。古人说："山根部位断开，鼻头高耸，老来不顺利。"

四、额头、天庭与地阁

1. 额头

额主荣华。从一个人的额头可以看出此人是否衣食富足，有无俸禄。额头方正平阔的人会荣华富贵；如果额骨尖削有偏斜，说明此人年轻时多坎坷曲折。

2. 天庭宜耸

天庭位于头发下面，印堂上面，是一个人最高的位置，所以叫天庭。一个人天庭高耸如立壁，饱满平阔，光滑润泽，没有疤痕、痣、皱纹，再加上五岳方正，相互映衬，则此人一定年少就可发达富贵。

3. 地阁宜阔

地阁位于口下面，属于田地和奴仆位。地阁生得方且圆，饱满有容，此人一定会发达显贵，有享不尽的荣华富贵，晚年更是吉祥。反之，如果地阁生得尖削薄弱，则此人一定贫困，无富贵可言。五行上说，地阁为水星，给金形人和水形人看相时，看地阁部位最准确。

五、眉目主聪慧

眼睛清秀的人一定聪明英俊，其中眉毛分为罗计，眉毛以长得清秀为宜，粗散、低垂不好。眼睛分为阴阳，以清澈明亮为宜，黯淡无神、眼睛斜视不好。

眼睛细长且有神采的人，一定很聪明，能考上名牌大学，能当大官。

眼光如水主淫荡。眼光像水一样流转不定，说明这个人淫荡。眼神是一个人的精气所在，要经常保持明净，不应泪眼迷离。如果一个人眼光如秋水含情，又斜视看人，那这个人一定是淫邪之人。

眉峰似剑主暴躁。

眉毛像刀砍过一样，过于冷峻，或眉峰像剑横直没有弯曲，说明此人性格暴躁、刚勇，不懂以柔克刚之法，要么在战争前线阵亡，要么暴死。

眉毛细长并在尾部呈翘起状，说明此人生活安闲，快乐无比，就是不福贵也是逍遥自在的人士。

眼睛细长、清秀俊美且黑白分明的人，中年一定会飞黄腾达。

六、河目海口者有官禄

眼睛长得像江河一样细长，嘴巴长得像大海一样广阔，则此人一定会大富大贵。眼睛就像掌管长江、黄河、济水和淮河的总官，嘴巴就像百纳万物的长官。所以眼睛宜生得光明而深藏不露。嘴巴宜生得方正，嘴唇不外翻，这才是大福相，能身居要职，俸禄优厚，富贵双全。

七、准头能判善恶

鼻头是土星，如果准头长得丰满方正，说明此人心地善良，讲究诚信，没有害人之心。但如果准头尖薄，鼻形像鹰嘴，则说明此人一定内心险恶。

八、山根昏沉主疾病

山根位于印堂下面，与年上、寿上一起构成一个人的疾病宫。如果一个人山根昏沉发暗或青黑，说明这个人有灾疾。山根青黑，四九前后定有灾，山根部位出现青黑色，说明此人在三十六岁左右会有大灾。

九、气浊神枯主贫穷

神气浑浊、枯萎的人一定贫穷。白阁道人说："神气是人间百秀的精华，就像大自然中山川的灵秀。宇宙因为有了日月而显得清明，一个人因为有了神气才显得精神有活力。从相术的经验来看，一个人神清气爽，是因为神气赋予其身体的结果。神气就像油灯，一个人的神气不混浊，就像有油一样，灯一定能明亮，此人也一定能富贵显达。但如果神气枯竭混浊，此人一生一定不会有出头之日。

十、斜视冷笑主奸邪

看东西时目不斜视，说明此人心地坦荡，为人正直，做事光明磊落。如果眼睛斜视，说明此人奸诈邪恶，应该加以防范，如果总是冷笑，说明此人机谋很深，居心叵测，应该加以防范。

十一、满脸横肉主狠毒

满脸横肉，尤其是颧骨部位横肉多的人，性子一定凶残狠毒。

十二、皮毛与手足

从一个人的毛发、皮肤就能看出一个人是否有智慧。毛发疏秀、润泽，皮肤细腻光滑的人一定聪明有智慧；反之，说明此人一定粗俗愚钝。

从一个人的手足可以看出此人是否安逸富贵。手指生得粗大、干枯、发硬，脚背瘦长、干燥，说明此人生活一定辛苦劳碌；反之，如果手掌细软，丰润有光泽，脚部骨圆肉肥，说明此人生活一定安逸清闲。

十三、愚夫与儒者

发际生得很低，紧压额头，皮肤粗糙、干枯，说明此人愚蠢顽劣，不可调教。手指细长如春笋，脚背丰厚，一定是儒雅的俊才。

十四、体厚形殊者贵

骨骼体貌生得异常，形象清奇的人一定是贵人；面相富态的人一定有福，会衣食无忧，生活富贵安康。

十五、北方贵相

下颏方正丰满，腮骨饱满清秀，说明此人不仅富贵，而且强大。

北方主要相地阁。地阁是下巴，为水星，也宜生得丰隆饱满，说明此人一定是王公贵族。

十六、南方贵相

背有像驼峰；面貌方正广阔像田字，如果是南方人，说明此人生活一定富贵。广监说："浙江一带的人大多生活清苦，但如果此地的人生得面厚背丰，则此人一定是富贵的人。"

南方主要相天庭。天庭是额头，为火星，是一个人的官禄位，如果生得平阔而丰满，没有偏斜缺陷，说明此人一定会做大官，而且会为百姓主事，清正廉明。

十七、铁面剑眉者掌权

面容威风凛凛，坚定刚毅，剑眉直插额际，说明此人会掌兵权，能统帅三军。但如果神气发生了变化，出现明显的黑色，则是大凶，说明此人会有大灾祸降临。

十八、龙颜凤颈者为贵妇

面容生得带有龙的神光，颈部长得带有凤凰的灵秀，一定会嫁给君王。面容中透出异常，颈项间透出非常，就是不嫁君王也是后妃之贵，天生的贵妇人。

十九、燕颔虎头者为将相

额头丰满高耸，骨肉匀称润泽；头部方正圆实，眼睛和嘴巴都生得大气有形，看东西时充满神威，就像虎头，如果是男人生就这种相貌，则是班超之相，也一定会像他一样有志向，成就一番伟业。

二十、神短无光及面皮虚薄者夭寿

眼睛暗淡无光，混浊昏暗，说明此人不会长寿。

脸上肉少，面色虚浮薄弱，给人有皮无肉的感觉，说明肉与骨头不相称，此人寿命不会超过三十岁。

二十一、肉色轻浮者短寿

骨头是一个人的基本，神色是一个人的精气，肉和骨头长得相宜而结实，一个人才会显示出神气；如果肉松散地虚浮在骨头上，他的神气也会散乱，一定不会长寿。古人说：三十六岁前一定会死亡，也就是讲的这个道理了。

二十二、气色断寿命

从相术上来说，最难断定的就是一个人的寿命。因为在看一个人寿命长短时，不能光看人中，还要看他的气色。像著名的相学大师郭林宗所提到的相人八法，也不能很好地看出一个人寿命的长短。所以在看一个人的寿命长短时，应以气色为主要判断依据，有志研究相学的人士可以相互切磋。

二十三、寿绦纹断寿命

人老了脖子上会生出两条纹路，叫寿绦，从这儿可以看出此人寿命的长短。如果寿绦一直生到脖子根部，说明此人身体健康强壮，一定会长寿。一个人生有这种纹理，就是遇到凶险的事也能逢凶化吉。经书上有这样一种说法：眉毛上长毫毛不如耳朵上长毫毛，耳朵上长毫毛不如脖子上长寿绦。

二十四、头部贵骨

头上有骨头凸出，说明即使此人有灾难也只是有惊无险，头上有九块贵骨，但很难全部具备，但只要有奇特的骨头凸出在头部，都会化险为夷。

二十五、骨骼和头发旋生断法

人在显贵之前,骨骼已经长成了,其富贵的容颜是在显贵之后慢慢形成的;人在富有之前,相貌已经长成了,但气质是随着财富的增长而慢慢地发生变化的。人的形相像阴阳五行一样,也有五种不同的情况。进食饱暖不均,人就会得病;大喜大悲,人就会产生忧虑的情绪。一个人的气色也会随之发生相应的变化,这些需要有志于研究相术的学者仔细推敲,才能断定一个人的吉凶祸福。

二十六、福堂宜红黄明润

福堂在一个人两颧骨的上面,华盖的旁边,如福堂光明红润,颜色呈红黄色,这是吉祥色,说明这个人会好运连连。

二十七、克子孙相

泪堂位于下眼眶部位,应该长得丰满。如果此处肉虚浮肿,形成囊肿状,是不好的面相;再加上此人如果鼻头尖削下垂,人中不明显,说明这个人会克后代,严重的话有可能会绝后。鼻头下面,嘴唇上面是人中,又叫沟洫,应该长得深长,长得很平一点都不明显,不吉利。泪堂是一个人的子女宫,如果有缺陷,说明会克儿孙。

面部像涂了油膏一样闪闪发光,相术上叫"沐浴天",会刑克儿子,或命里无子。

二十八、孤苦相

人没有哭泣的时候,眼睛看起来却泪汪汪的;心里没有什么忧伤的事,而总是皱着眉头,年轻时就算没有刑克,到老时也会孤单。古语说:"没有哭却常带哭相,没有发愁的事却总是好像愁肠百结、忧伤、神不守舍的样子,命里开心和幸福也不会长久。"

二十九、面似橘皮孤苦伶仃

满面粗糙暗淡,像有一层尘土覆盖一样,这叫橘皮面,生有这种面相的人一定孤苦伶仃。古诗说:"面色长得像树皮,一定会孤苦无依,会克死结发妻子,再娶一个。"

三十、奸淫相

面带桃花，神色轻佻，是奸邪淫荡的人，男人生就这种面相是色鬼，女人生就这种面相是荡妇，很晚才会生孩子。

三十一、孤刑相

肩膀生得瘦削不高耸，给人单薄感，声音不浑厚却发散像破锣，带哭腔，有这两种面相的人就是不贫贱也会孤苦伶仃。

三十二、粗骨主贫穷

骨骼长得高耸隆起，清秀奇异，与皮肉和神气相互滋养，是富贵安逸的面相。反之，如果一个人的筋骨长得粗大，凸出暴露，说明此人一定会生活贫穷，到老时还不得不为了生计奔波忙碌。

三十三、五官偏斜，塌陷主劳苦

一个人的五官不应生得塌陷，或偏斜有缺损，否则此人会一生困苦，吃了上顿没有下顿，生活极其艰难。具体说来，是指眼睛不明亮，鼻子不丰隆笔挺，额头不高耸，地阁不方圆，等等。

三十四、三光与六府

两个福堂和鼻头叫做三光。三光明亮润泽，说明此人会有财运，会大富。

两个颧骨、两个面颊和两个额角叫做六府，六府长得丰隆、匀称，这种面相的人会一生富足。

三十五、面色红黄主安康

在秋、冬两个季节，一个人的面色呈现白色和黑色时属于正常，其他季节出现则说明会有灾祸发生。春天面色发青是正常色；红、黄两种颜色是四个季节都适宜，如果一个人总是面带红黄，说明此人会生活安康，富贵满堂。

三十六、面皮紧绷主短寿

面皮紧绷，这个人就是人中长得深长，也不会长寿。

三十七、两眼无神主短寿

两眼无神，就是鼻梁高耸，这个人也不会长寿。因为眼睛在鼻子的上面，以有神气为主；鼻子在下面，以有骨为主，若没有神气，骨再有形也是没有用的。

三十八、黄气为官

太阳穴部呈现黄气，不久这个人一定会升官。如果是普通人呈现这种吉相，也会有喜庆的事发生。

男子左眼下面部位，女子右眼下面部位，如果出现烟花爆炸似的黑色，说明不久有大的灾祸降临，要注意防范，也可能是孩子会得重病。如果中年出现这种黑色，有可能会暴死。

三十九、忌青黑色

在眼尾部位靠近两鬓角部位是奸门，是妻妾宫，这个部位如果呈青黑色，说明妻子会有灾祸降临。

在鼻头上面、山根下面是年上和寿上，是疾厄宫，如果出现红色，并有脓血，这个人一定有疥疮。

四十、白色主丧亡

灰白像白粉一样，是有丧亡的气色，如果出现在父母宫，说明父母一定会有灾祸。

颧骨部位出现青色，说明家庭不和睦，兄弟之间会有纷争。

四十一、法令入口，难过七七之数

法令绕缠入口，七七之数焉可过。法令入口，邓通饿死。

法令曰金缕，又名寿带。法令宜顺，绷急而不可缠曲；若法令不顺，兼腾蛇唇下入口，皆为不寿之相也。法令纹生在鼻子两侧，又叫金缕纹、寿带，长得平顺是福相。如果面色紧绷而不明显，或有缠绕弯曲，或和唇纹一起交叉并进入口内，都是不能长寿的面相，说明此人活不过四十九岁。

四十二、女子面相看法

女子眼恶，嫁即刑夫。

女人之眼细且长，清而秀，为善相。若圆大凸露，为恶相，嫁即刑夫。

声杀面横，闺房独宿。

声音沙哑像破锣，而且面部皮肉横生，这种面相的女人一定会成为寡妇。

额尖耳反，虽三嫁而不休。

额头尖削，耳朵侧反，这种面相的女人会克夫克子，会克死好几个丈夫，多次嫁人。

颧露声雄，纵七夫独未了。

古人云："克婿两颧露，刑夫额不平，要知三度嫁，女作丈夫声。"正此谓也。

声音似男声，颧骨高耸外露，会克丈夫，多次嫁人。

四十三、神衰忧郁者的面相

压力大会导致皱眉肌发达。皱眉肌发达，说明其肩部长期酸痛，需注意保养。

寿上横纹，事事不顺，还有耗财之象，很可能会因无望而轻生。鱼尾纹多的人，消极忧虑，总是感叹命运多舛，易致神滞气衰。印堂暗黑且生杂纹，神色皆无，表明运势较差，失落无助，甚至会情绪失控。

四十四、从眼神辨小人

眼神是身体内部神气的表露，从眼神即可以看出一个人的性格与命势，眼神以平视为吉，斜视者多心术不正。

吉：眼神平视者，为人刚直善良，心地光明，禀性耿直，笑口常开。

凶：左顾右盼的斜视者，心机深重，多怀有叵测之心，往往悭吝虚伪，不可与之亲近。

目光仰视、眼白浮光者，目光有神并有折射感，其人心性和行为常反复不定。

眼白多于黑睛，眼无神，则容易招灾凶，到中年后还可能体弱多病。

四十五、从面相辨奸邪小人

颧骨削尖：为人强势、霸道，而且没有慈悲心，为达到某种目的可能会不择手段。

嘴唇薄：无情冷酷，报复心强，喜欢出言讽刺他人，对侵犯自己利益的人绝不留情。

双眼凸出：脾气急躁，常会因为小事与人争吵，并且不惜使用他人无法接受的手段。

鼻梁起节：常常说谎，欺骗他人，且为了获得自己的利益，而损害他人的利益。

四十六、体厚形殊者富贵

家境富裕的人自然保养得体态丰厚，而大贵之人也与常人形态有别，其一般形体清奇飘逸，异于常人。

形体厚实者为富相，骨骼清奇者为贵相。

四十七、龙行虎踞者大贵

龙行：人走路时身体正直，极少左右摇晃，稳健有力，称为龙行。

虎踞：人坐下来身体端正，不摇晃，并挺直有力，称为虎踞。

行步如龙，坐姿如虎，稳健端庄，此为大贵之相。

四十八、福气逼人者面相

眉清秀润泽，乐观开朗，善良美好，富有智慧，能从困境中解脱出来，时来运转。

耳朵高于眉毛，天生聪颖，学习能力强，是成功人士的典范，能拥有名声和地位。

下巴丰满有肉，温和敦厚，人际关系良好，积极主动，晚年福贵自来。

额头宽阔饱满，额头代表地位权势，宽阔饱满则聪明有能力，是人群中的佼佼者。

双颧高耸且明亮，意志坚定，管理能力高超，善于为人处世，有权力有名望。

四十九、剑眉者掌权

剑眉，是指眉身顺直而末尾翘起，略呈剑形的眉毛。剑眉的人，富正义感，刚强正直，有统领性的将才。

男性剑眉：积极热情、精力旺盛，充满侠义气概，其气魄和胆识往往促使他成为统领者。

女性剑眉：充满斗志和信心，个性刚强，财运和异性缘都不错，能处处掌握主导权。

剑眉，是指眉棱起，震慑人心。这种相貌象征着罗喉、计都二曜横于天位，贵不可言，能统领千军万马，率领一方。

五十、领导者面相

眉身刚劲有力的人，有着很强的自尊心和好胜心，有野心，有气魄，有胆识。

法令纹如钟形的人，老成持重，沉稳干练，有责任心，很有领导才能。但颇有些独断独行。

上唇厚过下唇，待人热心，坚忍不拔，能吃苦，有能力，喜欢指挥和领导别人。

额头宽又高，胸襟宽广，追求理想人生，能够在事业上获得成功。

方脸是天生的领导者，很有威仪，能让周围的人心甘情愿跟随，但很固执。

五十一、长寿者面相

双眼光彩照人，骨架大而肌肉少，声音洪亮，人中长而且明亮，鼻准端正又肥厚，法令深长，有松鹤般的形体。这些都是长寿相的特征。

耳朵里生毛，眉毛半白，脖子上有双绦，这是寿星的特征。

兰台、廷尉两个部位有纹发出，弯曲而下，绕过下颏，这是长寿的预兆。

伏犀骨隐约可见，天梁骨隆起上头顶，主长寿。

伏犀骨连接天梁骨从印堂直伸至头顶，长寿之人。

牙齿整齐端正，背如三甲，腹如三壬，人间长寿翁。

下巴下生出蚕一样的皱纹，长寿之相。

肩背如龟，人中深长且有胡子，手骨软，耳内生毫毛，主少病长寿。

鱼尾纹朝向耳朵，主长寿，能活到七十岁。

眉毛为保寿官，眉毛高过耳，眉长过眼且眉尾下垂的人，必定高寿无疑。

耳中生毫毛，主长寿富贵。

牙齿关系到骨气的充沛与否，牙齿生得整齐且坚固不动摇，可长寿。

耳朵大、长，且轮廓分明，垂珠贴肉，红润坚厚，为长寿之人。

人中深长、端正而直，则体液顺畅，主长寿。

五十二、短寿者面相

脸上肉少，面皮虚浮薄弱、神色轻浮者，是短命之人。

山根、印堂有青气同现，死期将至。

面上黑气起，死亡来临。

筋骨松弛，容貌鲜嫩，三十六岁前会死去。

满面忧愁，精神不定，中年时会去世。

气息短浅，头发浅薄，短寿。

气息急促不定，性情暴躁，短寿之人。

魂不守舍，血色不红、容貌干枯，为鬼幽，主命不长久。

眉毛交于印堂，气色单薄，寿促。

驿马有疤或赤红者，出门有阻碍，容易发生意外而夭亡。

面皮虚浮、薄弱，脸上肉少，此为形神涣散，活不到三十六岁。

气息短浅，呼吸急促不匀，身体无力，此为体内精气流失，短命也。

青气代表衰亡，印堂有青气，应警惕意外。

山根被杂纹割断，暗示健康与运气不佳，灾祸将会连绵不断地发生。

五十三、孤寡无欢者面相

孤相，是指与子女、配偶缘薄的人。眼不哭而泪汪汪，肩耸声泣等，均为孤相。

孤者，形骨孤寒且项长、肩缩、脚斜、脑偏，其坐如摇，其行如攫，又如水边独鹤、雨中鹭鸶，此孤独格也。

日月角凹陷或偏斜者，从小缺少家庭关爱，也可能是独生子女，缺少必要的沟通，导致淡漠。

眉棱骨无肉者，个性刚烈，不喜欢受约束和管教，与人相处不融洽，容易被人孤立。

眉毛为兄弟宫，眉毛稀疏者，缺少兄弟姐妹的关怀，少往来，孤独无依。

满面毛窍如被尘垢所覆，为橘皮面。面似橘皮者，克害亲人，孤独。

五十四、花心淫邪者面相

眼睛是心灵的窗户。眼里如含水，眼光迷离，泪水涟涟，无论男女均主淫荡，一生会遇数次桃花劫。人都希望走桃花运，受到异性追求，情场上春风得意，若心思多，生性淫欲，桃花运也会变为桃花劫，会给人带来恶果。

眼睛斜视、眼神迷离的人，不会认真对待感情，恋爱时往往一脚踏两只船。

人中有瑕疵（恶痣等）的人，性欲难得满足，容易受到异性诱惑而出轨、偷情。

奸门有恶痣的人好色，喜欢在外面寻花问柳，寻找刺激和安慰，偷情的可能性很大。

年上绯红或年上到颧骨间有鲜红肤色的人，重私情，私生活混乱。

五十五、气色辨凶灾

面部青、白、黑、赤、黄五色，可推断出人将来的忧喜，以黄色为佳，其他四色皆有凶患。

1. 青色

青色：有忧事。

青色浓：马上有忧。

青色深：忧虑很重。

青色轻：轻忧。

青色褪：少忧。

2. 白色

白色：有哭丧之事。

白色浓：有大丧。

白色深：丧事到来。

白色轻：有轻丧事。

白色褪：丧事化无。

3. 黑色

黑色：主死亡。

黑色浓：犯刑而死。

黑色深：重病而死。

黑色轻：有慢性病。

黑色褪：疾病痊愈。

4. 赤色

赤色：有不安宁之事。

赤色浓：死于牢中。

赤色深：口舌之争。

赤色轻：家有是非。

赤色褪：病转好。

5. 黄色

黄色：有喜庆。

黄色浓：大喜庆。

黄色深：喜事突来。

黄色轻：小喜事。

黄色褪：喜事消退。

五十六、横死者面相

司空黑色，暗示运势低落，非常倒霉，出门在外要注意交通安全。

命门灰黑或发青，霉运当头，灾祸即将临身，血光之灾难免，应避免与人发生纠纷，出门在外也要注意交通安全。

驿马赤红，会发生危险意外而客死他乡，要避免单独出游和晚归。

印堂发青或灰黑，运势低迷，灾祸即将降临，容易死于非命。

五十七、女子声音吉凶

女子声音沙哑如破锣,克夫。

女子声音轻小清脆,荣华富贵,助夫兴旺。

女子声音先高后低,淫荡,损害前夫。

女子声音先低后高,损害前夫,没有靠山,辛苦立业。

女子声音重浊破裂,喜斗闹,与夫不和,贫贱。

女子额尖耳反,即额头、耳朵削尖,对家人不利,还会克夫。

女子年寿灰黑,暗示配偶将英年早逝,自己孤单处世。

女子法令纹弯曲开叉,暗示配偶将不幸身亡,无法与夫白头到老。

女子颧骨尖凸,即双颧高耸,无肉包裹,克夫之相。

女子声音雄浑似男子,为典型的克夫相。

五十八、喜欢搬弄是非者面相

在面相学中,牙齿最主要是用来看一个人的寿命长短,宜坚固整齐、洁白如玉。唇齿是一个整体,如果唇不覆齿,不仅贫寒,也喜欢搬弄是非,喜欢探听他人隐私并随处散播。未笑就露龈的女人,是喜欢搬弄是非的长舌妇。

门齿漏缺,命蹇滞,终身穷困。

齿如金玉,富至二千石。

牙齿凌乱,预兆多病而短命。

齿长一寸,善于领兵。

唇薄齿疏,纵情游乐,不知休止。

眼神飘忽不宁,挤眉弄眼,喜欢背后戏谑他人。

牙齿突暴,喜欢搬弄是非,夸大或歪曲事情的真相,害人害己。

耳垂尖小,好奇心重,守不住秘密,好传小道消息,以揭人私隐为乐。

男发女声或女发男声的人，阴阳怪气，喜欢在人背后捣乱。

眼睛向外凸出、鹰钩鼻子的人，心地险恶狠毒，很难与人相处。

上嘴唇盖不住牙齿，就是自己不惹事也会有许多麻烦。

不笑牙齿也常露在外面的人，喜欢背后议论别人的长短，人际关系不好。

五十九、命中贫寒者面相

额头狭窄者，生活艰辛，经济状况不好，幼年就进入社会打拼。

山根低陷者，经历困难与挫折，无法安享生活的乐趣。

地阁凹陷者，受不到良好的教育和栽培，生活辛劳，需要靠出卖体力生活。

田宅宫狭窄、灰黑者，不善于理财规划，家中财帛有限，物质生活艰苦。

颧骨低陷者，管理能力不高，容易导致事业、生活陷入困境。

井灶薄弱、嘴唇掀开者，运势低迷，要依靠辛苦的努力，才能走出困境。

六十、疾厄缠身者面相

眼睛发黄者，肝脏功能有问题，恐有疾病缠身。

颧骨赤黑者，生理机能及肠胃有疾。

嘴唇黑紫者，营养不良，且肝脏解毒功能受到破坏，要立刻治疗。

奸门凹陷枯槁者，肾功能不良，不能熬夜或过度操劳，要注意保养身体。

耳朵青黑者，体质虚弱，可能肾功能有疾患。

六十一、神气色滞者运衰

一个运势好且有成就的人，必然气定神闲，遇险不惊。这样的人，神、气、色都无滞，内心平静而安和。

眼神呆滞疲乏无生气，为神滞。神滞者，运势衰八年。

人懦弱，做事糊涂，或太多俗气，都为气滞。气滞者，衰五年，其运势不稳。

面上昏暗色浮，杂气不定，为色滞。色滞者，运势低沉三年。

神，神气俱在，给人气定神安的感觉。

气，体内精气充沛，自然生发乃喂养体内之神。

形，养分充分融入身体，面部红润，体格健康。

血，营养源源不断流入血液，血液流通顺畅。

六十二、衰运临身者面相

印堂暗红者，有意外事故，或会因为口舌引来纠纷，甚至上法庭。

山根横纹或凹陷者，运势不佳，做事不顺利，心有余而力不足，忧虑消极。

眉压眼者，没有毅力，并且容易与人发生冲突，运势低迷。

耳朵单薄且发暗者，多半身体不佳，诸事不顺。

六十三、凶狠歹毒者面相

眉毛散乱者，关注自我，无情无义，阴险狡猾。

鹰钩鼻者，看重个人实利，为了个人利益不择手段，有些孤僻怪异。

三白眼者，黑睛上浮，冷酷无情，为了个人利益，不惜使用卑鄙手段。

满脸青筋者，脾气暴躁，心胸狭窄，喜欢争权夺利，而且霸道强势。

心机深沉，难以揣测者，凶恶狠毒，绝情寡义。

六十四、雌雄目者自私虚伪

雌雄目者，是指眼睛一大一小。这种面相的人，虽然能富甲天下，但性情狡黠，以个人利益为重。

间歇眉者，神经质，喜怒无常，自我观念强，霸道，心机深重。

鼻子尖细者，城府极深，会为自己谋划。

耳后见腮骨者，自私自利，会背叛朋友，绝对不值得信任。

眼尾如勾圆者，喜欢动坏脑筋，不老实，阴险狡诈，很有心计。

鬼齿就是牙齿长得乱七八糟。鬼齿者，阴险狡诈，总是算计他人。

六十五、事业失败者面相

天仓，代表贵人运。天仓凹陷者，事业前途无所依靠，比较劳苦。

山根低陷者，不具备自主创业的能力，只能做普通职员，而且不适合投资。

准头低垂者，不善于理财，为人行事也不光明磊落，得不到同事认可。

颧骨不明显者，自信心不强，很难起领导作用，不能得到别人的支持与帮助。

法令纹断断续续者，缺乏领导才干，难于统领人群，事业总是陷入困境。

地阁歪斜者，不善于与人交往，性子较直，不适合自主创业和担任领导职务。

六十六、眼睛四周部位吉凶

眼睛上部位是三阴三阳，眼睛下部是卧蚕，这两处都主宰着人的性格、善恶及运势的吉凶。

眼睛下部卧蚕处有一条弧纹向上弯，主吉。眼睛下部泪堂平满为吉。

三阴三阳：在眉毛到眼睛中间，左眼为阳，右眼为阴，眉头下为太阳、太阴，眉中下为中阳、中阴，眉尾为少阳、少阴。

蚕囊：指眼下泪堂部位肉丰起犹如蚕卧状，又称为卧蚕。

泪堂：指下眼睑，宜丰满不宜平陷，又称为阴骘。

六十七、忠厚耿直者面相

一字眉者，直爽率真，行事一丝不苟，明辨是非，正义感强。

人中深长者，百折不挠，很有毅力，稳健成熟。

嘴大唇厚实者，温柔敦厚，为人忠厚讲道义。

目下一字平（指眼睛下的卧蚕处有直直的一条横线），严肃，遵守原则，耿直磊落。

耳门宽大者，聪明豁达，早早建立起自己的世界观、价值观，有自己的原则。

六十八、生财有道的面相

额头高耸宽阔，善于投资理财，且有很旺的贵人运。

鼻子代表财帛和事业，鼻子挺直有肉，则财运亨通，不愁吃穿。

田宅宫丰隆，能累积财富，适合投资，就算不大富大贵，也不会缺钱用。

双下巴，财运好，收入稳定，无忧无虑，有丰厚的不动产财富。

第十三章　面相精断秘传

第一节　观人八相法

一曰威相

尊严可畏，谓之威。主权势也，如豪鹰搏兔，如怒虎出林，而百兽自危，盖神色严肃，而人所自畏也。

二曰厚相

体貌敦重，谓之厚。主福禄也，其量如沧海，其器如万斛之舟，引之不来，而摇之不动也。

威相　　　　　　　　　　　　厚相

三曰清相

清者，精神俏秀，谓之清。如桂林一枝，昆山片玉，清丽润秀，而一尘不染，或清而不厚，则近乎薄也。

四曰古相

骨气岩棱，谓之古，古而不清，则近乎俗也。

五曰孤相

孤者，形骨孤寒，而项长肩缩，脚斜脑偏，其坐如摇，其行如攫，又如水边独鹤，雨中鹭鸶，生成孤相也。

六曰薄相

薄者，体貌劣弱，形轻气怯，色昏而暗，神露不藏，如一叶之舟，而泛重波之上，见之皆知其微薄也，主贫下。

清相 　　　　　　　　　　古相

孤相 　　　　　　　　　　薄相

七曰恶相

恶者，体貌凶顽，如蛇鼠之形，豺狼之状，或性暴神惊，骨横筋露，皆主其凶暴，不足为美也。

八曰俗相

俗者，形貌昏浊，如尘中之物而浅俗，纵有衣食，亦多迍也。

恶相 　　　　　　　　　　俗相

第二节　面部十二宫及五官相法

一、十二宫吉凶相法

1. 命宫

　　命宫居于两眉之间山根之上，又称印堂。若山根平满耸直直透命宫，眼神黑白分明，主财帛丰盈。如额骨有川字纹透天庭，边庭驿马骨起，主其人权势地位高，为将为相。反之，如命宫凹陷、深沉，而又兼两眉头交差相侵，额窄眉枯，纹理乱而冲破，则主克妻、破财；若命宫之气色青主虚惊，色赤主有刑伤。印堂发白主丧服哭悲不离，色黑主身亡，色红黄主寿安有吉兆。

　　诗曰：

　　　　　眉眼中央是命宫，光明莹净学须通。

　　　　　若还纹理多迟滞，破尽家财及祖宗。

2. 财帛宫

　　鼻子准头为财帛宫，称为财星。要耸直丰隆明润，方能财帛有余。若枯削无肉，主财帛消乏。若有天无地，主先富后贫。若天薄地丰，主始贫终富，要天高地厚才能富贵荫及子孙。二匮丰厚、明润清和，主居官受赏。若人之鼻像鹰嘴尖峰，主破财贫寒。若鼻孔上仰，主家无所积，贫穷之相也。观鼻之气色，若昏黑主破财失禄，若红黄主进财。青黄贯鼻主得横财，若赤色主有口舌是非。

　　诗曰：

　　　　　鼻主财星莹若隆，两边兰廷莫教空。

　　　　　仰鼻家财与粟空，地阁相朝甲匮丰。

3. 兄弟宫

　　眉为兄弟宫，须要丰蔚，不宜亏陷。若眉长过目，主兄弟三四个无刑害。若眉秀而疏，枝干端正，主兄弟和睦。若亏陷，短促不足，则有分离孤独之象。若眉有旋，主兄弟众多，狠性不常。眉毛散者，主钱财不聚。眉毛逆生，主仇兄贼弟，互相妨害或是异性同居。眉毛中断，主兄弟分散。

又若眉清有彩，主为孤胜清高之士。若眉之气色为青，主兄弟间争斗、口舌是非。若眉之气色为黑白色，主兄弟伤亡。红黄色主荣贵喜庆。

诗曰：

眉为兄弟软径长，兄弟生成四五强。
两角不齐须异母，交连黄簿送他乡。

4. 田宅宫

两眼为田宅，属土星，黑白要分明，黑睛要多，白睛要少，望之不怒而威。要有神，形如点漆，光彩照人，方能终成产业之荣兴。若无神，白睛多黑睛少，形如火眼水轮，主破财之相。若赤脉侵睛，主初年破尽家园，凶亡恶亡。

论眼，地阁要朝，天庭要丰满、明润为宜，主田宅进益。若低塌昏暗、倾倚，主破田宅。如若不朝，主田宅俱无。

论气色，以红为吉，主成，田宅喜气重重。若为黄色，主昌吉，谋无不遂。若为青色，主有官非，田宅无成。若为黑色主杖责。若为白色主有丁忧。

诗曰：

眼为田宅主其宫，清秀分明一样同。
若是阴阳枯更露，父母家财总是空。

5. 子女宫

子女宫位居两目之下。子女宫又称男女宫，或泪堂，属于三阳三阴位。若三阳平满，主儿孙福禄荣昌。若隐隐有卧蚕，定主儿孙福禄荣昌。若眼尾及龙宫有黄色环绕，主为阴德纹见，曾怀阴德济人，必有果报。若泪堂深陷，定为男女无缘。若有黑色斜纹，主到老儿孙有克。若人中平满，主难得儿孙送老。

又若男女眼下无肉，主妨害男女。卧蚕陷者，阴骘少，当绝嗣。若有乱纹入侵者，主假子及招义女。论气色，色青者主有产厄。黑白者主男女悲哀。红黄者主有喜至，三阳位红生儿，三阴位青生女。

诗曰：

男女三阳起卧蚕，莹然光彩好儿郎。
悬针理乱来侵位，宿债平生不可当。

6. 奴仆宫

位居地阁接连水星，方圆丰满，更得额上左辅右弼二星朝拱，主福无穷，更有一呼百应之势。又若口如四字，主有呼聚喝散之权。但若地阁尖斜枯陷，主仆马俱无，受恩深而反成怨恨。

论气色，色青主奴仆损伤。色白黑主仆马坠堕，不宜远行。色赤主仆马口舌，损马失财。色黄主牛马奴仆自旺，左门右户排立成行。

诗曰：

奴仆还须地阁丰，水星两角不相容。
若言三处都无应，倾陷纹痕总不同。

7. 妻妾宫

妻妾宫位居鱼尾，即两眼角外部又称奸门，要平满光润为佳，不宜陷克。若人妻妾宫光润无纹，必保妻全四德。若丰隆平满，主娶妻财帛盈箱。又若颧骨插天，主因妻得禄。但奸门深陷，主为克妻之象。鱼尾纹多，主应防妻恶死。若奸门黯黪，主生离死别。若有黑痣斜纹，主外情多而心淫欲。

论气色，若色青主妻妾忧愁思虑。色赤主夫妻有口舌是非。色黑白主有夫妻男女之悲。色红黄主夫妻男女和谐之喜。如暗昧，主夫妻分离，不然隔角少情。

诗曰：

奸门光泽保妻宫，财帛盈箱见始终。
若是奸门生黯黪，斜纹黑痣荡淫奔。

8. 疾厄宫

疾厄宫位居印堂之下，即山根之位。若隆起丰满，福禄无穷。若连接印堂，定主文章，莹然光彩，五福俱全，年高有寿。若纹痕低陷，主连年疾病沉疴。若枯骨尖斜，主终身受苦，气如烟雾，灾厄缠身。

论气色，色青主有忧惊。色赤主防重灾。色白主妻子有悲。色黑主自身死。色红黄紫主有喜气之兆。

诗曰：

山根疾厄起平平，一世无灾祸不生。
若值纹痕并枯骨，平生辛苦却难成。

9. 迁移宫

迁移宫位居眉角，号曰天仓，若丰隆盈满主华彩无忧。若鱼尾位平，到老得人钦羡，腾腾驿马，须贵游宦四方。若额角低陷，主到老居所难觅。若两眉交接，主此人破祖离家，天地偏斜，十居九变。

若迁移宫昏暗缺陷及有黑子，主不宜外出，有被惊吓之象。若迁移宫气色青，主远行有受惊失财之兆。色白主马仆有失。色黑主道路身亡。色红黄紫主获财喜庆。

诗曰：

迁移宫分在天仓，低陷平生少住场。
鱼尾未年不相应，定因游宦却寻常。

10. 官禄宫

官禄宫位居中正，上合离宫，下连印堂。若有骨隐隐直透天中，名为伏犀贯顶，一生不到讼庭，更得驿马朝归，光明莹净，显达超群。若额角堂堂，犯着官司贵解。若官禄宫低洼缺陷，又见纹痕冲破，而眼亦如鲤，主灾死徒刑。

若两眼神光如曙星，龙目凤睛，更若印堂明润，两耳色白过面，声闻天下，则此人必福禄贵显。

论气色，官禄宫气色若为青色定主忧疑。若赤色主有口舌是非，白色主有孝服之事。若色为红、黄，主有诏书加官进职之事。

诗曰：

官禄荣枯仔细详，山根仓库要相当。
忽然莹净无痕点，定主官荣贵久长。

11. 福德宫

福德宫位居天仓，下连地阁。若圆满丰隆，明润相朝揖，主福德永崇。若有缺陷，主不利。若浅窄昏暗主灾厄常见，家破人亡。若人颏圆窄，必主苦在初年。若额宽颐尖，定主苦在晚年。若眉高目耸，主一生平平。眉压目而嘴唇掀，福德不全。

论气色，若福德宫气色青主有忧疑，若为赤色主有酒肉口舌是非。若色为白主有灾疾。若为红黄色主有吉兆。

诗曰：

福德天仓地阁圆，五星光照福绵绵。
若还缺陷并尖破，衣食平平更不全。

12. 相貌宫

相貌，即指整个脸部而言。

观看相貌，先观其人五官五岳（额、颏、鼻、颧、眼），次辨三停（发际至印堂为上停，眉至准头为中停，准头至地阁为下停）。三停盈满，此人富贵多荣，三停俱等，永保平生显达，五岳朝拱，官禄荣迁。

又额主人之初运，鼻管中年，地阁水星管晚年运。人之一生吉凶，皆可五官之丰满克陷而观察得知。

若人骨法精神相称，气相和，精神清秀，如桂林一枝、昆山片玉，如珠藏渊，如玉隐石，则为贵显名流，翰苑吉士也。若黯惨者必凶。气色满面，红黄明润必主吉兆。

诗曰：

相貌须教上下停，三停平等更相生。

若还一处无均等，好恶中间有改更。

13. 观父母

论父母，看日月角。日月角须要高明净，则父母长寿康宁。若日月角低塌，则幼失双亲。暗昧主父母有疾。左角偏则妨父。右角偏则妨母，或为同父异母生，或随母嫁父，离祖成家，灾祸重重，只宜假养方能免刑伤。又重罗叠计，主父母重拜或父乱母淫，与外人通奸，主妨父害母。又若头侧额窄，多是庶出，或因通奸而得。若右眉高左眉低，主父在母先归。左眉上、右眉下，主父先亡，母再嫁。若额削眉交，主早为父母所抛弃。又若为隔角，主反目无情之人。两角入顶，父母双荣，更受祖先所荫。论日月角气色，若日月角色青主父母忧疑，又有口舌是非相伤。若色黑白，主父母丧亡。若为红黄色主双亲有喜庆。

二、五官相法

五官者即耳、眉、眼、鼻、口等五种，谓为五官。称耳为采听官、眉为保寿官、眼为监察官、鼻为审辨官、口为出纳官。五官对人来说，一官十年运，一般言五官眉要不疏散，鼻要端正、挺直，耳要耸直且棱角分明，口要大而有收，嘴角朝上而不露齿，方为吉利五官。

诗曰：

眉紧眉端平，耳须耸又明。

海口仰弓形，晚年运通行。

1. 耳——采听官

耳要色鲜、高耸于眉、轮廓完成、贴肉敦厚、风门宽大者，谓之采听官成。

（1）破散成败之耳：左耳缺，先损父；右耳缺，先损母；左右废缺，双亲并损，主克离祖。又耳低于眉，主破祖无福，兄弟稀少，自身不利。

（2）聪明之耳：耳高于眉，主文学聪明，富贵才俊。耳齐日角主大贵，平生少病长寿，才智过人。

（3）飘蓬之耳：左耳为金星，右耳为木星，色鲜者贵而安稳，若耳皮粗及青黑而干者，主一生奔驰南北，散走他乡而无定基。又耳轮青黑，主丧葬。

（4）声誉飞扬之耳：耳之贵贱，不取大小，先看色鲜否，若色鲜莹白过面，主名声天下。若莹白贯轮，主言行敦厚。

（5）财禄亨通之耳：耳若贴肉隐伏而垂珠红润者，必主平生旺运而富贵长久。

（6）孤穷之耳：耳若尖小如猴耳，主孤贫。若直坚似鸟之翎，主贫贱，并防破财。又耳无轮最不堪，耳尖小多克妨。

（7）妄泄遇蒙之耳：耳孔若窄小难入小指尖者，主愚顽短寿无智之人。

（8）家破囊空之耳：耳无轮廓主多破散，耳薄者主贫穷，一岁至十五岁之内妨克破祖，长大孤贫，夭寿之相。

（9）富贵之耳：耳若厚大垂肩，主富贵；若耳大四寸，耳珠垂肩，目顾其耳者，为大贵寿者。

（10）长寿之耳：若人之耳孔生毫毛，而其状若龙钟砭竹，缓曲头低者，主长寿也。

2. 眉——保寿官

眉须宽广清长，双分入鬓或如悬犀新月之样，首尾丰盈，高居额中，乃保寿官成。

（1）淹留蹇滞孤独之眉：眉若黑稠浓密，主淹留蹇滞久困，平生不快。

（2）兄弟不足之眉：眉为君，目为臣，宜清长过目，宜如雁行。若短不及目者，难为兄弟，纵有二，甚至三四个，终为不可靠，兄弟不足。

（3）性勇好是非之眉：眉骨尖峻显露，则主人愚鲁，知进而不知退，知存而不知亡，知成而不知败，自强自胜，做事力不从心而强为，性暴好斗，不可为友之相也，宜远之。

（4）聪明智慧之眉：眉是目之君，胆之因，面之表。若得清秀弯如初月，主为人聪明智慧，文学博雅，高明富贵之相。

（5）福贵之眉：眉中为印堂，名为官禄宫。福德紫气宫，故一面之中，此位最知祸福，所以眉毛宜得宽广，双分入鬓，主平生多福且贵。

（6）神刚气暴之眉：眉毛直立而生者主性急神猛，好斗贪杀，无思算之相也。

（7）劳禄奔驰之眉：印堂是官禄宫，若眉宇宽则为官平安稳，若交促者主无禄而一生走卒愚夫，故眉毛交促者不利财禄。

（8）妨妻害子之眉：凡眉毛生而直竖不顺者，左妨子，右妨妻，亦为生平不利。

（9）勇猛刚健之眉：凡是眉毛旋逆，像螺丝尾尖者，主刚健勇猛，可车前抢旗，当先而无畏怯。

（10）灾厄祸害之眉：眉为罗计之星，眼为日月之家，眉紧贴而与眼相连不断者，是罗计二星侵犯太阴太阳，主灾厄祸害。

3.眼——监察官

眼神要含藏不露，黑白分明，瞳子端定，光彩射人或细长极寸，乃为监察官成。

（1）奸盗小人之眼：凡两眼浮光，喷突不收，上下眼堂红赤，如炎火喷外者，是谓蛇眼。如砂赤主其人凶恶奸狡、贪鄙、不利一生。

（2）高官贵人之眼：两睛黑光如点漆，照辉明朗，光彩射人者，极贵人臣，乃神仙高士奇异之相，为平生之福。

（3）多攻艺业之眼：眼睛大而端定，不浮不露，黑白分明者，主可学艺业，异于众人，成家立业。

（4）悭吝贪求之眼：凡斜观者，主其人禀性刚强，自悭不施，贪鄙爱聚，损人安己，纵居富贵亦不改悭吝之心。

（5）凶暴讼狱之眼：若人之眼圆大，眼睛突露光者，主凶暴，祸患多招，常遭囹圄之囚禁，为平生之凶也。

（6）盗窃无耻之眼：如人眼如鸡目无痕，主好色贪淫，如蛇目上胞厚而心毒。如鼠目左小而窃盗，似男女盗窃贪婪无耻，虽居富贵，亦不改奸妒之性。

（7）深藏毒害之眼：若眼生三角形，为凶狠之人，常能损物害人，若是女子，则妨夫不良。

（8）心性不定、多疑智浅之眼：凡人于谈话之间，广会之座，低目沉吟，常常用眼窥人者，其人心情不定，智浅多疑。

（9）身显为王侯之眼：眼神清秀，瞳子莹洁，黑白分明如晓星，光射四方，长如凤者，主大富大贵。

4. 鼻——审辨官

鼻子端直、印堂平阔、山根连印、年寿高隆、准圆库起、形如悬胆、齐如截筒、色鲜黄明乃为审辨官成。

（1）窍小悭贪之鼻：鼻之左右胞谓之仙库，左胞名左库，右胞名右库，库应高且丰厚。窍者库无积也。窍者库之户也。户宜小而齐，库厚而隆，库小而齐者，库内有积也，库狭而薄，户大而薄者，库无积也，窍小库齐之相，好聚而不舍。户宽反仰之相，无积而好施也。

（2）高隆显宦之鼻：鼻为土星，万物生于土，归于土，象乎山岳，山不厌高，土不厌厚，是为一面之表也。夫天地人三才之中，鼻为人也，宜得高隆而贵。如汉高祖隆准，终为平生之福。

（3）偏斜曲陷堪伤之鼻：凡鼻不端正或曲者皆为不吉之鼻。

不端者主孤滞，曲者主孤贫。鼻偏左先损父，偏右先损母，梁柱不直主中年遭厄。鼻仰突主孤破。准头缺陷主人事不和。左右库缺陷主财物消散。

（4）贫贱之鼻：鼻小局促主其人贫贱。盖鼻为面之仪表，宜其广大，方能富贵。若短小局促，则不吉。

（5）恶败之鼻：鼻孔为二库之门，十分昂露者谓户门开阔，内无积蓄。故鼻孔露者不吉，主恶败之象。

（6）荣贵如朝郎之鼻：人之鼻，其形从印堂隆隆悬垂，直下准头。准头圆满如弹者是也。似悬挂猪羊之胆，有骨法，贵作朝郎，无骨法者，富饶千金。

（7）破祖奔波之鼻：鼻为年寿之位。属中央戊己土，万物生成之地，又为巢窝，宜其光隆无犯者吉，若有纵横乱纹交错者，主破祖离家，一生驰骋奔走苦，终日皆贫困而厄。若得形正神刚，则主成败走骤，若女子不可为配。

（8）妨妻破败之鼻：凡鼻低塌、山根断折、横纹断流者，主破祖离巢，妨害妻子，终生不吉。

（9）奸谋狠毒之鼻：凡人之鼻生如鹰嘴，准头尖垂向下者，其人最毒，常怀嫉贤妒能之心，外貌伪和假宽，内实毒害，虽富贵知书，不免贪婪奸狡。

（10）宅广人多幸福之鼻：鼻为巢窝即人之家宅也，若其梁柱端直，主年寿丰隆。若广大肉厚，接近东西岳，准圆库起者，主家宅广，人口多，为幸福之象。

（11）有财有禄之鼻：一鼻高隆光明色黄，有骨法者，主有贵禄。若鼻色或青、或赤、或黑皆主不吉。

（12）身亡祸重之鼻：准头者是土之主，左鼻翼名兰台，右鼻翼名廷尉。凡准头黑，兰廷黯惨，主旬日内必身亡。

5. 口——出纳官

口须要方大、唇红端厚，角弓开大合小，乃为出纳官成。

（1）骨肉相煎之口：凡人口短促，唇掀、色青、齿露偏斜者，主骨肉相煎，孤独也。

（2）虚诈不正之口：人之口若偏斜而不正，主为人奸猾虚妄不实。

（3）是非谤讪之口：口若唇薄横偏，主其人好说谈，是非谤讪，口快舌长，专提失语，虽居富贵亦不脱为小人。

（4）多才多艺富贵之口：若人之口唇红鲜，如涂朱砂，主其人为文章才俊，姓名远扬且多富。

（5）有食禄之口：人之唇若鲜紫红色者，主其人富贵，可食千里之爵禄，乃天生自然之福，平生之贵也。

（6）子孙坚贵之口：人之上唇名为金覆，下唇名为金载，若唇上下有纹理多者主其为人宽和友善，又招贵子贤孙。

（7）蹇滞不通之口：人在吃饭舌噎时，若喉咽之中有声者，主一生为事蹇滞不通。

（8）夭促天年之口：凡人睡觉中口开不合者，气既泄，寿不永也。

（9）招人憎嫌之口：若人口之两角下垂者，主无衣食而最招人憎嫌。口者，心之外表，赏罚之所出也，荣辱之所阙，宜端而厚，言不乱发，谓之口德。若多言而乱发者，谓之口贼。若方广有棱者主寿。形如弓稍向上者主贵。若尖而薄反者主贱。若黑子生于唇上者，平生酒肉自然来，生于口角者灾滞，生于寿带入口，主饥饿而死，女人唇生黑子者主淫，无媒而自嫁。

第三节　论面痕纹及黑子（痣）

一、面部痕纹图

额之有纹，贵贱可断。若额方广丰隆，而有好纹者，则爵禄崇高也。如额尖狭缺陷，更有恶纹者，则贫贱无疑矣。

三纹偃上者，名曰偃月纹，主朝郎。

三纹偃上，一纹直下者，名曰悬犀纹，主节察、武臣。

王字纹者，主封侯。

天中一纹，下至印堂，名曰天柱纹，主卿监。

印堂上二脉，直上三寸者名曰鹤足纹，主刺史。

三横纹绕者，主早丧父。

一纹横而曲者，名曰蛇行纹，主客死道路。

井字纹者，主员外郎。

十字纹者，主富而吉昌。

田字纹者，主富贵。

山字纹者，主侍从之荣。

乙字纹者，主京朝之职。

女字纹者，主荣贵显达。

额上乱纹交错者，则贫苦多灾。

女人额上有三纹横者，妨夫克子。

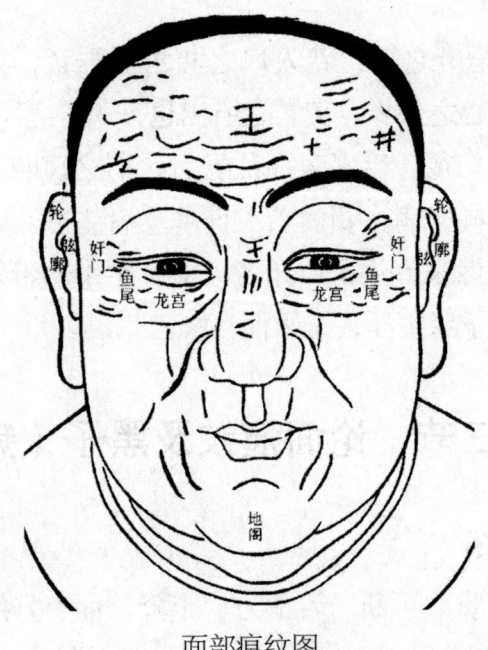

面部痕纹图

二、额部纹相

诗曰：

火星宫分阔方平，润泽无纹气色清。
犀骨三条川字相，少年及第作公卿。
火星尖狭是庸流，纹乱凹兜主配囚。
赤脉两条侵日月，刀兵刑法死他州。
额高光泽贵而荣，横贯三纹道术通。
女定妨夫多不利，额倚偏小早归冥。
额上微成小理纹，生来高贵异时人。
男居职位为僚佐，女嫁贤才作贤君。
三书横纹在耳边，定知聪慧是良贤。
若携书剑千明主，应有文章动九天。
天中直理太乖期，无奈生来有此仪。
衣食平平终日有，只缘形相损妻儿。
眉上乱纹应恶相，奈缘频爱放妻儿。
平生衣食虽然有，只是无端少见知。
目下竖纹如泪垂，平生衣食只随时。
眼前定见无儿份，宜养他人作义儿。
三横纹理印堂生，异相惊人众不同。
他日身荣佐明主，定知官爵至三公。
目下横纹叠两重，此人形相主贫穷。
又兼绝子多孤寡，乞养他儿到老凶。
额上微成大字纹，定知他日作忠臣。
更能惠爱施黎庶，位禄千钟荣六亲。
相君眉上出横纹，怎奈将来绝子孙。
衣食眼前随有份，老来劳苦受孤贫。
一字横纹额上生，此人高贵列公卿。
兼能济众怜贫苦，职位高迁近帝庭。

横纹一书在天中，高贵荣华似石崇。
若是推书见明主，定知高位至三公。
额方广厚阔光辉，定见官荣位不卑。
额下横纹终绝代，额微尖小没田庐。
　　额小先妨父，颐尖母必亡。
　　额宽终是贵，额小没田庄。
额似悬楼病不生，骨方高大贵为荣。
更见连鼻三悬理，男多妨妇女私情。
发际丰隆骨起高，能言少语性雄豪。
天井天仓隆见贵，上卿骨起佐明朝。
印堂竖骨入于顶，拜爵加官寿命永。
隆高悬壁耳前生，更见顶方才亦整。
日角月角高大贵，七星排额定帅队。
印堂日角骨更高，身无灾患人尽畏。
中正骨起二千石，陷时男女早孤栖。
女有此相须十嫁，男须官爵退休时。
印堂润泽骨超高，少年食禄佐明朝。
仰月纹星额上贵，面圆光泽富雄豪。
印堂有痣人多厄，食禄定须多退职。
印堂眉间黑子生，君须莫与外人争。
此者是名为上狱，争时被责必遭刑。
黑子天中及陷纹，退官多厄岂堪论。
伏犀如指通于枕，拜爵封侯四十春。
额上生毛女克夫，男虽妨妇性多愚。
女生左右旋毛盛，倒垂发鬓尽妨夫。
额上三纹横过眉，艺文求觅世财宜。
面多黄色家须富，清气官荣必自知。

三、面上纹理

　　　　　　井字横纹生印堂，此人形相不寻常。
　　　　　　他时必主朝官去，至孝忠臣佐帝王。
　　　　　　八字牛角理纹生，定知高贵作公卿。
　　　　　　更加牛角理纹见，此人不久立王庭。
　　　　　　左日右月两眉间，定知形贵实难攀。
　　　　　　若持文卷于明主，必得高官衣锦还。
　　　　　　额上纵横印里生，志雄心勇贵人形。
　　　　　　知者知命立年上，统领君王百万兵。
　　　　　　牛角小纹生入眉，此人财帛发迹迟。
　　　　　　少年牢落居浮世，老后荣华谁得知。
　　　　　　眉上双生鹿角纹，此人形体异常人。
　　　　　　若向帝庭呈艺来，筑坛应拜上将军。
　　　　　　纹理交加额上生，定知为事不分明。
　　　　　　一生贫苦非常善，偏被他人取次轻。
　　　　　　纹理入口恶形容，男女生来莫愿逢。
　　　　　　细看此人终不吉，应知饥死向尘垅。
　　　　　　对人要识恶仪形，大字真纹点额生。
　　　　　　须得眼前逐日过，奈缘灾害不曾停。
　　　　　　额上分明有覆肝，平生高贵得人钦。
　　　　　　女为妃后居皇室，男得封侯有大官。
　　　　　　口畔微生两纵缝，此人必贱不须亲。
　　　　　　眼前虽有安家宅，他日萧条又受贫。

　　又云：额上有横纹如川字者，主寿。两角纹屈曲斜者，主刑。鼻上横纹，主克子。印堂纹直者，主破相。腮下横纹，主恶死。项上有纹为项绦，主有寿。颔下无乱纹者，吉。结喉有纹者，主自缢。脸上无纹出者，主寿。鼻准纹痕多者，心毒。眼下有纹斜下者，主刑。入口如系物者，主饿死。

又云：

覆月司空家富盛，小车紫亭少藩垣，
横过中台瘟火厄，斜飞入眼极刑干。
泪痕耳珠忧水厄，山纹额角列朝班，
地阁纵横财各散，年上山根仔细看。
山根细断诚多难，印内如丝恐没官。
居准自然乖筹望，祖宅多破子贫寒。
掌中横纹心无知，乱理人中子息难，
龙角天庭须牧伯，交钩鼻上聋仍奸。
法令过颔知寿考，纵横入口死无粮，
舌上纵横身必贵，温红在掌福峥嵘。
三壬居额宜寿夭，八字宽宏主少亨，
奸门乱理多淫荡，鱼尾修长老不停，
井字阴阳终自缢，酒地缕缕丧波澜，
悬针入印刑妻位，破匮侵颧权位难。
李带刃刀人带杀，若临紫气性无宽，
祖基坟茔迁后败，必然四墓乱纵横，
驿马定应游臣子，口如裙褶只孤单。

四、头部黑子（痣）

头部生痣，中者主富寿，近上者尤极贵。额上有七黑者，主大贵。天中主妨父，天庭主妨母，司空主妨父母，印堂当中者主贵。两耳轮主慧，耳内主寿，耳珠主财，眼眩主作贼。山根上主克害，山根下主兵死。鼻侧主病苦，目上主穷困，眉中主富贵，眼上主吉利，鼻头防害刀死，鼻梁迍蹇多滞，人中求妇易，口侧聚财难，口中主酒食，舌上主虚言，唇下多破财，口角主失职，承浆主醉死，左厢主横失，高广妨二亲，尺阳主客死，辅角主兵死，边地主外死，辅角生下贫，山林主虫伤，虎角主军匠，劫门主箭死，青路主客伤亡，太阳主夫妇吉，鱼尾主落井亡，奸门主刃死，天井主水亡，林中主清慎，夫座主丧夫，妻座主丧妻。长男主克长子，中男主克中子，次男主克次子，金匮主破财，土基主无职，学堂主无学，命门主火厄，仆使主为贱，要门小使主贫薄，支堂主克妻，外宅主无屋，奴婢主妨奴婢，坑堑主落崖，陂池主溺水，下墓主克亡，三阳主谋人，盗部主奸窃，两厨主乏食，祖宅主移屋，大海主水厄，年上主贫困，地阁主少田宅，家信主破败也。

1. 黑子

夫黑子者，若山之生林木，地之出推皇也。山有美质则生善木，以显其秀。地积污土则生恶皇，以示其浊。万物之理皆然，是以人有美质也，则生其黑以彰其贵。有浊质也，则生恶痣以表其贱。故汉高祖左股七十二黑子，则见帝王之瑞相，凡黑子生于显处者，多凶。生于隐处者，多吉。生于面上者，皆不利也。且黑者其色黑如漆，赤如朱者善也。带赤者，主口舌之争。带白者，主忧惊刑厄。带黄者主遗忘失脱，此义理之辩也。

2. 黑子吉凶

天中贵位不宜居，男妨父母，女妨夫。若见天庭忧市死，印堂官事或才储。

寿上防妻尤自得，承浆若有醉中殂。
女人地阁须忧产，诏狱或见死囚拘。
横事相妨左厢出，若临高广二亲无。
尺阳主往他乡殁，鱼尾奸门盗贼辜。
华盖暴亡天井水，太阳官舍外阳逋。
武库主兵边地远，游军亡阵或兵诛。
或主书上忧无学，井部宜防井厄虞。
小使伎堂井内阁，主无侍养自区区。
不修忡帕看门阁，祖宅如生没故庐。
命门作事无终始，学馆看来学丰余。
止口嗫嚅多咀嚼，帐厨妻室恐难胥。

　　　　山根鼻准兼廷尉，家业飘零骨肉疏。
　　　　眼下悲啼当不绝，耳根双出倒商途。
　　　　正面所为皆不遂，人中或有立身孤。
　　　　坑堑陂池并大海，诸见不见始安舒。
　　　　拥旌仗师何由得，有痣深藏足底肤。
　　　　五彩如龙下违臂，梁武贵妃生赤痣。
　　　　七星左胁贵为郎，未若班班七十二。

3. 斑点

　　雀卵斑者，主妻子难为，作事犯重，爱便宜，女人伤夫克子，夭寿不吉。痘斑者，主作奸犯科，便宜男，伤妻克子，三度作新郎。女人如此，亦如是也。

第四节　相骨法

一、相骨节

相骨诀曰：

　　　　骨节要丰隆，天中向上攻。横生主封爵，鸡子定孤穷。
　　　　龙角如双柱，升朝有始终。印堂三寸起，伯牧位相同。
　　　　鼻与山根直，求婚帝室同。两颧欹更露，权势尽成空。
　　　　悬壁须丰起，倚斜祸必逢。巨龟连脑户，宰辅位尊崇。
　　　　精舍林中广，仙风道骨藏。伏犀三路起，僧道骨为良。
　　　　驿马连边池，兵权守一方。金神分五指，极品在品廊。
　　　　武库宜为将，领危必主亡。盖梁具耳鼻，清显富文章。
　　　　大海尖如指，支干慎折伤。奸门欲平阔，尖陷定淫娼。
　　　　玉楼如伏臂，名重三台位。牛角连虎眉，直起宜侍卫。
　　　　日角父康宁，月缺母难备。项后见两颐，兄弟多不义。
　　　　欲知寿绵远，耳后耸余地。颔额方且平，揖让最为贵。
　　　　更忌虎吞龙，粗露切须忌。既耸坚且明，巍巍堂庙器。

二、相面部骨骼

　　天中骨起主富贵，陷缺无田地。天门骨合得四方朋友，及弟兄姊妹之力。百合骨起边地之将，高耸主大贵。命门骨长寿，陷低并色恶不然。子位丰满，主多子孙。甲匮骨起女主后妃，男为金吾将军领兵。边上骨起，及肉红润者，主富贵。法令骨起，为大理主事少卿等官，色恶主多厄。井灶骨起宜田宅。辅角骨起，能文案，合为大尹。地阁骨满，主屋宅。地仓骨起，大富。虎耳骨起，大贵。承浆丰满朝天者，主富足酒食。燕颔骨起，大富贵。武库骨起为上将。房心骨起为国师。四杀骨起为节度使。尺阳骨起为御史。辅骨起为侍郎、给事中、中书舍人，如黄色一品之贵。边地骨起，为谏议大夫、监察御史。天庭骨起，红润者丞相之位。日月角起主大贵。额角骨起，司徒太保之位。父墓骨起大贵，荫袭子孙。战堂骨起，为骠骑将军、节度副使、行军司马之位。郊外骨起，三品卿大贵。司空骨起，刺史、员外郎、省舍人之位。道中骨起，远州刺史。交额骨起官小有寿。重眉起主小贵，有节行，人性不常。悬角骨起或肉黄者，七十日内主三公卿相，天下统帅。

　　中正骨起司马令长。山林骨起州牧之位。虎眉骨起为将军。龙角骨起，主封侯尚书仆射。辅骨起封侯伯一品之贵。华盖骨起富寿人也。福堂骨起主三品。两眉关门骨起，合得国师，库藏钱物。肉陷合主市死，此部近两狱也。印堂骨起，合主大印绶一品、太保、司徒之位。三阳明净主贵。司空骨起至玉枕者，三品下四品。中正骨起至玉枕者，二品下三品。山根骨起，如钗股上有棱似刀背至枕者，或如月样明润异者，为大将军。坤山骨起至枕，七品下八品。凤池骨起至枕，八品下九品。一华盖骨起至枕，九品下杂流小贵。此等之骨，皆似棱利以手扪之，觉隐隐然似刀背，禄主富贵。玉枕骨起方三寸，有像似十九般骨节如刀背者为上，若鸡子横纵，似仰月、覆月、背月、玉环等样，主寿异常，女人有者吉。骨气似有似无，见如诸部如钗股之样起，主大贵。伏犀骨如小指半大，有棱如线，位极上品。骨如指者，为名僧。骨有棱如角大指者，上将军。此名伏犀骨，玉枕头，各有取焉，天中骨起如筋大有棱，合主国师近圣人，贵至三品。左厢骨起，禄二千石，骨肉相称，于白衣拜相。高广驿马骨起，封侯大贵，面部隐然骨起，不出十年为方面。肉色俱好，五年之内升迁也。

三、相枕骨

人之骨法中贵者，莫出于头额之骨，头额之奇者，莫出于脑骨。成枕之人，有枕骨如山石有玉，江海有珠，一身以恃，其荣显也。故人虽有奇骨，亦须形貌相副，神气清越，方受天禄，不然恐未尽善也。夫脑之后名曰星台，若有骨者，名曰枕骨。凡丰起者富贵，低陷者贫贱也。

枕骨图式：

三骨皆圆者，名曰三才枕，主使相。

四角各一骨耸起，中央亦耸者，名曰五岳枕，主封侯。

两骨尖起者，为双龙骨枕，主节枢将军。

四边高中央凹者，名身轴枕，主公侯。

三骨并起者，名曰连光枕，小者二千石，大者至将相。

一骨弯仰上者，名曰偃月枕，主卿监。

一骨弯俯下者，名曰覆月枕，主朝郎。

二骨俯仰者，名曰相背枕，主文武防团。

上一骨，下二骨，分排名曰三星枕，主两副制官职。

四方骨皆起，一骨角者，名曰崇方枕，主二千石，大者台禄。

一骨耸起而圆者，名曰圆月枕，主馆殿清职。

上方下圆者，名曰垂露枕，主员外郎。上下圆而有棱似盆者，名曰玉樽枕，主卿相、小者、刺史。

背月枕。

一字枕，主诚信贵性刚。

回环枕，又名率辐枕，主父子皆贵。

左长枕、左撒枕、右撒枕皆少贵主寿。

三关枕，主一门有数贵。

连枕又名列环枕，与玉堂相侵，主贵寿性不常。

鸡子枕，主性焦烈多自是。

山字枕，主诚性贵性刚，又名横山一字枕。

悬针枕。

垂针枕，又有玉枕，主多寿。

酒樽枕，主近贵有禄无官。

上字枕，志高胆大，成败小贵。经曰：凡人有此玉枕者，皆主贵相，如僧道之人，虽不贵，有此玉枕者，皆主寿命长远。凡人玉枕但稍有骨微起者，皆主禄寿。平下无者，禄寿难远；妇人有者皆主贵。腰鼓枕，主小贵无定，多成败反复。

如珠枕，主近贵而不实。

丁字枕，主性宽近贵。

三骨直起一骨下横承者，名曰山字枕，主聪明富贵寿。

一骨圆一骨方，名曰叠玉枕，主富而荣。

一骨耸起，骨尖峻者，名曰象牙枕，主兵将之权。

骨起分四角者，名曰悬针者，主节察武臣。

一骨横截者，名曰一阳枕，主巨富高寿。

大凡枕骨欲得其下者，过脑而易辨，近上者浅而难验矣。骨者一定之相，有之则应也。故古人有言，头无恶骨，面无好痣，斯言信之矣。

第五节　辨气色

所谓气色，即五色，是四时之正气，表于皮上者谓色，表于皮里谓气，而五色即白、青、黑、赤、黄（亦有谓气色有七，青、黄、赤、白、黑、红、紫等七色）也。其所属为白色属金，乃肺之神，如敷粉汗出流，不似白露。青色属木乃肝发之神，发时如初生柳叶，又如青线。黑色属水乃肾之神，发时如鸦片成黑。赤色属火乃心神之发，发之赤散如醉。黄色属土乃脾之神，发时如卵黄，多庆事。一般言准头上见白色，主父母有灾。若人面上见青色主有忧事，在禄位主失财。在父母兄弟妻子位主忧其人。若见黑色在山根、年寿、准头主有病，在眼下主有孝服。在两耳边至眼，主六十日内夭死。在诸部以上主病。若见赤色在印堂，主有公讼、杖责等事，三、七日内必验。赤色在颧骨主疾病至。黄色在天中、印堂如云雾般，主有大喜。黄色在天中、印堂如云雾般主有大喜，在两眼下之家宅有喜事。在准头山根之贵人，主将有财喜。

一、辨气歌

早观气色非虚诈，一分一寸俱眼下。

男观左兮女观右，膜肺腑中多不假。

短于菽粟细于丝，吉凶可辨须详推。

或隐毛发纹理中，气色都输谈相者。

面部气色诗：

诗曰：

额上红黄二等丝，三旬定见转官资。

庶人自有求官望，僧道迁荣有住持。

额上有红黄二色，如丝露者，贵禄。有此色三十日内加官，印堂有，其余百事吉，求谋有望。僧必有住持之喜，紫色纷纷三十六日内，喜事宜动。黑色有事不分明，防二季内搅扰，及日下公讼。青色不宜远出，更防田宅有扰，六十日内应。

诗曰：

额上纷纷紫气侵，六旬喜气定来临。

若还黑气侵其上，一季灾殃不称心。

印堂额门青色，切须提防，不可登高或出行远方，六十日内，谨慎，恐田庄公讼。

诗曰：

　　　　额上红黄生贵子，举人榜上有高名。

　　　　其余求望招财横，一季须知见此荣。

紫色如豆粒者，主进田庄，一季内应。

诗曰：

　　　　印堂紫色似珠圆，一季之中进田园。

　　　　白色若如丝露见，须防孝服事相煎。

印堂白色若丝，主孝服，至一季内印堂黑色，如墨水，主仆马相欺之忧也。

诗曰：

　　　　印堂青色事纷纷，五旬决定事缠身。

　　　　黑色兼青如墨水，须忧仆马有灾临。

印堂青色，主公讼及身，五十日内应。

诗曰：

　　　　山根黄紫色加官，印动三千里路间。

　　　　僧道庶人诸事吉，须知一季喜侵颜。

山根位上黄紫二色，主三十里侯印动，贵人加官宜诏之欢，中正紫，云四十日有回还之喜，天中黄色九十日升迁，地阁黑青一年内必死，连腮气黑，六八而亡，满额赤光二四而讼，青云贯额九十日内有不测之忧，年寿赤白五十日内有丧亡之事，地阁黑雾宜防酒食之灾，额角黑云应当噎食之病，天中黄紫九十日加官，龙虎紫气五十日及第，桃花色贯年，五五登科。黄气临于白眼，半年改职。青黑，驿马出入遭伤，青色满额在家不吉，目下赤黑官事眼角，口角白干病临眼下，宁心细察，定想消详，无越纲纪，祸福必验。

二、辨四时气色与部位气色

夫气色者，发于五岳，隐于六腑，朝则见于面容，暮则归于肺腑，随年随月、随日随时，气色升级各分，面色白青黑红黄，按金木水火土形，气者出于青尘，又如烟雾忠于何位，有战有败有吉有凶，气色真形，一寸二分，按一年十二月，一日十二时，年年各有兴废，月月有成败，日日生发祸福，时时不测忧喜，欲观人者，先要定所居方位，若得知之吉凶无不应矣。

1. 辨四时气色

春青只向三阳取，夏赤须于印内求。

秋白但观年寿上，冬观地阁黑光浮。

春三月属木：青色出面，木旺也，主更变喜美之事，红色出面，木生火也，因妻妾上喜，三七日内至。白色出面，金克木也，主官鬼相扰，一七日内至。黑色出面，水生木也，二三月间，有死亡之事。黄色出面，木克土也，七七日内有横财喜至。

夏三月属火：红色出面，火旺也，得贵提携，三五日内至。青色出现，木生火也。父母有喜事，一七日内至。白色出面，火克金也。诸事次吉。黄色出面，火生土也，因子孙有喜三七日内至。

秋三月属金：白色出面，金旺也。七七日内得阴人财。青色出面，金克木也，得横财拾物三七日至。红色出面，火克金也，争讼损财主三七日至。黄色出面，土生金也，父母有封赏，常德人财三七日至。黑色出面，金生水也，主兄弟哭泣三七日至。

冬三月属木：黑色出面，水旺也，须得财，不足喜，防官灾诉讼，虽有无患。白色出面，金生水也，得贵人力七七日内至。红色出面，水克火也，得阴人财，易交贵人，喜三五日内应。黄色出面，土克水也，三七日内失财诸事不吉。青色出面，水生木也，父母子孙进喜七日内至。

黑色若四季有之，皆欠顺作诸事者，当忌此等气色也，必主死亡之事。五色者，俱以五行相生相克，有势无势，四时定其吉凶。盖水生木、木生火、火生土、土生金、金生水。如木克土、土克水、水克火、火克金、金克木，推此相生相克，在此消息之间，以定吉凶，则祸福无差矣。

2. 辨部位气色

（1）辨四季色

　　　　春要青兮夏要红，秋间白色喜事重。

　　　　冬间黑气北来往，若不相刑应始终。

（2）辨口色

　　　　口角并腮有黑纹，须忧脏腑不调匀。

　　　　病人口畔如斯色，纵是灵丹未保身。

口角及腮上有青黑，须防一月或半月内，脏腑内暴患在体。

口角红黄紫色多，此般气象最安和。忽然角畔青青色，饮食侵刑没奈何。

口角有黑色，谓死气入口。远至一百日内，定死。口角有红黄紫色，自身安乐。口角黑，有青主饮食之误。

（3）辨眼色

　　　　眼边黑色切须知，百事施为亦不宜。

　　　　灾祸之来看十日，要防小辈暗欺躯。

眼下黑色，百事不利，防有不测，小人相挠，在十日内应，谋望不成，事宜守旧。

眼下青青忧染躯，心中不乐暗嗟吁。白色切须防父母，兄弟还同二日余。

眼下红黄紫气生，最宜求望事皆成。神仙留下通元术，凶则无灾吉则荣。

眼下红黄紫色者，百事吉。

（4）辨眉色

　　　　左右眉头赤色凶，定遭公事在官中。

　　　　眉头见得常明泽，所作施为百事通。

左眉上有赤色，防官中公事，右眉上有赤色，防邑中公事，应在一月，两眉常明泽吉。

（5）辨耳色

两耳焦黑肾气虚，红润丹田病尽除。

须信形神元且妙，建通气色目光舒。

两耳上有黑色，防肾家有病也。两耳红润者吉，丹田六腑病之色。

（6）辨面色

满面都青色，常怀毒害心。

要知招喜庆，红色满容侵。

青色不明朗，乃是滞色深。

谋为诸吉庆，须还满面明。

明泽之为吉，庆顺也。

三、面部气色出没吉凶

1. 青色

（1）青色吉凶相

官员印堂赫赫上青，失官退职。眼下肉色常青，主丑年破财。山根色重者，削官破财，远行千里，面上忽发，凡事不吉，在百日内见奸监刑。山根色重者，陷狱破财，凡庶远行千里。山根青白，主人宅败又主滞蹇，青蓝满面多凶恶。正口青色，黑色，主死。牢狱印堂青主病，六十日至，四季同。天狱连准头青润，狱内死。妻部有黑气，主三妻乃死亡事。脸上有主忧家，又及阴人疾病。奸门青色甚者，主阴人病，寿上有，主病，又损手足。奸门连外阳有青白色，主奴婢逃走及私奸事。海门有青色，落水死。年上见此色者，主一年间疾病丧亡之厄。龙角青色，侵中正，立有害己事，有重病方免。眼下常青，三五年破财。承浆青色，饮酒成病，左鱼尾有，道路惊恐，老人忌失跌，右鱼尾有，主失奴婢。父母兄弟妻男女姊妹伯叔各部上有青色，主病。夏季起鼻上如指大，主水痢之厄。如钱大者，主得书信之喜事。入神光者，百日内主法刑死，左右并同或一边出者，灾祸不同。

青贯牢狱者，终冬必病，青色垂下，至阁门横过，主口舌事，色贯盈从左横过入右耳，六十日内大厄，从神光垂下如钩者，一月主丧子。色从鼻上出者，十日内必中毒。两边直下，主刑狱之厄，二年内应。色从口出，三日内必中风疾。坎宫地阁青，作点者主大忧。辅角武库，有主短毒。额上发际有露紫色，得大财三十日内应。印堂青常点点者，短寿不满三十。贼部主乞食。道路守门部青点点者，主口舌。

外祖主重病立至，主百日内为灾。妇人青发太岳左颊，短寿亦无子，主多疾病。司空常有青，饿死。后阁发如钱者，三十日内大厄。

交友上见青白色，主肾亏，又主车马仆人不安。承浆青黑色，主酒肉到，又主伤酒也。青黄二色近山根，主孝服病及死。日月角青点者，主二十日内忧事。边地山林青色黑者，主鞍马进入。满面青蓝，多逢灾。

（2）青色出没

青色初起如铜青，将盛之时如草木，初生欲去之时，如碧玉之色，霏霏然落散也。五行为木旺在春，相于夏，囚于秋，死于冬，发则主忧，横则主外忧，沉主远忧，散主忧散，应在亥卯未月以色浅深断之。

（3）青色吉凶歌

天中光泽为诏旨，枯燥须忧诏里亡。
秋日发时寿上去，阴司口舌厄难当。
尺阳忧行兼疾病，天庭主客每堪忧。
交友妇顺通于客，司空忽起后徒囚。
巷路但宜客路吉，印堂必被落身资。
山根枯燥遭囚系，年上能成百里威。

太阳定与妻相打，外阳至死被谗言。
忽然少阳连日中，必遭县宰恶答鞭。
房中春发当生子，耳上当忧口舌牵。
坑堑对须看火旺，陂池蛇怪不堪言。
山林花木足夭异，栏枥牛马怪相愆。
忽在井灶金鸣响，不然井液涌寒泉。
命门甲匮忧凶厄，准头兄弟父母丧。
散失主得边方职，人中愁有别离乡。
承浆不日当遭病，大海须防水溺亡。
财临月角须忧贼，若有川纹官禄妨。
日角临才如敷粉，印堂退日病迁延。
若来金匮并悬壁，财物三旬失可伤。
奸门怕被外妻挠，眼下黄来病苦缠。
寿上若逢忧疾厄，更忧债负当来前。
口畔入来忧饿死，更兼淫滥事干牵。
三阳内阳子孙损，半月之间入墓眠。
天门三日有财至，天井圆珠武官位。
病人值此亦难安，囚人见之尤迟滞。

2. 白色

（1）白色吉凶相

官员印堂天仓如粉涂者，失职，谓之破禄林，应退官位。面上白无光，罢印及重服，面上白色深者，又看命门无异者，主死亡。年上白至两眼起，主一年内凶祸悲泣。印堂色入耳、口、鼻，十日重病，事故。命门白色，主口舌杀伤之惊。准头白色圆光，年内水厄死。天仓连耳白者，为人聪明好学。印堂白色主哭泣。年上直连口者，凶死。脸上主刀兵之厄。司空白色圆光，主夏月之厄，及有官讼。人中白色横过，主药毒死。天中连边地至印堂者，主犯王法。

悬壁四围有白色，主饿死。寿上白色，主父母有痛而愈。天仓鱼尾边地有，旬日遭外伤。外阳白至法令，三七日内必犯王法。父母、兄弟各部位上见白色，主哭声。寿上忽生白色，十日财散。如浅者，二年内主大厄。天中白色干枯，贫贱人也。印堂有，无子孙，亦贫穷。贼部常白，主饿死。守门部白色，九十日内死。山林常白，主聪明。后阁有者，主哭泣。年中或项下，如尘如烟气起者，百日内主刑狱死。

（2）白色出没

白色初起，白如尘拂，将盛之时，如腻粉散点，或如白纸，欲去之时，如灰垢之散，五行为金，旺于秋，相于冬，囚于春，死于夏，发主哭声扰，润主哭泣细忧，重浮忧，轻散病，应在巳酉丑日，在子戌旬中，应及秋日。

（3）白色吉凶歌

天中春日来年上，关战刀兵事可愁。
左炎必定多忧恼，阳赤将行步外州。
发在天庭忧妇女，皮干入狱主遭囚。
又主男女相妒害，交友妇被外人求。
山根亦见主忧囚，男女逢他必死忧。
寿上徒囚君必见，堂上父母死堪愁。
金门甲匮凶来息，内厨酒肉致伤亡。
承浆迤见身多丧，若是奸门妻妾当。
日月角中有重服，法令被他脚足伤。
眼下横门夫妻关，准头还是竟田庄。
地阁横遮牛马死，若侵年上损公婆。
入口分明忧口舌，天仓上有贼还多。

3. 黑色

（1）黑色吉凶相

官员色上准头停，管取退官及疾病。寿有黑掩赤，停替之死。印信喝唱有，主死。天柱上有，主印信，喝唱主死。眉上月角散点如麻子，如豆，主病忧。命门或青黑色，不久病。凡庶准头，主枷锁，六十日至。奸门下，半日主盗贼。边地，主春秋及夏一百二十日内狱死。边地至龙角有，一百二十日内离乡。

脸上黑气如云雾者，七日内死。妻部有者，不论春夏秋冬，妻必主产难。脸上黑入法令者，主妻病，连年在床。忽见黄色必差。小人及口边有，七日横死。天中黑气，头垂者死。天中黑长一寸，秋三月必死。牢狱冤死。奴婢上有，主死奴婢。天仓连边地，主破财、田产或牢狱公事，六十日应。兰台主下泪马失。眉上一寸为西煞，有黑气，不利行兵。

左鱼尾死马牛。承浆因酒死。海门落水死。寿上有死。承浆冬有黑色，白衣为县令，常人得财及田产鞍马进人，不然穿井得物。冬眉上如大指者，主身有疾病，十五日应。司空常黑，穷。左目下是妻位，黑气起，主妻病。季夏偏面苍赤如马入鼻口耳，并主道路得财。辅骨武库常见，多难死。赋部常现，禽财常在。守门部，一生多病。口边一寸为家食，有之食不足人。额上七日间死，精神恍惚。山根暗起，主灾凶。命门有黑点，遮之即死。左眼尾去一寸命门，命门黑色如蟋蟀脚大小，号为鬼书，即看病人鼻孔下，是棺椁内。看病人，棺椁陷一寸，并黑色遮如指头大，即死。三阳部位发为刀形，如衣带冲入口边，主死，百日内应。颐颔如尘雾，枷锁之灾，死狱中。月角有横过，主水火之厄。年上有如指大小，号为鬼印，即死。更看鼻孔有冷气，即死。准头有赤色，有官灾。如有黑色厌之，其年破业。年上有黑气，主重病及有五百里外之役。

（2）黑色出没

黑色初起，如乌马尾，将盛之时，如发和膏。欲去之时，如落垢沫水，五行为水，旺于冬，相于秋，囚于夏，死于春，发主疾病灾厄，润主死亦主兵。色枯医客死，发主病，春日应，在申子辰日旬中。甲寅辰及冬以旺，为应。

（3）黑色吉凶歌

天中必主失官勋，不至颧上似圆形。
若还下来侵年上，病患相缠丧此身。
天狱年上囚狱死，高广逢时定主亡。
太阳过来凶可待，天庭客死向他方。
四煞贼来或贼凶，司空疾病苦缠身。
右府想来官失位，重眉不利远行征。
额角黑广善为偷，印堂移徙在他州。
山根必死于旬日，太阳疾病厄堪忧。
家狱至服忧牢狱，法令至口刑八分。
更及眉头青黑色，百日饮酒还醉杀。
眼下更兼赤色间，三旬成讼见血光。
外阳发动被人谋，年上忧死困灾伤。
男女忧他男女厄，寿上入耳卒中亡。
命门甲匮主烧死，准头忧病有灾殃。
黑发三阳怨气多，失官停职事奔波。
更若发来年寿上，天中有黑见阎罗。
黑气入口死于夏，颧上兄弟居长夜。
奸门切忌女多奸，日角巨临妻亦怕。
井部黑气水溺死，印堂退官非谬假。
横非寿上必逢灾，六十日内须应也。
黑气额下父母死，生来眼下子孙殂。
若见下来年寿上，自然病死入冥途。
黑气三阳至盗门，奸私盗贼岂堪论。
更有黑生鼻准上，知君财破避无门。
黑生妻部及年上，妻厄身灾是非诳。
更兼入井下陂池，切忌水殃心莫忘。
黑气蒙蒙出面门，四时切忌有灾迍。

若生入口并厨灶，必定遭他毒药毙。
黑气天中年上逢，更从地阁入烟笼。
又如黑汁初泼散，此个须臾命必终。
眉间横入左右见，坎中井部水中亡。
年寿山根同位断，地阁争田讼见殃。
大海见之奴婢逃，墙壁生来命中岳，
定归泉下哭声高。

4. 黄色

（1）黄色吉凶相

官员法令廷尉，有黄色辙印堂者，职皆正授也。印堂黄色平散者。官皆假扰。黄色连日连印绶不连金匮者，只得尉驿马饮食。色如带发额上者，迁益禄位。春黄色居印堂如溅珠，主改官加职。在私者得横财，七十日内应。春从眉至发际者，主大喜庆。夏至眼上及眉，道路得财。凡庶皆同。夏在眉下，主得财及妻子孙有喜。凡庶同。夏在鱼尾及天仓上如钱大者，改官庶人得财。高广如丝起，主百日内为官长，其与改旧革新，食禄无厄。印堂至山根准头并中正，如蒸雾般旋者，赴诏殿上近君王。命门发色如卧蚕或紫，成名食禄，不出年内。印堂黄光，七日内加官进职，封侯拜相，武臣拜将。印堂连龙宫，有色光润，七旬内加官。龙宫连子位黄色，三日内得财。凡庶同。天中黄色长一寸，七日拜相封侯，白衣为官僧遵命服。喝唱上黄色，向东则东方食禄，随方断之，黄色成点，凡紫色同。喝唱上黄色，秀才及第，又主家信至，又主移动。学堂上黄色，文官进职武官关职得大财。边地奸门黄色，七日内改官赏赐之喜。内府黄色如半月者，主贵人进美食。庶人同。眉毛上一寸，为驿马设或起脉带黄色光润，官至极贵品，母妻喜及得财宝。凡庶同。

冬黄上印堂下入眉头者，损长子，亦主官，得横财，七十日内应。司空发黄色如走蚁者，春夏内拜节度观察使。食仓上黄色，秀才及第并主家信至，更主移动。天中发黄色者，富贵人也。印堂发黄色，主有喜。印堂山根至准头并中正三阳上下，有黄色紫雾，生贵子，长老迁职大利。

天中四季黄白色圆光大者重者，大者在天中长一寸，白衣为官，僧遵命服，七旬内应。食仓上黄色，僧道住持。准头色如镜光冬夏不绝，一年内遇仙。

眼上肉生，龙宫福堂气盘旋者，阴德之人，春印光一色如钱大者，主得财，七旬内应。地阁黄光，主入宅之喜及进业之喜。鼻上黄光如柳叶横发者，主横财入门。重眉连眉毛者，春夏大喜。四杀上有色润，行岳胜黑色凶。甲匦有黄色，入旬日内有财喜。黄入正口，主患天行疾。承浆、外甥，主远行，寿上主寿。山根常黄，司空常有，并主喜。中阳有，先凶后吉。印堂黄点，宜作善事。年上黄如半月大吉。辅骨武库常见贵。目下为房中喜，春发黄光，左生男右生女，喜女人有此亦无凶。贼部常有，宜求利。人中有者，主多年远信至。夏在目及眉上，主得道路。夏在眼下，主子孙有喜。色连鼻直上，三十日内得财。夏季发法令外，黄色现于面，主父母妻子喜庆。守门部点点如钱，一生无病。妇人印堂上黄横过者，二品妻位兼生贵子。形厚紫黄人达晚，肤薄色黄，少昌贵。

（2）黄色出没

黄色出没，如蚕吐丝，将盈之时，来之未结或如马尾，欲去之时，如柳花之色，抟聚斑驳。然五行属土，土旺于四季，相于春，休于夏，囚于秋，死于冬，又为胎里之气，发则皆喜庆。但不宜入口，欲主瘟病，日应在酉申午戌旬应之，万无一失，须以深浅远近为定耳。

（3）黄色吉凶歌

　　黄色天中列土封，圆光重入拜三公。
　　更过年上井灶部，即有功赏定高勋。
　　或如月出时年上，天中速来入朝门。

若经两阙司空入，欲正四方金匮人。
天中诏赐帛与银，忽入阙庭官骤转。
不然则是得财荣，或似龙形定官赏。
如悬钟鼓位槐庭，发若蚕丝官定得。
春来年土喜忻忻，武库光润将军福。
亦主喜庆尺阳侵，井母墓喜井田宅。
更宜父母少灾迍，司空百日得财宝。
右府季内敕来征，重眉交友如棋样。
七个旬中右左丞，更过山林天中去。
征得博士最为荣，印堂如月六旬内。
拜作将军镇百城，便似连刀天庭至。
不及准头反分明，断他县令及远显。
长史分官直阙庭，火体发时多吉庆。
亦言远信及逡巡，山根所向皆称遂。
太阳必定得财珍，少阳喜庆垂垂过。
鱼尾被赋引前行，若似龙形年上见。
连上天中拜上卿，房中之气有子象。
左黄男子右女生，女人有此反前论。
金匮家中财帛人，寿上进业主财入。
归来远信至中庭，出自准头庭上位。
天中天庭。
骤贵封侯主有权。
兰台必得尚书绶，内厨酒肉横逢迎。
大海非宜浅江去，日月三公位显轻。
日角月角是也。
甲匮生来财可至，库内仓中似有赢。
道中三位财如拾，牛马相迎喜有成。
眉头印信须臾至，座中枷锁免严刑。

散失得他盗贼物，入口瘟黄病不宁。
田位田园多好事，酒樽酒馔得丰盈。
颧势偏宜加官职，悬壁黄光财帛备。
吊连边地急差调，武将持威立大功。

5. 紫色

（1）紫色吉凶相

官员天中红紫气起者，七十日得官，荣及妻子。上准头如钱大，主妻家得财，或迁改职事。天庭紫气，得诏取近君王。天中紫气，迁八座两府。命门紫气，不出年外成名。食禄左右，忽有紫气起如虫形者，一月内有敕命至喜。印堂紫气如仰月者，六十日章服到。高广气如半钱者，五日内有喜事。天中发色，一日奉敕拜及节度。法令紫气，喜合得姬仆，兼得敕命，九旬内至。准头气如偃月，加官晋位，得好马，田宅大喜。天中紫气如垂钩者，百日内登封，赐方面节度，赐衣钱物。妇人紫气在左右点点如花者，主宰辅位，至三品夫人。

印堂紫气三道直侵，司空天中上去，过大赦，三七日至。罪人此看，庶人得财。高广如半月者，五日内有喜事。长男中男常有紫赤色如虫形者，主生贵子。帐下色如钱形者，二十日成名，有阴功之德，遇灾无咎。妇人天中常见者，为人长寿。

（2）紫色出没

紫气初出如兔毫，将盛之时如紫草，欲去之时如淡烟。笼枯木，隐隐然得土木之气，为四时胎养。亦旺在四季，更无休囚，发皆为吉，亦与黄色同意。

（3）紫色吉凶歌

紫气天中八字分，兰台月角得财频。
法令生来逢印信，终是刑名不及身。
寿上俄然一字横，家中新妇喜分明。
天中八字将军禄，天井圆珠享大荣。

悬壁福堂知积庆，若当地阁创家居。

山根忽有终加职，中正如龙拜相殊。

光侵鱼尾妻身喜，法令如钱有美馀。

6.赤色

（1）赤色吉凶相

官驿再赤色，三十日除官迁职。印堂起如钱者，百日内火厄，亦主官灾。地库左右有，主改官合任事远行。山根如钱大者，三十日内，掌监铁官，得章服。武库赤色如虫形者，百日内接受文武官禄。天门赤色，主二十日入阙之喜。寿上赤色如乱丝纹，主巡使行千里之外。兰台有者，主一月内加章服。

颧骨赤及外阳红准头青，大虚动迁改。外阳红准头不青，六十日内应。印堂色起从年上来者，有官失职。准头赤，主在任病。凡庶人正口赤色，主病刑狱，有主官俸。眉头有亦然。印堂至年上有，主斗争械系之厄。两眉赤色连通，九十日死。中正有，主口舌及妻子别离。内客有如二虫，主重服。年边有，主惊恐。山根赤色黑色，主火盗。准头如蛆大小，立有官灾。边地奸门，忧妻子及伯叔内乱，有血光事。天中不散，或如圆日，亦有刀兵之厄。天中有，因小病致，一百二十日内法死。印堂有，春夏三月有官事口舌及，主县杖，又主脏血之疾。中男有，主儿子争讼及死亡。眼下赤色赤如豆，不出月内与妻斗。天中至阙庭，主火厄。天中至年上有，斗争械之厄。目后儿有，如横丝起入奸门，见赤色起，主妻女儿子之厄。准头起，十日内喧争官灾之厄。色贯牢狱，春夏大厄。冬从发际至眉间，入牢狱，损子。赤正口两边相角相接，一年内饥死。

色从神光垂下，十日内丧父母。妇人神光下如虫行，奸邪厄难。印堂直下冲入海门，三十日内大厄，或被恶人牵连。妇人眼下如虫行，不出月，主刑狱及产死。妇人色从左右眼下出者，作奸，妇人不可用。妇人从中正至年寿有赤，主产死无子。年上赤色或黄色如半月者，大吉。赤色上下过口者，二十日内口舌至。如赤色点点入口，亦在口舌争讼。准头横下，赤青色横过口者，贵人求问道术事。色带桃花仍不久，色如春花易成败，惟一时之可观，不久必变。又云：桃花色动仍迷目，迷恋歌讴宠外妻。又云：色娇色嫩邪人也，纵有成名亦不久。

（2）赤色出没

赤色出没如火始，然将盛之时，炙交如蜂绘，欲去之时如连珠，累累而去。五行为火，旺于夏，相于春，死于秋，囚于冬。发生公私争讼，口舌惊扰之事。润主刑厄，细薄主口舌，鞭笞应在寅午戌并巳，午未日旬则辰戌以色定之。

（3）赤色吉凶歌

天中连印鼻头去，三旬车马惊同死。
下来年上争竞灾，左相远行须病在。
尺阳切妨惊恐厄，阔生武库相伤灾。
天庭必有忧囚事，若见司空斗马来。
交友归来离别去，在职当忧上位刑。
无职定同交友关，额角如豆死于兵。
印堂争讼被忧囚，若在山根惊拍扰。
太阳夫妻求离别，年上夫妻亦主愁。
又却知他生贵子，房中妻室产贤侯。
三男三女病灾迍，寿上如豆与妻争。
年上准头连发此，夫妻争斗大难明。
命门甲匮须兵死，准头官府事牵荣。
墙壁上赤财必失，外阳常紫得官荣。
武官巡捕看鱼尾，盗贼收擒彼称情。
牛角看来牛马死，山林蛇虎又堪惊。
忽然眼下如丝发，妻子因何问哭声。
金匮魂门招怪异，承浆花酒起喧争。

陂池井部相连接，因水逢灾不称情。
田宅是知田宅退，口边横入福全生。
酒樽酒肉宜相会，地阁因由诉讼成。
若在山根须谨火，又兼家内横资生。
命门发至山根上，更过眉上左耳平。
只恐六旬遭法死，如归右耳病来频。

人面准头上有赤色，老人主失跌，中年血光或杖罪，小男女主失火灾。满面如火官灾，满面愁色，初不归，二年内死。

7. 红色

红色吉凶相：

官员印堂红色或紫，加官进职。印堂上红，进士有科。印堂红黄色，非次改官。山根红包或紫色，加官晋职。颧骨红色，可分一寸明者，八十日内受印，有重权。驿马上红色，加官晋职。龙宫鱼尾上红色，因捉获改官。天柱骨上红紫，非次改官，当得大官保举。正面红黄，遭帝位，名高台辅至朝廷。正口红色，主佳庆。天柱骨上红黄起，僧道有住持。左眉头为驿马，如有红色起作艳色，吉。忽生肉起，发皮外红如醉，正是火色。左三阳主家不宁，骨肉之忧。满面红色，定主荣华。面上红光，多声显扬。

四、五色灾祥

黑色赤色狱堂起，枷锁旬日至。白色面无赤，合家人变白。天中黄色莹，赤色主忧惊。准头红如勾，损财又损牛。黑色网眼生，三七日卧丘。奸门青色生，瑶妇切莫逢。奸门赤如勾，五旬死他州。太阳黑气生，死在野山林。青色发三阳，貌神主不祥。定取于三日，忧灾自身防。贵人要转官，天庭紫色端。眼中忽生黄，须立死路旁。高声语不来，立便见官灾。赤色起承浆，三日谨刀枪。日月角时黄，重重见财至。酒池赤官司，三七口舌至。白气入寿门，父母各离分。甲匮红色起，财物时时至。

五、气色骨肉生死诀

天一生水，在人为肾，肾藏精。肾之窍为耳，黑色如水。发时如鸭模样，乃是肾之神。发时黑成片，冬行夏令，则伤肾也。红色发在肉里，面如橘红色。火气在皮上，俱灾。紫气及贵之色，庶人难得，惟尊贵大富人，方有紫如染重色。黄色如蜡，云雾开散，冬黑得令。地二生火，在人为心，心藏神。心之窍为口，夏行冬令则伤心。赤色如火，火色发时如珠，乃心神之最灵。凡人之色形于满面，土色为正，红则非时，是乃心烦之所关系也，主惊恐事扰。天三生木，在人为肝，肝藏魂。肝之窍为眼，春行秋令则伤肝。青色似瓜，发时似柳眉，初生相似不大青模样。凡人面上不可有此色，主忧百事不能成也。地四生金，在人为肺，肺藏魄，肺之窍为鼻，秋行夏令则伤肺也。白色如脂，发时如白线又似梨花细片，又如女人夏月擦粉，汗出流下，又似白露，主刑克，破财流涕。天五生土，在人为脾，脾脏意。意之窍为唇，黄色如蜡，无定散在四围。准头常黄吉，或黑或青俱灾，赤半吉凶。

六、面上八卦九宫气色吉凶

乾位起于西北角，左笑靥下乃天门也，气色色黄宜求官得横财。色白主远行。色黑欲行不仁之事及忧病。色碧，主阴人被凌辱，远行吉。色紫宜称心事天神有福。青主有大患，官府事，若缺陷主多忧苦兄弟弱。

坎位在下唇正北。气色色紫，主进财获利。色青主如官，得财物。色黄主宅不安宁，宜修禳。色碧主君子吉小人凶。色白主阴司事。色赤主欲算计、陷害他人。色黑主有牢狱之灾。

艮位在右笑靥下东北，气色色黄正月见之则吉，秋夏见之则忧父母，色白主加官，小人获利；色紫主婚事，宜求事，有酒食；色青主非横事相干；色赤主囚，有口舌；色碧主有刑狱之灾；色黑主盗贼。

震位在右颧骨上正东，论气色，色白出入动作必得财，色赤宜忍事主啾唧，色黄主不出旬中有丧服，色黑主宅舍不安宁，色青宜守分，色碧主有灾生，色紫主重病，宜祈福禳之，僧道则吉。

巽位在右眼尾东，论气色，色青主阴人至，应防口舌是非。色赤宜作事，色碧主生贵子，色黄主百事不称心，色黑主病或有讼宜速和之。离位在印堂上正南，论气色，色黄忽润主大人加官，人小吉庆，色赤主君子吉小人凶。色紫或日月角红润，主有吉祥事。色青男主离别或有刑狱。色白道术人宜。色黑灾患生。色碧主别妻子。

坤位在左眼尾下西南，论气色，色黄主有喜庆之事，色青主忧疑，色白主人挫辱，色碧主灾厄至，色粟主盗贼至，色黑主心腹生疾，宜早治之，色紫主女人有私通之事。

兑位在左颧骨上正西，论气色，色黄主得横财，色舒主子孙贤，色赤主文事相干或生病，色黑主加官或饮宴，色青主谋他人女子，色碧主谋事不成，色紫主窃盗之事。

中央鼻准头，论气色，色白主吉，色黑家不和成疾病，色碧主忧扰，色紫主观宴，色赤主烦恼，色青主忧惊，色黄主有喜乐，加官或进财。